© 2011 by :TRANSIT Buchverlag
Postfach 12 11 11, 10605 Berlin
www.transit-verlag.de

Umschlaggestaltung, unter Verwendung
eines Fotos: Stencil, Oaxaca,
von Knut Hildebrandt
(www.knut-hildebrandt.de),
und Layout: Gudrun Fröba
Druck und Bindung: Pustet, Regensburg
ISBN 978-3-88747-259-7

Jeanette Erazo Heufelder

DROGENKORRIDOR MEXIKO

Eine Reportage

: TRANSIT

INHALT

WAS IST IN MEXIKO LOS?

Ob ich *El Infierno* gesehen hätte? Der mexikanische Bischof Raul Vera stellt mir die Frage. Ich müsste mir den Film ansehen, er würde meine Fragen beantworten. Er würde mir zeigen, wie es in Mexiko zu dieser Orgie aus Gewalt und Verbrechen kommen konnte, die weltweit Entsetzen hervorruft. Nichts in dem Film sei übertrieben oder erfunden. Im Gegenteil, die Wirklichkeit sehe noch viel schlimmer aus.

Ich habe mir Luis Estradas Film am Anfang meiner Reise angesehen. Zur Einstimmung auf das, was mich im Norden Mexikos erwarten würde. Dort, wo sich die Brennpunkte des Drogenkrieges befinden, die immer wieder in den internationalen Schlagzeilen auftauchen, ohne dass mehr von ihnen im Gedächtnis haften bliebe als die Namen von Städten, die im Laufe der Zeit mit den Namen von Drogenkartellen verschmolzen.

Ehrlich gesagt hatte ich eine Tragödie erwartet und war überrascht, das mexikanische Drama in Form einer makabren Komödie präsentiert zu bekommen, die in einem fiktiven Drogenkaff spielt, in dem die ganze Palette menschlicher Schlechtigkeit – Bestechlichkeit, Gier, Grausamkeit, Bosheit – in Gestalt der Dorfhonoratioren vertreten ist. Mit einem einfachen Dörfler als Hauptfigur, der zwar selbst keine verbrecherischen Eigenschaften besitzt, sich allerdings ziemlich schnell auf die neuen Verhältnisse einlässt, die er nach zwanzigjähriger Abwesenheit bei seiner Rückkehr in seinem Heimatdorf vorfindet. Weil sie ihm, auch wenn er dabei moralisch nicht so zimperlich sein darf, immerhin Arbeit verschaffen. Sodass er schließlich von Botengängen bis zu Auftragsmorden bei allem mitmacht, was das schmutzige Geschäft für einen kleinen Niemand wie ihn zu bieten hat.

Es ist eine düstere Welt voller Klischees, die Luis Estrada den Mexikanern wie einen Spiegel vorhält. Eine Welt, in der alles für alle Ewigkeit entschieden zu sein scheint und kein Ausweg in Sicht ist. Der einzige Trost, den er seinen Landsleuten in dieser verzweifelten Lage anzubieten hat, ist Galgenhumor. Als Therapieersatz für eine traumatisierte und allein gelassene Bevölkerung, der ansonsten nur die Requisiten jener Klischee gewordenen Horrorwelt zur Verfügung stehen – wie sie für fünfundsechzig Pesos im Erdgeschoß des Polizeimuseums in der Altstadt der mexikanischen Hauptstadt zu bekommen sind, seit dort eine Ausstellung gezeigt wird, die schauriger ist als ein Besuch in der Geisterbahn.

In der Menschentraube vor dem Polizeimuseum in der Calle Victoria stehen vor allem Familien. Mütter und Väter mit Babys im Arm und Kleinkindern an der Hand, Großeltern mit Enkeln in jedem Alter, die Schmalzkringel aus kleinen Tütchen naschen und aufmerksam verfolgen, was um sie herum passiert, während sie langsam zwischen all den anderen Kindern in der Schlange vorwärts geschoben werden, so als ginge es in den Zoo oder in eine Kindervorstellung ins Kino.

Allerdings erwartet sie in den abgedunkelten Räumen im Erdgeschoss des Museums kein harmloses Kinderprogramm, sondern ein Gruselkabinett mit Wachsfiguren der größten Serienmörder der Kriminalgeschichte. Wie in einem aus der Zeit gefallenen Panoptikum des Grauens werden die Wahnsinnigen und Bösen, die Psychopathen und Mörder unter einer zeltartig mit schwarzem Stoff verhängten Decke zur Schau gestellt. Das Panoptikum ist ohne Altersbegrenzung freigegeben.

Die Luft ist stickig. Der Raum überfüllt. Die Kinder drängen sich vor Szenerien, in denen die Schauplätze grausiger Verbrechen nachgestellt wurden und lebensgroße Figuren die Physiognomien von Jack The Ripper, Charles Manson, Andrej Chikatilo und John Wayne Gacy tragen. Der sogenannte Killerclown sitzt in seinem Markenzeichen – einem Clownskostüm – in seinem Haus, unter dem er mehr als dreißig Jungenleichen verscharrt hat, die sich in der Ausstellung unter dem Dielenboden des Wohnzimmers lebensecht stapeln, während der als Vampir von Brooklyn betitelte Serienmörder Albert Howard Fish als Koch mit Schürze gezeigt wird, der auf einem Küchentisch menschliche Gliedmaßen klein hackt. Aus dem offenen Kühlschrank hinter ihm ragen weitere menschliche Körperteile heraus. Am Ende des Rundgangs lächelt Frauenmörder Theodore Bundy den Kindern von seinem elektrischen Stuhl entgegen.

Vertieft in den Anblick der Messer und Sägen in den Schaukästen klären sich Jungen gegenseitig fachmännisch über die Techniken auf, die Serienmörder bei der Zerstückelung ihrer Opfer anwenden und geben dabei das weiter, was sie über die Praktiken der Mafiakiller aufgeschnappt haben. Um nicht zuviel Blut zu verspritzen, müsse man sein Opfer zunächst töten und dann erst zerstückeln. Die Kleineren sehen sich die Modelle abgehackter Hände, Füße und Köpfe aufmerksam aus der Nähe an und fragen ihre Eltern, ob die echt sind.

Ganz in der Tradition der Schaubuden, deren gruseligen Effekten der

Anschein von Volksaufklärung gegeben wurde, fehlen auch in der Verbrechergalerie im Polizeimuseum nicht die Schautafeln mit scheinbar wissenschaftlichen Erklärungen. Es ginge darum, zu begreifen, was die Ursachen waren, die aus Menschen Tötungsmaschinen gemacht hätten, informiert ein Text gleich am Eingang.

Die Morde der sadistischen Monstren des zwanzigsten Jahrhunderts, so schonungslos drastisch und geschmacklos ihre Verbrechen dargestellt werden, wirken fast schon wie Relikte aus einer anderen Zeit. Das Böse lag noch außerhalb der Gesellschaft. Das dargestellte Geschehen ist so wahrhaftig wie ein Märchen. Man lässt Kinder einen Blick auf die Ausgeburten des Schreckens werfen und kann sie beruhigen. Mexikos weltweiter Anteil an Serienmördern mache nur ein Prozent aus. Eine Schautafel gibt Entwarnung. Die gezeigten Schrecken haben nichts mit dem Hier und Heute zu tun.

Bestimmt kein Zufall ist die Auswahl der präsentierten mexikanischen Serienmörder. Keiner von ihnen weist Verbindung zum organisierten Verbrechen auf. Den Fall der »Mataviejitas«, der sogenannten Altenmörderin, bringt man eher mit Georg Danzers *Moritat vom Frauenmörder Wurm* in Verbindung. Denn wie in Danzers Lied, in dem eine alte Frau – verkleidet als Frauenmörder Wurm – nachts durch Wien schleicht und jungen Mädchen die Kehle durchschneidet, war man bei den Serienmorden an älteren Frauen, die alle erwürgt oder mit einem Telefonkabel erdrosselt wurden, davon ausgegangen, dass man es mit einem Mann zu tun hatte. 2006 kam man der ehemaligen Wrestlerin Juana Barraza auf die Spur.

Im gleichen Jahr beginnt der Krieg gegen die Drogenkartelle. Morde in Serie sind nicht mehr die Ausnahme. Sie sind die Regel. Der Mörder ist kein Einzelgänger, sondern Mitglied in bewaffneten Banden, die von Serienmördern die Eigenart übernommen haben, eine bestimmte Art des Tötens für sich zu reklamieren.

Im mexikanischen Verteidigungsministerium gibt es eine Ausstellung ausschließlich für Erwachsene. Nur Besucher mit einer Sondergenehmigung bekommen die Räume im Allerheiligsten der Drogenfahndung zu sehen, in denen sich Reliquien aus dem Besitz von Mafiabossen mit skurrilen Exponaten aus der Asservatenkammer der Drogenfahndung und etwas Basiswissen über die Herstellung und den Handel von Drogen mischen. Fast wünschte man sich, die Museumsleiter im Verteidigungsmuseum hätten den gleichen Mut zum schlechten Geschmack wie die Macher des Panoptikums im Polizeimuseum bewiesen und in marktschreierisch grellem Licht die anatomischen Geheimnisse der Drogenmonster samt Eingeweiden und Geschlechtsorganen zur Schau gestellt, statt dieser folkloristischen Wunderkammer der Drogenwelt, die von den Drogenbaronen selbst verbreitete Mythen wiederkäut.

Was ist los in einem Land, das die mit Smaragden und Brillanten besetzte goldene Pistole eines verstorbenen Drogenbosses mit einem Sicherheitsaufwand ausstellt, als handelte es sich um die englischen Kronjuwelen, während es gleichzeitig die eigene Bevölkerung nicht zu schützen weiß? In dem bei über zehntausend Morden jährlich nur völlig hilflos darauf verwiesen wird, dass über neunzig Prozent von diesen Toten in den Drogensektor verwickelt gewesen seien.

Irgendwie darin verwickelt ist wohl jeder, der das Pech hat, im Norden Mexikos zu leben, wo sich in den Bundesstaaten längs der über dreitausend Kilometer langen Grenze zu den USA die Drogenkartelle einen erbitterten Kampf um Märkte und um Verteilungswege liefern. Im nordöstlichen Bundesstaat Tamaulipas kämpfen die Zetas gegen das Golf-Kartell. Weiter westlich, im Bundesstaat Coahuila, dringen bewaffnete Banden des Sinaloa-Kartells in die Einflusszone der Zetas vor. In Ciudad Juarez, der Grenzstadt im Bundesstaat Chihuahua, bekämpfen sich zahllose Banden im Auftrag des Sinaloa- und des gegnerischen Juarez-Kartells. Und im äußersten Nordwesten verlaufen die Fronten schließlich zwischen dem Sinaloa-, Juarez- und Tijuana-Kartell.

Verwickelt in diesen Krieg sind auch die Menschen, die in Stadtvierteln leben, wo die Namen von Drogenkartellen nur deshalb nie zu hören sind, weil es die Leute vor lauter Angst gar nicht wagen, die Dinge laut beim Namen zu nennen. Es ist zum Beispiel kein Geheimnis, dass die Zetas empfindlich darauf reagieren, wenn sie von der Bevölkerung mit Verbrechern in einen Topf geworfen werden, wo sie doch von denen, die sie tyrannisieren, wie Familienpatriarchen respektiert werden wollen. In einigen Stadtvierteln von Torreon, einer Stadt im Bundesstaat Coahuila – nur um ein Beispiel zu nennen, denn im Grunde kann Torreon durch jede andere Stadt ersetzt werden, in der eine der Drogenbanden das Sagen hat –, ist das Wort »Zeta« deshalb in den hintersten Winkel des Schweigens verbannt und durch die familiäre Anrede »Onkel« oder »Vetter« ersetzt worden.

Mit wieviel Kalkül die mit vorgehaltener Waffe erzwungene Verbrüderung erfolgt, erfahre ich von drei Frauen in Torreon.

Eine Mutter erzählt mir, dass ihre drei Töchter – zwanzig, neunzehn und sechzehn Jahre alt – abends gerne tanzen gehen und sich von ihrem Tanzvergnügen auch dann nicht abhalten ließen, als private Geburtstagsfeiern, Diskotheken und Musikkneipen das Anschlagsziel bewaffneter Kommandos wurden. 2010 wurden in einem Abstand von wenigen Monaten in drei Diskotheken drei Dutzend junger Gäste massakriert. Die Täter kamen aus der Nachbarstadt Gomez Palacio, die bereits im Bundesstaat Durango liegt und vom Kartell von Sinaloa kontrolliert wird, während Torreon im Bundesstaat Coahuila in weiten Teilen zum Herrschaftsgebiet der Zetas gehört. Ausgeführt wurden die Anschläge von Insassen des Gefängnisses von Gomez Palacio, dessen Gefängnisleitung mit dem Kartell von Sinaloa kooperierte und die Insassen nachts für ihre Killerdienste aus ihren Zellen gelassen sowie mit Waffen ausgerüstet hat und in gefängniseigenen Automobilen zum Tatort rasen ließ.

Dass ihre Töchter nicht im El Ferrie waren, als die mit automatischen Gewehren bewaffnete Gruppe die Diskothek stürmte und zehn Jugendliche tötete, sei pures Glück gewesen, erzählt die Mutter. Nach dem Massaker wären die Mädchen ihr zuliebe einen Monat zuhause geblieben. Als sich vier Monate später das Massaker im Las Juanas mit acht Toten und vierzehn Verletzten wiederholte und wieder einige Bekannte ihrer Mädchen unter den Toten und Verletzten waren, hielten sie es erneut ein paar Wochen lang durch, auf Diskothekenbesuche zu verzichten. Aber nach dem dritten Massaker, zwei Monate später, diesmal im Italia Inn mit siebzehn Toten, gingen sie weiter aus, als sei nichts geschehen. Und seitdem könne sie vor Angst nicht mehr schlafen. Dass nur noch wenige Bars seit den Anschlägen geöffnet hätten, erhöhe die Gefahr, sagt die Mutter nervös. Die Mädchen hätten sie zu beruhigen versucht und ihr erklärt, es bestünde kein Grund zur Sorge. Es gebe gar keine Gefahr. Aber die Zetas, warnte die Mutter. »Mama«, sagten die Mädchen lachend zu ihr, »das sind unsere Freunde. Die passen auf uns auf! Mit denen tanzen wir!«

Eine Kindergärtnerin macht mir vor, wie die Jungs in ihrer Gruppe die Zetas nachahmen. Ihre Art, sich zu bewegen, ihre Art, sich an die Kühlerhauben ihrer Pickups zu lehnen.

»So sitzen die Zetas«, sagt ein kleiner Junge und zeigt es seiner Kindergärtnerin. Breitbeinig, besitzergreifend, herrisch hockt er sich neben sie auf die Bank. Woher er wisse, wie die Zetas sitzen? Er hätte es gesehen. Ein fünfjähriger Knirps, der gefragt wird, was er später werden möchte, antwortet wie aus der Pistole geschossen: Zeta! Aber dann wirst du irgendwann umgebracht, sagt die Kindergärtnerin. Denn alle Zetas würden umgebracht. »Ich nicht!«, meldet sich ein anderer Junge aus ihrer Gruppe zu Wort. »Warum du nicht?« »Weil ich Chapo werden will!«

Die Kinder spielen Chapos und Zetas wie anderswo Räuber und Gendarm – wobei hier in Torreon alle Zetas sein wollten, keiner Chapo. Schon in Gomez Palacio, dem Nachbarort, sähe die Sache anders aus.

Eine Lehrerin erzählt mir von ihrer Angst: »Pass auf, wie du mit mir redest«, wird sie von einem zehnjährigen Schüler gewarnt, den sie wegen vergessener Hausaufgaben getadelt hat. »Mein Vater ist Zeta.«

Ein anderer Schüler schläft im Unterricht immer wieder ein. Als sie ihn darauf anspricht, erklärt er ihr, dass er nachts nicht schlafe, weil er seinem Vater helfen müsse. Wobei?, fragt sie ihn. Sein Vater sei Zeta, erklärt auch dieser Junge, als sei das eine Berufsbezeichnung. Kurze Zeit später erscheint er gar nicht mehr im Unterricht.

Sie trifft ihn auf der Straße. Was mit ihm los sei? Warum er nicht mehr in die Schule käme? Der Junge druckst herum. Er bräuchte es nicht mehr, hätte ihm sein Vater gesagt. Er sei nun auch Zeta.

Er ist vierzehn, als für ihn das normale Leben als Schüler endet und das normale Leben als Sicario – als Auftragsmörder der Mafia – beginnt.

Was wird aus Kindern von Tätern, die erleben, wie ihre Eltern Menschen entführen, misshandeln, erpressen und töten? Was aus einer Gesellschaft, deren Kinder mit den Drogenkartellen aufgewachsen und verroht sind, für die Grausamkeit nichts Abschreckendes mehr ist, sondern gelebte Normalität?

Gewalt und bewaffnete Auseinandersetzungen begleiteten die Geschichte des mexikanischen Nordens seit den Tagen des mexikanisch-amerikanischen Kriegs der Jahre 1846 bis 1848. Auch in den darauf folgenden Jahrzehnten, als immer wieder Apachen tief in die Provinz Chihuahua vordrangen, kam der Norden nicht zur Ruhe. 1863 kämpfte der republikanische Präsident Benito Juarez von hier aus gegen die französische Intervention, nachdem die mexikanische Hauptstadt von den Franzosen eingenommen worden war. Und mit dem Beginn der mexikanischen Revolution 1910 geriet der Norden wieder über zwei Jahrzehnte hinweg ins Zentrum kriegerischer Auseinandersetzungen.

So richtig ruhig und friedlich ist es im mexikanischen Norden, in dem Schmuggel, Grenzstreitigkeiten und Schübe gewaltsamer Konfrontationen die vergangenen eineinhalb Jahrhunderte bestimmten, im Grunde nie gewesen. Doch der Gewaltstrudel der Gegenwart ist ohne Vergleich.

Das nationale Rote Kreuz hat an seine Mitarbeiter die dringende Empfehlung herausgegeben, mit der Behandlung von Verletzten zu warten, bis die Bundespolizei am Tatort eingetroffen ist, da die Täter häufig noch einmal zum Tatort zurückkehren, um ihre Arbeit zu Ende zu bringen, wenn sie merken, dass ihre Opfer überlebt haben. Dabei werden auch Sanitäter und Ärzte getötet.

Bei allen, mit denen ich gesprochen habe, hat sich eine Jahreszahl besonders eingeprägt: 2008. In diesem Jahr hätte die Gewalt eine Dynamik angenommen, die bis dahin unvorstellbar war. Bis 2008 kannte man Geschichten von Entführungen, Erpressungen und Morden hauptsächlich aus den Erzählungen der Anderen. Man hat sie von Nachbarn gehört oder von Arbeitskollegen. Seit 2008 erlebt man diese Geschichten in der eigenen Familie. Zwischen der Welt der Narcos, das heißt, zwischen jenem Personenkreis, der in den Drogensektor verwickelt ist, und der übrigen Gesellschaft hatte es immer eine Grenze gegeben – und plötzlich war diese Grenze nicht mehr da.

Macht sich eine solche Gesellschaft wirklich Hoffnung, dass eine Rückkehr zur Normalität noch möglich ist und die Zeit die Wunden heilen wird?

Geschätzte hundertfünfzig bis zweihundertfünfzig Millionen Erwachsene konsumieren weltweit Drogen – laut dem Jahresbericht des Büros der Vereinten Nationen für Drogen- und Verbrechensbekämpfung. In Kolumbien verkauft ein Bauer das Kilo Kokablätter für dreihundert Dollar. Wenn die Blätter zur Paste und die Paste zu Kokain verarbeitet worden ist, kostet jedes Kilogramm, das über Mexiko in die USA exportiert wird, fünfzehntausend Dollar. Der Endkonsument in den Vereinigten Staaten müsste für dieses Kilogramm Kokain hunderttausend Dollar zahlen. Größter Kokain-Markt weltweit sind die Vereinigten Staaten mit einem Verbrauch von 157 Tonnen (2009). Der zweitgrößte Markt ist Europa (mit einem Verbrauch von 123 Tonnen.) Die Droge ist ein Multimilliardengeschäft und eine nicht geringe Menge dieses Geschäfts rollt über die Straßen, die von

Culiacan nach Ciudad Juarez führen. Zwei Städte, die unterschiedlicher nicht sein könnten, obwohl beide seit den Zwanzigerjahren des vergangenen Jahrhunderts im Drogenhandel eine wichtige Rolle gespielt haben: Sinaloas Hauptstadt Culiacan als Wiege der Opiumproduktion, Chihuahuas Grenzstadt Juarez als strategisch günstig gelegenes Schmuggelzentrum. Ciudad Juarez im extremen Wüstenklima ist Arbeiterstadt und Basis des Juarez-Kartells. Culiacan, in Mexikos Agrarregion in Pazifiknähe gelegen, ist Handelszentrum und Basis des Sinaloa-Kartells.

Es ist nicht einfach, von der einen Stadt in die andere zu gelangen. Mit dem Flugzeug gibt es keine Direktverbindung. Mit dem Bus dauert die Fahrt von Ciudad Juarez nach Culiacan vierundzwanzig Stunden. Zunächst fährt man sechshundert Kilometer gen Westen die Grenze zu den USA entlang, dann neunhundert Kilometer auf der Panamericana in Richtung Süden weiter.

Der Drogenkorridor im Hinterland schlägt eine Schneise von Culiacan nach Juarez, die nur halb so lang ist: siebenhundert Kilometer Luftlinie. Quer durch die westliche Sierra Madre und die Sierra Tarahumara, vorbei an Madera, Cuauhtemoc, Namiquipa, Benito Juarez und Casas Grandes – Orte, die eng mit der Geschichte Chihuahuas verknüpft sind – und weiter über Villa Ahumada ins Tal von Juarez.

Es ist einer der am heftigsten umkämpften Drogenkorridore, in dem die Druckwellen der Gewalt mit blinder, mörderischer Energie über Orte hinwegfegen, die reich an kulturellen Unterschieden und regionalgeschichtlichen Einfärbungen sind. Orte, die bei uns in den Nachrichten über den Drogenkrieg als Schauplätze auftauchen, die Momentaufnahmen eines ständig köchelnden Krieges liefern. Eines Krieges, der aus der Entfernung betrachtet aus verwirrend vielen und ständig wechselnden Brennpunkten zu bestehen scheint, ohne dass ein Frontverlauf zu erkennen wäre. Die Vorstellung eines Krieges, in dem verschiedene Drogenkartelle gegeneinander beziehungsweise miteinander auf der einen Seite und die Regierungstruppen auf der anderen Seite kämpfen, pulverisiert sich in der Unübersichtlichkeit einer Wirklichkeit, die zu Orten gehört, deren Namen uns fremd und unvertraut sind und deshalb nicht im Gedächtnis haften bleiben.

Nachrichten aus Mexiko erscheinen wie ein endloser Reigen aus Gewalt, Massakern und Blutbädern – unterbrochen von vereinzelten Erfolgsmeldungen über Schläge gegen einzelne Drogenkartelle. Doch was

14

sagen militärische Operationen über den Alltag der Bewohner in Konfliktregionen aus?

Auf meiner Reise von Culiacan nach Ciudad Juarez verknüpfe ich die Chronik des Drogenkriegs zu einer Geschichte, die über die bekannten Fakten der Gewaltexzesse hinaus von den besonderen regionalen Ausprägungen des Konflikts erzählt. Luis Estrada lässt *El Infierno* an einem fiktiven Ort spielen, da Korruption, Gewalt und Machtmissbrauch keine spezifischen Probleme bestimmter Orte und Städte sind, sondern das gesellschaftliche Resultat mexikanischer Parteienpolitik.

Wenn ich nun aus den vielen losen Fäden des mexikanischen Drogenkriegs einen roten Faden knüpfe, der mich auf der Landkarte durch den Nordwesten Mexikos führt, dann habe ich die Route nach Kriterien gewählt, die Orten und Städten, die wir nur mit den Namen von Drogenkartellen verbinden, ein Gesicht und eine Geschichte geben sollen. Und immer geht es dabei um die Frage, wie die Wirklichkeit hinter den Nachrichten aussieht, die uns vom mexikanischen Drogenkrieg erreichen.

BLUTIGE BALLADEN

Hinter Santa Ana wird die junge Frau gesprächiger, die seit Ciudad Juarez im Bus neben mir sitzt und in den zurückliegenden Stunden hauptsächlich mit ihrem Smartphone beschäftigt war. In Santa Ana sind wir beide umgestiegen. Als sie am Ticketschalter hörte, dass auch ich bis nach Culiacan fahre, hat sie sich im Bus wieder neben mich gesetzt und hantiert seitdem weiter an ihrem Handy herum. Es hätte keinen Empfang. Seit Stunden nicht. Sie müsste dringend ein paar Telefonate führen. Ihre Kinder würden sie wahrscheinlich schon seit Stunden zu erreichen versuchen.

Ihrem jugendlichen Gesicht ist nicht unbedingt anzusehen, dass sie Mutter von mehreren Kindern ist. Sie streicht sich das schräge Pony aus der Stirn und lächelt stolz. Sie hätte vier Kinder. Zwei Jungen und zwei Mädchen. Ihr ältester sei vierzehn, der jüngste vier Jahre alt. Ich frage, wo ihre Kinder jetzt sind. In Juarez? Um Himmels Willen, sagt sie erschrocken und bekreuzigt sich schnell. Dort sei es doch viel zu gefährlich. Nein, sie lebten alle in Culiacan. In Juarez hätte sie nur den Bus genommen. Sie käme gerade aus El Paso zurück. Vom Einkaufen. Sie hätte einen ganzen Stapel Jeans gekauft und Parfums und Turnschuhe. Die hier zum Beispiel. Sie hebt den rechten Fuß und zeigt mir ihre Nikes. Markenware. Aber wesentlich günstiger als in Culiacan. Deshalb würde sie die Sachen dort verkaufen.

Während sie redet, blickt sie zwischendurch immer wieder auf ihr Handy. Nichts zu machen. Mit einem Seufzer gibt sie auf. Es sei wohl ohnehin zu spät, um noch irgendwo anzurufen. Sie gähnt. Der Busfahrer hat die Musik leise gedreht. Die meisten Fahrgäste dösen.

Der Bus gleitet schnurgerade durch die sternenübersäte Nacht. Vor der dunklen Silhouette der westlichen Sierra Madre zeichnen sich mannshohe Kakteen ab. Ansonsten säumt stundenlang nur steinige Wüste die Panamericana. Im Laufe der Nacht passieren wir vier militärische Kontrollposten. Jedes Mal müssen wir aussteigen. Jedes Mal wird unser gesamtes Gepäck durchsucht.

Als es hell wird, mischt sich Farbe in die Landschaft. Sie wird grüner. Zu den Kakteen und Baumwollfeldern gesellen sich Palmen und Sträucher. Die ersten Zuckerrohrfelder tauchen auf. Und dann weitet sich die Landschaft bis zum Horizont der Sierra Madre zu einem Teppich aus

Chili-, Bohnen- und Kürbisfeldern aus, gelegentlich unterbrochen von einem Pferde- oder Rindergehege.

Wir sind nach zwanzig Stunden Fahrt im Bundesstaat Sinaloa angekommen. Das Handy meiner Sitznachbarin hat endlich Empfang. Nachdem sie mit jedem ihrer Kinder gesprochen hat, beginnt sie, sämtlichen Nachbarn Bescheid zu sagen, dass sie in zwei Stunden mit einer Ladung Jeans, Turnschuhen und Armani-Parfums aus El Paso eintreffen würde. Sie vergisst nie, den Markennamen des Dufts zu erwähnen. Armani sei bei ihnen im Viertel momentan der absolute Renner, erklärt sie mir zwischen zwei Telefonaten. Ich frage sie, ob sie regelmäßig nach El Paso fährt. Alle zwei bis drei Monate, sagt sie. Dann lohnt es sich also? Sie schüttelt den Kopf. Das sei nicht der Grund. Auf die Idee mit den Einkäufen sei sie nur gekommen, um sich die Fahrten überhaupt leisten zu können. Sie müsse in El Paso ihren Mann besuchen. Ihre Stimme wird leiser. Ihr Mann sei im Gefängnis. Sie formt mit den Lippen lautlos »Drogen«. Man hätte ihn erwischt, als er mehrere Kilo Cristal – eine synthetische Droge – von Phoenix nach Washington schmuggelte. Eigentlich sei er Zimmermann. Er hätte auf dem Bau gearbeitet. Von seinem illegalen Nebenjob hätte sie nichts gewusst. Sie lebten in Washington, als die Sache aufflog. Sie selbst hatte Arbeit in einem Restaurant, als Tellerwäscherin, war aber zu der Zeit mit dem jüngsten Kind hochschwanger. Das Jugendamt wollte ihr die Kinder wegnehmen, als die Sache mit ihrem Mann passiert ist. Daraufhin hätte sie die Sachen gepackt und sei mit den Kindern nach Mexiko zurück. Jetzt lebten sie alle in Culiacan bei ihren Schwiegereltern, die sich fürchterlich über ihren Sohn aufgeregt hätten. Aber wenigstens hätte sie im Gegensatz zu ihrem Mann nicht ihr Visum für die Vereinigten Staaten verloren. So könne sie hin- und herpendeln.

Auf ihrem Handy gehen nun laufend Nachrichten ein. Ob sie Nikes auch in Kindergrößen hätte, wird sie gefragt. Na ja, sagt sie, dann würde sie eben auch die Schuhe verkaufen, die sie ihren Kindern mitbringen wollte. Sie ist selbst ganz erstaunt über ihren Geschäftssinn und muss lachen, sichtlich erleichtert darüber, dass sie nicht auf den Sachen sitzen bleiben wird. Nachdem alle Anfragen beantwortet sind, beginnt sie, Musik zu hören.

Die Titel, die im Display des Smartphones erscheinen, verraten ihren Musikgeschmack: *La Charla* von Enigma Norteño, *El Torturado* von El RM,

El Mayo y el Chapo, 500 Balazos, alles »Narcocorridos«, Lieder aus der Welt der Drogenhändler, Lieder über ihre Geschäfte, Respektbekundungen über ihren angeblich intelligenten und daher gerechtfertigten Einsatz von Gewalt. »Wie sollen wir die Sache erledigen?«, erkundigen sich in *Empresa Inzunza* ein paar Killer bei ihren Auftraggebern: »Möglichst schmerzhaft oder als Instant-Job? Mit Botschaft versehen oder spurlos beseitigen?«

Meine Sitznachbarin hört gar nicht richtig hin, was da gesungen wird. Eine ganze Weile schaut sie nachdenklich aus dem Fenster, dann kommt sie noch einmal auf ihren Mann zu sprechen. Im ersten Jahr seiner Haft hätte sie ihn kein einziges Mal besucht. So wütend sei sie auf ihn gewesen. Jetzt hätte er vier Jahre abgesessen. Zwei fehlten ihm noch. Dann sei sie zweiunddreißig. Sie wollten es noch einmal miteinander versuchen. Aber ohne Drogen. Wenn er wieder mit den Drogen anfinge, würde sie ihn verlassen. Mit den Kindern. Endgültig. Er wüsste das.

Sie wählt aus der Liste ein Liebeslied von Oscar Garcia aus, überlegt es sich dann aber anders und entscheidet sich für Colmillo Norteños *Diablo de Culiacan*, wieder ein Narcocorrido, dieses Mal einer, der davon erzählt, wie der Pakt zwischen dem Teufel und Culiacan zustande kam.

Während aus dem Smartphone neben mir im fröhlichen Dreivierteltakt der Vertrag zwischen dem Teufel und einem Drogenhändler aus Culiacan geschlossen wird, dem Reichtum und ewiges Leben in Aussicht gestellt werden, breiten sich draußen auf den Feldern endlose Reihen Plastikplanenzelte aus, unter denen Sinaloas Tomaten zur Exportreife heranwachsen.

Er sei nun ein reicher Mann, besingt der Sänger der Gruppe Colmillo Norteño gerade das Schicksal des Drogenhändlers aus Culiacan: Ein Mann der Mafia, der nun schon seit dreihundert Jahren den Stoff vertreibe, den sein Boss aus der Hölle bezöge. Und die Hölle sei Culiacan. »Cuuhuuliacaahaan« – schunkelt es aus dem Smartphone.

Während mich der Narcocorrido bereits auf die Grundmelodie einschwört, die in Culiacan je nach Stadtviertel und Tageszeit zu dröhnender Lautstärke anschwellen wird, liefern mir die Plastikplanenfelder vor dem Fenster, die unsere Fahrt seit geraumer Zeit begleiten, einen anderen Einblick in Sinaloas Geschichte.

Denn noch vor der Droge war die Tomate da. Und schon vor der Tomate gab es den Zucker, mit dem die Erschließung Sinaloas als moderne Agrarexportregion begann.

Porfirio Diaz holte während seiner Herrschaft von 1876 bis 1880 und von 1884 bis 1911 ausländische Investoren ins Land und erleichterte ihnen den Erwerb großer Landflächen. Es waren Investoren aus Kansas, die im neunzehnten Jahrhundert den trockenen Küstenstreifen westlich der Sierra Madre in landwirtschaftlich nutzbares Land zu verwandeln begannen, indem sie das Wasser aus der Sierra Madre durch Bewässerungskanäle zu den Feldern leiteten und so aus einem abgeschiedenen und dünn besiedelten Bundesstaat das agrarindustrielle Zentrum Mexikos machten. Mit dem Bau der Pazifik-Eisenbahn und der Hafenanlage von Topolobampo bei Los Mochis wurde der Küstenstaat im frühen zwanzigsten Jahrhundert zur Drehscheibe für Zucker-, Tomaten- und Opiumhandel.

Hinter dem, was im Narcocorrido als dramatischer Schicksalspakt mit dem Teufel besungen wird, steckt das gleiche kaufmännische Denken, mit dem sich die Händler Anfang des zwanzigsten Jahrhunderts für den extensiven Anbau von Tomaten entschieden haben: Wenn sich eine gewinnbringende Gelegenheit bietet, wird sie ergriffen.

Spätestens seit dem »Harrison Narcotics Tax Act«, einem Besteuerungsgesetz für Arzneimittel aus dem Jahr 1914, das den Opiummarkt in den USA regulieren sollte, gelangte asiatisches Opium über mexikanische Pazifikhäfen illegal in die Vereinigten Staaten.

Einheimisches Opium, dessen Herstellungstechniken vermutlich bereits zu Zeiten des Eisenbahnbaus im letzten Viertel des neunzehnten Jahrhunderts von chinesischen Arbeitsmigranten aus Kalifornien nach Mexiko eingeführt worden waren, wurde zunächst nur für den lokalen Bedarf kultiviert, mit der Illegalisierung der Droge jedoch zunehmend kommerzialisiert.

So wie die Gravitation die Bahn der Erde um die Sonne bestimmt, bewegte sich der Drogenhandel von Anfang an mit beinahe naturgegebener Gesetzmäßigkeit in Richtung Norden über die Grenze. Über die gleichen Handelskanäle, Organisationsstrukturen und Geschäftskontakte, über die auch die mexikanischen Exporttomaten den Markt in den Vereinigten Staaten erreichten.

Die Musik neben mir hört plötzlich auf. Der Akku ist leer.

Sie hätte sich das gut überlegt mit der zweiten Chance, sagt meine Sitznachbarin. Wäre ihr Mann faul, würde sie es nicht noch einmal mit ihm versuchen. Aber er hätte sich nie um Arbeit gedrückt. Das sei nicht das

Problem. Die Gringos seien ganz scharf auf Drogen. Das sei das Problem. Es reichte, dass sie hörten, woher man kam, schon fragten sie, ob man ihnen nicht etwas besorgen könne. Sie wolle nicht jammern. Ihr Mann hätte gewusst, worauf er sich einließ. Ihm hätte das schnelle Geld gefallen, und nun badeten sie es gemeinsam aus. Allerdings wolle es ihr einfach nicht in den Kopf, warum sie daran schuld sein sollten, dass die Gringos ihr Problem mit den Drogen nicht in den Griff bekämen?

Nach fast vierundzwanzig Stunden Fahrt nähern wir uns Culiacan. Links und rechts der Landstraße stehen neue Motelanlagen, die für Hunderte von Gästen gebaut worden sind, aber leer und steril aussehen. Sie heißen Paris, La Conquista, Mirage Royal und Paradiso und bemühen sich, ihren schillernden Namen durch luxuriöse Fassaden gerecht zu werden. Aber auf den Parkplätzen neben den Auffahrten herrscht gähnende Leere. Und so sind die Motels vor allem eines: die auffälligen Vorposten des Reichtums von Culiacan, der Stadt, die es sich leisten kann, potemkinsche Dörfer zu bauen.

Culiacan präsentiert sich als Agrar- und Geschäftszentrum. Das Wahrzeichen der Stadt ist die Puente Negro, eine 1908 erbaute Eisenbahnbrücke, die zum Symbol des wirtschaftlichen Fortschritts und Wohlstands wurde. Das größte Ereignis im Jahr ist die Viehmesse. Für Unterhaltung sorgen zahlreiche Mariachi-Gruppen. Und als wichtigstes Exportprodukt gilt neben Fisch weiterhin die Tomate, gefolgt von Chili, Kichererbsen und Auberginen. Aber nur dreizehn Prozent des Bruttoprodukts werden durch die Agrarindustrie erwirtschaftet. Siebzig Prozent durch Handel und Dienstleistungen.

Normalerweise müsste eine solche Stadt, die nur knapp achthunderttausend Einwohner hat und friedlich eingebettet zwischen den Bergen und dem Meer liegt, in provinzieller Selbstzufriedenheit versinken. Und selbst wo sie noch wie Culiacan mit drei Universitäten und einer Reihe technischer Hochschulen aufwarten kann, dürfte ihre Altersstatistik, die dadurch einen überdurchschnittlich hohen Anteil junger Bevölkerung aufweist, dann so ziemlich das einzige sein, das man nicht unbedingt zwischen Kuhmesse, Rodeos und Mariachi-Gruppen erwartet hätte.

Culiacan ist eine überschaubare Stadt. Wer aus dem modernen Busbahnhof ins Freie tritt, wird von einer Atmosphäre begrüßt, die gepflegt und ordentlich ist und keinerlei Überraschungen bereit zu halten scheint. Dieses Gefühl verstärkt sich, wenn man durch breite Straßen mit viel Grün in Richtung Innenstadt fährt, vorbei an Plätzen und Brunnen mit Palmen und Bougainvilles und an Autohäusern, deren neueste Modelle nicht nur in den Schaufenstern, sondern auch auf den Straßen zu sehen sind.

Culiacan präsentiert sich als Handelstadt, die Wert auf Traditionen legt und sich Zeit zu wachsen ließ. Es gibt einen historischen Stadtkern mit Kathedrale und Arkadencafé und weiße Wohnviertel, die der Stadt eine Leichtigkeit geben, die an das rund siebzig Kilometer westlich gelegene Meer erinnert. Alles wirkt einladend und aufgeräumt.

Culiacan zeigt seinen Wohlstand mit dem Stolz eines Kaufmanns, der betont, dass er seinen Besitz einzig und allein seinem Fleiß verdankt. In Culiacan ist dieser Stolz mit einer gewaltigen Portion Lokalpatriotismus ausgestattet. Unübersehbar prangt überall in der Stadt die Tomate als Schlüssel für den sichtbaren Wohlstand. Sogar auf den Autokennzeichen Sinaloas klebt sie. Das beruhigt jene sensiblen Gemüter, die mit den schönen Dingen des Lebens die Menschheit beglücken und in Culiacan besonders viele Abnehmer für ihre Luxusautos, Luxusmarken und ihre Luxus-Lifestyle-Produkte gefunden haben, aber es erklärt natürlich keineswegs, wie sich Culiacan all die Mustangs, Hummer und Corvettes leisten kann, die auf den Straßen der Stadt unterwegs sind. Dabei würde es die Stadt wohl selbst gerne glauben, dass das viele Geld, das in ihren Läden täglich umgesetzt wird, die Frucht grundsolider, ehrlicher Arbeit ist. Hat sie doch ihren Ruf als Handelsmetropole im vergangenen Jahrhundert viel zu hart gegen eine unnachgiebige Konkurrenz verteidigen müssen, um ihn sich nun durch den Beigeschmack »Narco« kaputt machen zu lassen – mit dem in Mexiko alles und jeder etikettiert wird, der direkt oder indirekt in den Drogensektor verwickelt ist.

Aber die Hinweise auf die illegale Quelle des Wohlstands sind viel zu offensichtlich, als dass sie sich verstecken ließen. Wie mit einer Gießkanne verteilt, tauchen in jedem Stadtviertel Häuser auf, an deren Kuppeln, Minaretten, Bögen und schmiedeeisernen Gittern und Zäunen die Wohnsitze der Drogenmafia zu erkennen sind.

Solange der mexikanische Drogenhandel an die einheimische Produktion von Opium und Marihuana gekoppelt war, blieb in Culiacan die Gegenwart der Drogenhändler auf bestimmte Stadtviertel beschränkt.

Ein solches Viertel war Tierra Blanca in den Sechzigerjahren, als hier die Caros, Elenes', Fonsecas und Quinteros lebten, Familien aus Badiraguato, einem nahe gelegenen Ort in den Bergen, aus dem das Marihuana und das Opium stammten, das sie von Tierra Blanca aus weiter vertrieben. Der ländliche Charakter Tierra Blancas, das ursprünglich eine Hazienda im nordöstlichen Außenbezirk Culiacans war, ist noch heute an den Fassaden einiger Häuser zu erkennen, die sich die zu Wohlstand gekommenen Familien auch in der Stadt weiterhin im Landhausstil bauen ließen. Ausgesprochen dezent sind diese Heimatverbundenheit demonstrierenden Häuser im Gegensatz zu der protzigen Mafia-Architektur der Gegenwart, die mit ihren Kuppeln und griechischen Säulen genau das Gegenteil erreichen will: um jeden Preis auffallen.

Die wilden Zeiten Tierra Blancas, in denen es das Chicago der Gangster in Sandalen war – eine Anspielung auf die Drogenbauern, die das Geld, das sie für ihre Ernten bekamen, in die Bars und Kaschemmen trugen, wo sie sich, sobald genug Alkohol geflossen war, angeblich hitzköpfige Streitereien mit der Waffe lieferten – gingen mit der 1975 beginnenden Operation Condor ihrem Ende zu. »Condor« war der Codename eines Drogenvernichtungsprogramms der mexikanischen Regierung, das erst 1978 beendet wurde. Es trug den gleichen Namen wie die Geheimdienstoperation, die im gleichen Zeitraum in mehreren rechtsgerichteten lateinamerikanischen Regimes startete. Und mit zehntausend zur Drogenbekämpfung eingesetzten Soldaten war es ebenso militärisch ausgerichtet. Während die transnationale Geheimdienstoperation die Verfolgung und Auslöschung der politischen Opposition in den beteiligten Ländern zum Ziel hatte, richtete sich die mexikanische Operation gleichen Namens vor allem gegen die kleinbäuerlichen Drogenproduzenten. Die Bauern wurden verhaftet oder getötet. Ihre Marihuana- und Mohnfelder niedergebrannt und mit Pestiziden vergiftet.

Die großen Händler aus Culiacan wichen während der heißen Phase der Operation nach Jalisco aus, wo sie von Guadalajara aus aufmerksam die Entwicklung des lateinamerikanischen Drogenmarkts verfolgten. Während die Drogenproduktion im eigenen Land als Folge der Operation Condor zurückging, stieg der kolumbianische Kokainexport in die USA im gleichen Zeitraum an.

Der Drogenhändler Miguel Angel Felix Gallardo war einer der Ersten,

El Culichi Elenes war der Paradiesvogel in Culiacans Drogenwelt der Achtzigerjahre.

der auf diese Entwicklung reagierte und seine Kontakte nach Kolumbien ausbaute. In den Achtzigerjahren wurde das Kartell, das er gemeinsam mit anderen Händlern – unter ihnen Ernesto Fonseca Carrillo und Rafael Caro Quintero – aufgebaut hatte, zu Mexikos führendem Logistikunternehmen auf dem illegalen Markt, das kolumbianisches Kokain auf erprobten Wegen durch Mexiko über die US-Grenze brachte.

Aber da es in der Welt der Drogenkartelle nur Bündnispartner oder Feinde gibt, wobei sich verbündete Kartelle in der Regel nur die Feinde teilen, nicht aber die Schmuggelrouten, und es genau dieser delikate Punkt ist, der auch aus Verbündeten irgendwann Feinde machen kann, spaltete sich das von Gallardo geleitete Kartell der ersten Stunde nach dessen Festnahme 1989 in mehrere, nunmehr unabhängig voneinander arbeitende Netzwerke auf, die Mexikos Drogenkanäle unter sich aufteilten. Die ursprüngliche Föderation mit den Schmuggelwegen durch das westliche Mexiko wurde von Gallardos früherem Gehilfen Joaquin Guzman weitergeführt.

In den Neunzigerjahren profitierten die mexikanischen Kartelle davon, dass der US-amerikanische Anti-Drogen-Kampf in der Karibik zu einem Zusammenbruch der Drogentransportwege für kolumbianisches Kokain führte und sich der Kokaintransfer an die mexikanische Pazifikküste verlagerte.

Nach der Auflösung der kolumbianischen Kartelle wuchs die Macht der mexikanischen Drogenbosse. In den ersten zehn Jahren des neuen Jahrtausends entwickelte sich das Kartell von Sinaloa zur einflussreichsten Drogenorganisation Lateinamerikas. Mit Culiacan als neu erstrahlendem Handelszentrum, in dem ein Stadtviertel wie Tierra Blanca inzwischen vom Ruhm seiner vergangenen Tage zehrt und wie die Puente Negro und die Tomate als Emblem einer Stadt gehandelt wird, die eigentlich nichts so sehr wie jede geschäftsschädigende Verbindung zum Dro-

Kunst und Drogen: Die Dollarnote trägt die Unterschrift von »Jose Perez Leon«
– dem Titel eines Corridos der Tigres del Norte. Künstlerin: Elina Chauvet.

gensektor fürchtet. Nur wo sich diese nicht mehr verbergen lässt, tut sie
so, als handle es sich bei den Indizien einer jahrzehntelang gewachsenen
Drogenkultur um harmlose folkloristische Attraktionen.

Culiacan könnte mit Sehenswürdigkeiten im Narco-Stil mittlerweile
einen Themenpark füllen: Mit dem Friedhof »Die Gärten von Humaya«,
in dem die oft fotografierten Mausoleen reicher Drogenhändler wie bunte
Lolipops in den tiefblauen Himmel ragen. Mit der »Kapelle des Jesus von
Malverde«, dem populären Schutzpatron der Drogenhändler, in der rund
um die Uhr Musikkapellen spielen und Souvenirverkäufer Malverde-De-
votionalien anbieten. Mit den illegalen Devisenverkäufern auf der Avenida Juarez, vor deren ambulanten Wechselständen die Autos der Kunden
Schlange stehen, seit das Gesetz zur Bekämpfung der Geldwäsche in Kraft
getreten ist und in den Banken die Höhe der monatlich erlaubten Dollar-
Überweisungen bei viertausend Dollar für Kontoinhaber und für alle anderen bei eintausendfünfhundert Dollar liegt. Händler und Kunden geben unter den bunten Sonnenschirmen, die auf einer Länge von ein paar
hundert Metern die öffentliche Straße blockieren, ein friedliches Bild ab.
Vielleicht, weil die Polizei vor den Ständen ihre Runden dreht und darauf

aufpasst, dass sie bei ihren Geschäften ungestört bleiben. Zu den neuen Attraktionen von Culiacan gehört auch Colinas de San Miguel, ein elegantes Viertel, in dem zwischen weißen Villen und Neubauten, die sich wie an einer Perlenkette die grünen Hügel hoch reihen, vereinzelt Rohbauten ohne Türen und Fenster stehen, die noch vor der Fertigstellung von der Polizei konfisziert worden sind.

Als Quote bezeichnen die Culichis, die Einwohner Culiacans, diese Trophäen polizeilicher Ermittlungsarbeit. Sie hätten pure Alibifunktion. Denn die öffentliche Sicherheit sei im Besitz der wahren Herren der Stadt, nicht ihrer Lakaien. Die Kontrolle über die städtischen Viertel und Straßen funktioniere nach einer dem Schachtelprinzip der russischen Matroschkas ähnlichen Hierarchie. Je größer die Puppe, desto mehr Viertel und Straßenzüge gehören ihr. Wenn es in dieser Verschachtelung irgendwo hakt, wird die betroffene Schachtel ersetzt. Die Quote sei die eleganteste Lösung. In ärmeren Vierteln betriebe man weniger Aufwand. Dort würden Probleme kostengünstiger erledigt. Deshalb die vielen Toten in Vierteln wie 6 de Enero, der Verlängerung von Tierra Blanca längs der Avenida Obregon, wo sich Bierausschank an Bierausschank reiht, und – stets im Dreierpack – Pizzabude an Fischstand und Hähnchenbraterei. Die verbotenen Lieder der Narcocorridos, die von keiner Radiostation gespielt werden dürfen, hat der »Besitzer« von 6 de Enero offensichtlich erlaubt und deshalb ertönt jetzt aus den Lautsprechern einer Pizzabude Colmillo Norteños *Ajustes Inzunza*, eine Art Leitfaden für korrektes Auftreten als Auftragskiller, der sich direkt an die drei Jungs zu richten scheint, die vor den Lautsprechern ihre Pizza verdrücken: »Aufgepasst Jungs! Stets mit Bazookas und Granaten ausgestattet, in kugelsicherer Weste, hinter getönten Scheiben eines Wagens ohne Plakette. Und wo offene Rechnungen beglichen werden, selbstverständlich nur durch Auslöschung frei Haus! Und nicht vergessen! In kleinen Stücken von einer Brücke hängen lassen und eine Karte mit eurer Empfehlung hinterlassen!«

Auf der Avenida Obregon staut sich der Verkehr. Ein Motorradfahrer schlängelt sich an den Autos vorbei. Auf dem Rücksitz hinter ihm zwei Kinder. Ein zehnjähriger Junge und ein etwa siebenjähriges Mädchen. Der Fahrer grüßt mit einer lässigen Handbewegung in Richtung Pizzabäcker. Der Junge dahinter imitiert ihn sofort. Der Pizzabäcker ruft etwas zurück, aber das geht im ohrenbetäubenden Lärm von Colmillo Norteños

»Der Boss der Bosse« –
nach einem Narcocorrido interpretiert von Elina Chauvet aus Culiacan.

Erziehungsratschlägen unter, die in dieser Straße für jeden das Richtige
parat haben. Denn weiter heißt es im Text: »Und vergesst nicht, Señores.
Das Motto lautet, Kinder werden nie angerührt. Kinder sind prinzipiell
unschuldig. Es ist eine Sache unter Erwachsenen. Hört ihr! Nur Große
sind in sie verwickelt.«

> Y que no se olviden
> Señores mi lema:
> Los niños no tienen
> la culpa de nada.
> Grandes contra grandes
> están enredados

Es ist eine ganz normale Szene in einer Stadt, in der es niemandem
mehr auffällt, wenn an einem Wochentag Kinder, statt in der Schule zu
sitzen, auf dem Rücksitz einer Yamaha durch die Stadt rasen und ihnen
ein Narcocorrido den Unterricht ersetzt. Weil die vermeintliche Drogen-
folklore in Wirklichkeit die Fieberkurve einer Stadt anzeigt, der die Orien-

tierung abhanden gekommen ist, seit Joaquin Guzman in die Sphären eines Narco-Superstars aufgestiegen ist, wo er zusammen mit seinem Partner Ismael Zambada wie Ludwig, der Sonnenkönig, den Mittelpunkt seines eigenen Universums bildet. Und Culiacan der Sitz seines Hofstaats geworden ist, der wie der alte Adel den Zusatz »Narco« im Namen trägt. Ein Narco-Hofstaat mit einer Hofkultur, die ganz auf das ungekrönte Haupt des Kartells von Sinaloa zugeschnitten ist, das den Beinamen »El Chapo« – Der Kurze – im Titel trägt und mit über zwei Jahrzehnten an der Spitze des Sinaloa-Kartells – trotz einer siebenjährigen Haftunterbrechung – der am längsten amtierende, mexikanische Drogenboss ist. Ein Zeitraum, der lang genug ist, um bei der Jugend den Eindruck entstehen zu lassen, dass der Ausnahmezustand, dem sich die Stadt seit der Übernahme durch seine Sicherheitschefs beugen muss, die Normalität sei, in die man hineingeboren wird, sein Leben verbringt und stirbt.

Am Urgrund der Erinnerungen einer ganzen Generation hallen die Schüsse der AR-15 nach, die im Januar 1976 den Drogenboss Lamberto Quintero niederstreckten. Ein Mord aus Rache, dem ein Blutbad folgte, bei dem das Viertel um das Santa-Monica-Krankenhaus, in dem der sterbende Lamberto Quintero lag, zum Schauplatz eines Showdowns wurde.

»Horch!«, sagt ein kleiner Junge, der in dem Augenblick, in dem eine Salve die Luft zerriss, ein paar Häuserblocks weiter in seinem Hochstuhl sitzt und von seiner Mutter gefüttert wird. »Horch!«, wiederholt er aufgeregt, als weitere Schüsse zu hören sind. Er streckt den Finger in die Luft, so wie es seine Mutter immer macht, wenn sie will, dass er gut zuhört. Die Mutter starrt ihren zehn Monate alten Jungen ungläubig an. Ihr Sohn hatte soeben die ersten Worte seines Lebens gesprochen. Er sagte nicht Mama oder Kran oder Auto. Er kommentierte eine Schießerei in seiner Stadt, die erste von vielen, die er in dieser Stadt noch zu hören bekommen wird.

Schon ein paar Tage nach den Vorfällen wurde der Corrido, der Lamberto Quinteros Leben und Sterben besingt, als erster Narcocorrido überhaupt von Culiacans Radiostationen gespielt und wirkte an seiner Legendenbildung mit. »Ihr, die ihr ihn gesehen habt, wie er stets über die Brücke nach Tierra Blanca fuhr, erinnert alle daran, dass man Don Lamberto nie vergessen darf. Ich für meinen Teil kann versichern, dass er Culiacan immer fehlen wird.«

Drei Jahre später singt der Junge, der während einer Schießerei seine ersten Worte gesagt hat, das Lied voller Inbrunst seiner Schwester vor. Er hat es im Kindergarten aufgeschnappt. »An einem 28. Januar, wie schmerzt mich dieses Datum, wurde Don Lamberto von einem Wagen verfolgt...« Weiter kommt er nicht. Seine Mutter hält ihm den Mund zu und erklärt ihm streng, dass solche Lieder bei ihnen im Haus nicht gesungen würden.

Die Familie war nach der Schießerei aus der Innenstadt in das Wohnviertel Los Pinos gezogen, in dem junge Familien der Mittelschicht in kleinen Einfamilienbungalows und in Reihenhäusern mit Vorgärten lebten. »In den Siebzigerjahren glaubte man noch, dass einen das richtige Stadtviertel vor schlechter Gesellschaft schützen könne. Aber jetzt ist es so, dass alle Viertel den Narco-Stil imitieren.«

Aus dem Jungen ist inzwischen selbst ein Familienvater geworden, der sich nicht wohl in seiner Haut fühlt, wenn er mit seinem zwölfjährigen Sohn die Großeltern in Los Pinos besucht, wo sich die Nachbarschaft seit seinen eigenen Kindheitstagen gewaltig verändert hat. Gleich nebenan wohnt jetzt ein Dealer, der seinen Wagen aus Sicherheitsgründen immer vor dem Haus seiner Eltern parkt, und Kunden, die das erste Mal zu ihm kommen, die Adresse seiner Nachbarn statt seiner eigenen nennt. Um seine Haut zu schützen, riskiert er das Leben der Nachbarn. Was, wenn seine Eltern mit ihm verwechselt und versehentlich erschossen würden, wenn sie nichtsahnend die Haustür öffneten? Leute wie dieser kriminelle Nachbar hätten aus Los Pinos ein gefährliches Pflaster gemacht. Aber bei wem sollten sich die Bürger beschweren, wenn bei ihnen im Viertel sogar die Polizisten für dieselbe Person wie die Dealer arbeiteten: Für Gustavo Inzunza Inzunza, alias »El Macho Prieto«, dem Sicherheitschef von Ismael Zambada, alias »El Mayo«, der wiederum der Partner von »El Chapo« Guzman ist. Für jenen Inzunza also, dessen Geschäften eine Reihe brutaler Corridos gewidmet sind.

Wer wie seine Eltern Distanz zu den Nachbarn halte, leiste da schon Widerstand. Denn normalerweise stünde die Loyalität mit den Nachbarn, mit denen man keine Schwierigkeiten haben will, über Recht und Gesetz. Selbst als Waffen- und Gelddepot ließen sich Nachbarn missbrauchen, auch solche, die persönlich gar nicht in den Drogensektor verwickelt seien. Allein die Nachbarschaft mache sie ungewollt zu Komplizen.

Seit der ehemalige Gouverneur von Sinaloa während seiner Amtszeit einmal erklären musste, wie die Drogenmafia in direkter Nachbarschaft zu seiner Residenz eine versteckte Operationsbasis unterhalten konnte, die als Waffendepot und mindestens einem Dutzend Sicarios als Unterschlupf diente, ohne dass jemand auf die Aktivitäten in dem Haus aufmerksam geworden wäre, und er vor der Presse verkündete, dass es in einer Stadt wie Culiacan, in der das organisierte Verbrechen an jedem Punkt präsent sei, nun einmal nicht ausbliebe, dass man einen Killer zum Nachbarn hat, ohne etwas davon zu wissen, seitdem fügten sich alle dieser Maxime wie einem unausweichlichen Schicksal.

Die Schießerei, die im Januar 1976 vor der Santa-Monica-Klinik stattfand, hätte sich ihnen noch ins kollektive Gedächtnis gegraben, weil sie einen Anfang markierte. Heute würde nun sein eigener Sohn beinahe jede Nacht von Schüssen geweckt. Er sei schon zu einem regelrechten Schusswechsel-Experten geworden, der anhand der Schüsse sagen könnte, mit welcher Waffe sie aus welcher Entfernung abgegeben worden sind. Am Frühstückstisch hielten sie dann Lagebesprechungen ab:

»Um wieviel Uhr hast du die Schüsse gehört?«

»Zwischen halb vier und vier.«

»Wie weit entfernt klangen sie? Von hier bis zum Oxxo-Supermarkt?«

»Nein, nicht ganz so weit. Eher von hier bis zur Apotheke.«

»Wie klangen die Schüsse? Dumpf?«

»Hart. Wie aus einer Five Seven.«

»Wie viele Schützen?«

»Nur einer. Aber er hat ein ganzes Magazin leergeschossen. Mit zwanzig Schuss.«

Nach Gesprächen wie diesem würden seine Frau und er je nach Einschätzung der Gefahrenlage entscheiden, ob ihr Sohn alleine mit dem Bus in die Schule fahren könne oder ob es besser sei, ihn im Auto hinzubringen. Und ob man die übliche Strecke nehmen oder lieber einen Umweg wählen sollte.

Der Vater muss lachen, als ich ihn frage, ob er selbst denn nicht auch nachts durch die Schüsse aufwache. Er hätte über dreißig Jahre lang Zeit gehabt, sich an sie zu gewöhnen. Dann wird er ernst. Er macht sich Sorgen um seinen Sohn. Dass er jede Nacht wach werde, zeige, wie angespannt und unruhig er innerlich ist. In seiner eigenen Kindheit sei die Gewalt zwar auch ab und zu in seine Lebenswelt eingedrungen – auch er bekam hin und wieder Schüsse mit, einmal erlebte er hautnah die Verhaftung eines Drogenbosses –, aber heute sei die Gewalt ein fester Bestandteil der Lebenswelt von Kindern.

In der Schule prahlten Schulkameraden seines Sohnes damit, dass sie bei einer Hinrichtung dabei gewesen sind. Mögen solche Äußerungen auch übertrieben sein und die Bilder auf ihren Handys in Wirklichkeit aus dem Internet stammen. Es reiche aus, um die anderen Kinder einzuschüchtern. Ich frage den Vater, ob ich mich mit seinem Sohn unterhalten könnte. Er zögert und möchte wissen, ob sein Sohn in dem Buch, das ich schreibe, zu erkennen sein würde. Ich versichere ihm, dass ich niemanden namentlich erwähne, der das nicht will und alles, was mir erzählt wird, so wiedergebe, dass keiner darin wiedererkannt werden kann, der das nicht möchte.

Er werde seinen Sohn fragen, sagt er. Auch die Schulpsychologin werde er fragen. Denn mit ihr sollte ich wirklich sprechen.

Am gleichen Abend erhalte ich eine Mail. Sein Sohn überlege es sich noch. Aber die Schulpsychologin will mich treffen. Ich verabrede mich mit ihr für den nächsten Tag im Hotel. Wir setzen uns in den Frühstücksraum, wo wir am späten Vormittag ungestört sind. Der Kellner kommt an unseren Tisch und bringt uns Kaffee. Sie wartet, bis er sich entfernt hat, bevor sie leise zu sprechen beginnt.

Sie wird an vier Schulen eingesetzt und betreut im Moment dreißig Kinder im Alter zwischen sechs bis vierzehn Jahren. In all den Jahren, die sie im schulpsychologischen Dienst tätig ist, seien ihr einige Veränderungen aufgefallen. An den Kindern. Aber auch an den Müttern der Kinder. Ob sich die Väter auch verändert hätten, könne sie nicht beurteilen, weil die nie bei ihr in der Sprechstunde auftauchten.

»Den Müttern macht Erziehung Angst«, sagt sie. Als ob es sich bei Erziehung um etwas handele, worauf sie keinen Einfluss hätten. Um etwas, das außerhalb ihrer Macht stünde. »Sie sehen, dass ihre Kinder Fehler machen, und sagen nichts. Bis aus den harmlosen Fehlern kleine kriminelle Akte geworden sind und sie schließlich Angst vor den eigenen Kindern haben.«

Der Kellner kommt wieder an unseren Tisch und fragt, ob wir noch Kaffee möchten. Sie wartet wieder, bis er weit genug weg ist. Dann kommt sie auf die Mutter eines Schülers zu sprechen, den sie bis vor kurzem betreut hat.

Diese Mutter war erst siebzehn, als der Sohn zur Welt kam. Sie und der Vater des Jungen hatten während der Schwangerschaft geheiratet. Nach der Geburt ist sie alleine in den Norden gegangen, um als Drogenkurierin zu arbeiten. Das Geld schickte sie ihrem Mann. Einige Zeit ging alles gut, dann wurde sie in den Vereinigten Staaten mit dem Stoff erwischt und kam für mehrere Jahre ins Gefängnis. Sobald kein Geld mehr floss, hatte der Vater das gemeinsame Kind bei einem Verwandten von ihr abgeliefert und jeden Kontakt zu dem Jungen abgebrochen. Dem Verwandten, ein Onkel der Frau, war es egal, wo sich der Junge aufhielt und was er machte.

Als die Mutter aus dem Gefängnis entlassen wurde, war ihr Sohn acht Jahre alt. Er war ihr völlig fremd. Sie hatte Angst vor ihm. Je weniger sie ihn sah, desto lieber war es ihr. Jetzt mit dreizehn, kommt der Junge gar nicht mehr nach Hause. Auch sie als Psychologin hätte den Kontakt zu ihm verloren.

Sie vermutet, dass er für einen der »Herrn über das Viertel«, den »Besitzer« arbeitet. Es sei gar nicht so selten, dass diese in die Rolle von Ersatzvätern schlüpfen und von den Jungs dafür dankbar angehimmelt werden, weil sie etwas mit ihnen unternehmen. Das hatten ihre eigenen Väter nie getan. Nebenbei gewöhnten sie die Kinder an das Handwerk. Sie nehmen sie zur Arbeit mit. Lassen sie zusehen, wenn sie einen Menschen töten. Drücken ihnen eine Pistole in die Hand. Lassen sie selber schießen. Auf Hunde. Auf Hühner. Auf den ersten Menschen. Und testen dabei, ob sie zu gebrauchen sind.

Seit einem Jahr hätte sich der Junge mit seinem zweiten Nachnamen – dem Familiennamen seiner Mutter – anreden lassen. Einem typischen Narco-Namen wie Felix, Gil oder Caro. Jungs wollen so heißen wie ihre Vorbilder. Wenn sie zufällig einen zweiten Familiennamen haben, der in der Narco-Szene zu finden ist, dann geben sie diesen als ersten Nachnamen an.

Eine Untersuchung der staatlichen Justizbehörde gibt Auskunft darüber, dass Drogenschmuggel von einem wachsenden Teil der Jugend als realistische Lebensoption gesehen wird. Waren vor dem Krieg von hundert Jugendlichen zehn in Drogengeschäfte verwickelt, ist es heute knapp die Hälfte. Von Mai 2008 bis Februar 2010 sind in Sinaloa mehr als zweihundert Kinder und Jugendliche dem organisierten Verbrechen zum Opfer gefallen.

Ob es denn unter den Schülern, die sich solche Narco-Familiennamen zugelegt haben, auch welche gäbe, die sie irgendwann wieder ablegen, möchte ich wissen. Sie zuckt bei der Frage leicht zusammen. Einen kenne sie, sagt sie leise, als fühle sie sich persönlich dafür verantwortlich, dass es nicht mehr sind: »Für einen meiner Schüler haben die Narcos an Attraktivität eingebüßt. Er hat entdeckt, dass er eigene Interessen hat und will Design studieren.«

»Der Narco ist überall. Egal, wohin du blickst. Er schläft mit dir im Bett. Er sitzt mit dir am Frühstückstisch. Du schlägst die Zeitung auf. Er ist da. Du sperrst dich in den teuersten Vierteln von Culiacan ein, in Alamos oder Primavera. Der Narco ist schon da. Du kannst dich drehen und wenden wie du willst. Der Narco ist da.« Javier Valdez sitzt mit seinem Laptop in der Cafeteria des Ramada in der Nähe der Kathedrale und arbeitet. Er ist Journalist bei *Riodoce*, einer wöchentlich erscheinenden Zeitung aus Culiacan, und der Autor von *Miss Narco* und *Malayerba*, Büchern, die aus seinen Kolumnen hervorgegangen sind und Chroniken des Drogenalltags liefern. Es geht ihm wie allen Künstlern und Schriftstellern Culiacans: Die Narco-Phänomenologie bestimmt ihr Thema. Bei der international bekannten Künstlerin Teresa Margolles ist es die Beziehung zwischen Tod und Gesellschaft, bei ihrer Kollegin Rosy Robles die Gewalt in einer Stadt, in der Narcos herrschen, bei der Malerin Elina Chauvret das Thema der Narcocorridos. Der Schriftsteller Elmer Mendoza beschreibt an Schauplätzen seiner Geburtsstadt Culiacan das Narco-Phänomen als Krebsgeschwür, das die mexikanische Gesellschaft zerfrisst, während Javier Valdez Geschichten erzählt, in denen daraus eine Lebensform geworden ist. »Wir atmen Narco-Luft. Sie verpestet den Alltag. Sie hat uns krank gemacht. Wir leiden an einer besonderen Form des Valemadrismo. An fehlendem Unrechtsbewusstsein und an totaler Gleichgültigkeit. Wir haben uns so sehr an unseren Zustand gewöhnt, dass wir ihn als völlig normal empfinden. Wir merken gar nicht mehr, wie schwerkrank wir in Wirklichkeit sind.« Wer die Krankheit bekämpfen will, wird in Culiacan nicht Arzt, sondern Journalist.

Es ist ein dünner Grat, auf dem sich die Journalisten bewegen. Über

Die Visualisierung des Corridos *La neta de las netas*
[Die Wahrheit der Wahrheiten] von den Tigres del Norte,
von Elina Chauvet.

die Verwicklung von Politikern in Drogengeschäfte können sie schreiben.
Konkrete Angaben zu Häusern, Grundstücken, Firmen, Geschäften und
Vermögen der Mafiabosse sollten sie besser verschweigen. Denn wer offen
über die Verursacher der Krankheit zu schreiben wagt, riskiert sein Leben.

Auch aus anderer Richtung laure Gefahr, sagt Javier Valdez. Wenn um
sieben Uhr morgens die Zeitungsverkäufer in ihren Autos durch die Wohnviertel fahren und mit Lautsprechern marktschreierisch mit dem »Blutbad
des Tages« ihre Zeitungen anpreisen, liefere die Verfolgung des organisierten Verbrechens dem organisierten Verbrechen die Werbung frei Haus.
Man müsse aufpassen, dabei nicht ungewollt zu einem Helfer zu werden.

Javier Valdez hat sich darauf spezialisiert, die Nahtstellen aufzudecken, an denen die Narcokultur auf den kulturellen Geschmack der gesellschaftlichen Mehrheit trifft. »Früher wäre auf der Hochzeitsfeier einer Familie aus der Oberschicht keine Musikkapelle engagiert worden,
die Narcocorridos spielt. Es wurde im gesellschaftlichen Umgang eine
klare Trennlinie zwischen legal und illegal erworbenem Reichtum gezogen. Heute mischen sich gesellschaftlich angesehene Namen mit illegal
erworbenem Reichtum. Adel heiratet Geld und verschafft dem Geld einen
guten Namen. Auch so funktioniert Geldwäsche. Als gesellschaftlicher
Aufstieg. Auf diese Weise ist der Narco in Culiacan in der Gesellschaft
angekommen und Narcocorridos gehören fast schon zum guten Ton.«

Der Narcocorrido ist aus den Corridos hervorgegangen, populären
Balladen, die seit den Tagen der mexikanischen Revolution politische Ereignisse, aufsehenerregende Vorfälle, Morde aus Eifersucht, skurrile Zwischenfälle und Skandale kommentieren, immer im fröhlichen Dreivierteltakt der Musica Norteña, begleitet von Akkordeon, Kontrabass und
Bajo Sexto.

Wenngleich Corridos nach wie vor komponiert werden, sind in Culiacan ausschließlich Narcocorridos zu hören, die immer noch die neuesten
Nachrichten in Liedform darbringen, oft schneller und mit mehr Insiderwissen als die Zeitungsberichte, allerdings meist nur in Form von Hofberichterstattung. So wird eine staunende Zuhörerschaft, wie früher die Un-
tertanen über die Ereignisse am Hof, über Zwischenfälle und Dramen im
Kartell von Sinaloa unterrichtet. Über den Tod von Edgar Guzman, dem
Sohn des obersten Bosses. Über die große Verantwortung, die El Mayo
Zambada für seine große Familie trägt. Über dessen Sohn Vicente, der in
den Vereinigten Staaten verhaftet worden ist. Über die gerechte Wut von
Chapo Guzman, mit der er Feinde und Verräter verfolgt. In *La Charla*, einer fiktiven Unterhaltung, beschweren sich der Mayo und der Chapo wie
zwei Diven über die Übertreibungen und Lügen, die von den Journalisten
über sie in die Welt gesetzt würden.

»Compadre, was sagst du dazu, was die Zeitungen über mich behaup-
ten. Ich soll angeblich Millionen besitzen und dann diese Hochzeiten, die
sie mir andichten.« – »Gräm dich nicht, Compadre. Schließlich sind das
alles nur Lügen. Über mich reden sie auch viel. Ich habe das alles in dem
Interview richtig gestellt.«

Als Ismael Zambada dem einflussreichen Wochenmagazin *Proceso* das Interview gibt, auf das sich der Corrido bezieht, und in der gleichen Ausgabe eine aktuelles Bild von ihm auf dem Titel erscheint, vermuten die einen, dass auf dem Foto nur sein Doppelgänger abgebildet ist, während die anderen aus sicherer Quelle wissen wollen, dass El Mayo auf dem Foto das Polohemd seines Partners El Chapo trägt, und die Nummer Eins des Kartells von Sinaloa bei diesem Interview sogar persönlich anwesend war.

Wie Seifenopern scheinen die über die Drogenbosse verbreiteten Mythen und Legenden mit der Sehnsucht der Leute zu korrespondieren, der Lethargie ihres eigenen Alltags zu entfliehen.

Narcocorridos als provokante Antwort auf eine korrupte Politik wie sie zum Beispiel in dem Lied *Pactos entre Grandes* zu finden ist, in dem der Protagonist dem Präsidenten Felipe Calderon einen Deal vorschlägt, bei dem er sich gegen Geld das Monopol im Drogengeschäft erkauft, sind ebenso rar geworden wie Narcocorridos als selbstironische Parodien. Im *Interview mit dem Chino Antrax* – einem wirklich existierenden Mitglied des Kartells von Sinaloa und dort wie El Macho Prieto für militärische Operationen und Aufräumarbeiten zuständig – beantwortet dieser die fiktiven Fragen eines Journalisten nach seiner Arbeit mit Versatzstücken aus unterschiedlichen Narcocorridos.

Die meisten Narcocorridos verklären jedoch mit pathetischem Ernst die Drogenbosse und Auftragskiller zu Männern der Ehre, die dazu verdammt sind, Aufgaben zu erledigen, die keiner außer ihnen erledigen kann.

Wie in der echten Hofberichterstattung darf in den Corridos nur gesagt werden, was autorisiert ist. Hält sich die Band nicht daran, läuft sie Gefahr, selbst ins Fadenkreuz jener Protagonisten zu geraten, deren Blutbäder so lyrisch besungen werden.

»Vor ein paar Tagen stand ich bei Soriana vor dem Weinregal und merkte plötzlich, dass im Hintergrund das typische Chumtata Chumtata eines Narcocorridos lief. Ich hörte genauer hin... Das war *500 Balazos!* Ein Narcocorrido, der von einer wilden Schießerei in Obregon im Bundesstaat Sonora erzählt.« Anajilda Mondaca lacht immer noch ungläubig. »Die Schießerei zwischen den Bundespolizisten und Macho Prietos Leuten hat es wirklich gegeben. Glaubt man dem Lied, dann machten die Bundespolizisten dabei keine so gute Figur. Der Sänger vermutet, weil sie zu schlecht bezahlt würden, um für einen Einsatz ihr Leben zu riskieren.

Während das Sinaloa-Kartell seine Reihen mit Soldaten füllen kann, welche die Seiten wechseln, weil sie von der Mafia weit besser bezahlt werden. Wenn Lieder wie *500 Balazos* bei uns schon in der Gourmetabteilung einer Supermarktkette laufen, während sie in den Radiostationen verboten sind, dann sind wir tatsächlich in der Narco-Normalität angekommen.«

Anajilda Mondaca ist Sozialwissenschaftlerin und unterrichtet an der Universität von Sinaloa. Ihr Spezialgebiet ist die Narco-Kultur. Die Daten sammelt sie im Alltag. In den Geschäften, die sich auf die wandelnden Moden und besonderen Vorlieben ihrer Kundschaft eingestellt haben. In Spirituosenläden, die ihre Regale mit Buchanan's gefüllt haben, dem Lieblingswhiskey der Neureichen. In Schuhläden, in denen besonders viel Straußenlederstiefel mit den passenden Gürteln im Versace-Stil geordert und Stiefel im Leguanlederlook aus den Regalen genommen werden. In den Boutiquen, in denen Ed Hardy gerade Versace ablöst. In den Frisörsalons, die von blonden Haarverlängerungen auf dunkelbraune, glatte Extensions umgestellt haben. In den zahllosen Nagelstudios, in denen die Motive und Farben der ellenlangen künstlichen Fingernägel fast täglich wechseln. Im Gebrauchtwagenmarkt, wo teure Automarken relativ günstig zu bekommen sind, weil die Besitzer die Wagen nicht einmal ein Jahr lang fahren, bevor sie zum nächsten, neueren und exklusiveren Modell wechseln. Im boomenden Markt der Schönheitschirurgie. Im Angebot der Klingeltöne.

»Aus dem Repräsentanten einer Subkultur ist ein Stereotyp geworden«, sagt Anajilda über den Narco. »Es gibt kein staatliches kulturelles Projekt. Diese Lücke füllt die Narco-Kultur. Aber mehr noch als ein Kulturprojekt ist die Narco-Kultur ein Konsumprodukt. Sie hat in ihrer Gesamtheit einen eigenständigen neuen Markt erschlossen. Und liefert gleichzeitig spendable Konsumenten.«

In der Ladenzeile des Einkaufszentrums, in dem die Kunden der Weinabteilung mit *500 Balazos* – 500 Schüssen – berieselt werden, gibt es ein Schreibwarengeschäft, in dem eine Verkäuferin von einer echten Kugel getötet wurde, die bei einer Schießerei aus fahrenden Autos heraus abgegeben wurde, über den Parkplatz durch die offene Ladentür flog und die Angestellte am Kopf traf.

Dieser unbekannten Toten – einer von durchschnittlich acht Gewaltopfern täglich in Sinaloa – wurde kein Corrido gewidmet. Auch keines der Kreuze, wie sie üblicherweise dort stehen, wo es zu tödlichen Gewalteskalationen zwischen verfeindeten Gruppen gekommen ist.

Die ersten Kreuze tauchten in Culiacan irgendwann nach Joaquin Guzmans angeblicher Flucht aus dem Gefängnis auf, als er von Culiacan aus sein Kartell zur Nummer Eins in Mexiko auszubauen begann und sich offen mit dem Kartell von Juarez anlegte. In dieser Zeit fing man an, die Orte, an denen die Narcos aufgrund der sich anbahnenden Bandenkriege ein immer früherer Tod ereilte, mit einem Kreuz zu markieren.

Anfangs waren es bescheidene Holzkreuze, die in Mauernischen und unter Bäumen aufgestellt und mit Kerzen und Blumen verziert wurden. Das Zeremoniell wurde häufig von einem Corrido begleitet. Die Komponisten konnte man in der Francisco-Madera-Straße anheuern, wo sich die Übungsräume der Mariachi-Gruppen befinden.

Ab Mai 2008 breiteten sich die Kreuze plötzlich in epidemischer Häufigkeit in der ganzen Stadt aus. Und mit der Menge nahm auch ihre Größe zu. An Straßenecken, auf den Mittelstreifen der großen Boulevards, längs der Gehwege, in Wohnvierteln, auf öffentlichen Plätzen, vor Tankstellen, Banken, Getränkeläden, längs der Ausfahrtsstraßen aus Culiacan. Überall standen plötzlich Kreuze aus Marmor und Granit, deren Masse jedem eindringlich zeigte, dass etwas Neues und Unheimliches in der Stadt grassierte und dabei war, aus ihr einen Friedhof zu machen. Was war passiert?

»Am 30. April 2008 veranstalteten wir bei *Riodoce* aus Anlass des fünfjährigen Bestehens unserer Wochenzeitung ein internationales Forum zum Thema ›Legalisierung der Drogen und Plan Merida‹«, erinnert sich Javier Valdez. »Und während drinnen im Forum die Intellektuellen des Landes noch über die unterschiedlichen Lösungsansätze im Drogenkonflikt debattierten, schufen draußen die Kugeln Fronten. Am 30. April 2008 zerbrach die große Familie, die bis dahin gemeinsam unter dem Dach des Kartells von Sinaloa den Markt geregelt hatte. Und einen Tag später herrschte Krieg.«

Am 30. April 2010 stürmte die Polizei ein Haus, dass von Arturo Beltran Leyva für das Sinaloa-Kartell als versteckte Operationsbasis genutzt wurde. Es war jenes Haus, das sich in unmittelbarer Nachbarschaft zur Residenz jenes Gouverneurs befand, der diesen Skandal mit dem lapidaren Satz: »Jeder hat einen Sicario zum Nachbarn« kommentierte.

Während der Gouverneur seine Kapitulation vor der Macht der Capos in die Aufnahmegeräte der Journalisten diktierte, erklärte Arturo Beltran Leyva seinem Partner Joaquin Guzman den Krieg, da dieser der Bundespolizei den entscheidenden Tipp geliefert und ihn, Arturo Beltran Leyva, seinen alten Partner und Vetter, für einen Deal mit der Regierung verraten hätte. Zum zweiten Mal schon, nachdem er es bereits Anfang des Jahres zugelassen hatte, dass sein Bruder Alfredo Beltran Leyva, alias »Mochomo«, verhaftet werden konnte. Ausgerechnet in Tierra Blanca, jenem Stadtviertel, in dem praktisch jeder Polizist auf Guzmans Gehaltsliste stand.

Unter den Männern, die bei der Erstürmung des Hauses durch die Bundespolizei getötet wurden, schien auch Arturo Beltran Leyvas Sohn gewesen zu sein. So zumindest erklärt sich der Furor, mit dem er die Fehde eröffnete. Keiner wurde verschont. Nicht die Polizei. Nicht sein ehemaliger Partner. Zunächst starb der regionale Chef der Bundespolizei. Dann Edgar Guzman, der Sohn des Kartellbosses.

Mit diesem Mord hat sich Arturo Beltran Leyva alle friedlichen Rückzugswege versperrt und die Eskalation der Gewalt vorangetrieben. Erst mit seiner Erschießung am 16. Dezember 2009 durch Marineeinheiten der Streitkräfte klingt diese wieder ab.

Aber in den zwanzig Monaten dazwischen kulminiert der Krieg. Beltran Leyva verbündet sich mit den Feinden seiner ehemaligen Partner und verschafft dem Kartell von Juarez sowie den Zetas Einlass in Sinaloa. Die Regierung Calderon entsendet als Reaktion auf die Morde an Bundespolizisten Soldaten und noch mehr Bundespolizisten. Joaquin Guzman reagiert mit Großoffensiven.

Mitten im Krieg entwickelt sich ein neuer Musiktrend: »Movimiento Alterado.« Die klassischen Instrumente der Musica Norteña werden mit Tuba und Schlagzeug gemischt, Instrumenten der Banda-Musik. Die Lieder werden schneller. Die Texte härter. Das Ergebnis sind Narcocorridos, die in verstörendem Tempo – das eben bedeutet Movimiento Alterado – die Gewaltexzesse des Mafiakrieges beschreiben. Köpfe rollen auch in den Liedern, Granaten detonieren, Menschen werden hingerichtet. El Macho Prieto, El Chino Antrax, El M1 oder schlicht El jt sind die besungenen Helden. Keine Rebellen mit politischem und sozialem Bewusstsein, sondern Killermaschinen der Mafia.

Als »Kranke Corridos« bezeichnen die Sänger ihre verstörenden Lieder über den ewigen Reigen des Mordens und Tötens, die für die Narco-Industrie das sind, was Top Gun für die Navy war: Werbeträger, die dem Mafiakrieg den Glamour eines Actionspektakels verleihen, um den nächsten Schritt hin zu einer Narco-Diktatur vor der Jugend zu legitimieren.

Con cuerno de chivo y bazooka en la nuca.
Volando cabezas a quien se atraviesa.
Somos sanguinarios, locos, bien ondeados.
Nos gusta matar.

[Mit der AK 47 und der Bazooka im Nacken,
fliegen Köpfe, wo sie uns in die Quere kommen.
Wir sind blutgierig, verrückt, ziemlich zugedröhnt.
Uns gefällt es zu töten.]

Wenn Strophe für Strophe ein Porträt Culiacans entsteht, das den Kadavern von Gewaltopfern gleicht, deren Körper mit Markierungen übersät und mit chirurgischer Präzision verstümmelt worden sind, um Nachrichten zu übermitteln und Reviere zu markieren, ist das durchaus wörtlich zu nehmen.

Anhand ihrer Kadaver ließe sich der Zustand der Gesellschaft ablesen, sagt Teresa Margolles, die Künstlerin aus Culiacan, die in ihren Installationen die Verbindung zwischen Tod und Gewalt aufzeigt. In den bestialisch verstümmelten Leichen des Narco-Kriegs breche sich ein Hass Bahn, der über den Tod hinausgehe. Warum sonst müssten ganze Magazine auf Menschen abgeschossen werden, die bereits von der ersten Kugel tödlich getroffen wurden?

In den Zentren des Drogenkriegs hat jede Straße einen »Besitzer«. Wer Besitzer einer Straße ist, ist auch Herr über Leben und Tod in der Straße. Wer in der Straße lebt und ihm die Gefolgschaft verweigert, ist nicht zu gebrauchen und wird wie Abfall entsorgt. Kadaver sind damit öffentlich.

Zeitungen zeigen zerstückelte Körper als Aufmacher auf der ersten Seite. An den Tatorten umringen Jugendliche von Kugeln durchlöcherte, blutverschmierte Leichen, die nicht zugedeckt worden sind, und filmen sie mit der Handy-Kamera. Kinder reichen die Aufnahmen von Folteropfern in der Schule herum.

Mitten auf einem Parkplatz in Culiacan steht das Kreuz für
Edgar Guzman an der Stelle, wo er im Mai 2008 ermordet wurde.

In der Welt des Narco ist der öffentliche Raum nur ein vorüberge-
hender Zustand, dessen Privatisierung bereits Vorschub geleistet wird.
Durch Fotografierverbote, die für alles bindend sind, außer für tote Körper, und durch Markierungen: Im Bundesstaat Coahuila zeigen große Z's
an den Berghängen das Herrschaftsgebiet der Zetas an. Wer ohne Vor-
sichtsmaßnahmen die Grenzen der markierten Gebiete überschreitet,
setzt sich auch als Unbeteiligter größter Gefahr aus. So verschwinden in
Coahuila in den Zeta-Regionen immer wieder Reisende aus Sinaloa, deren PKW's das Kennzeichen des Feindes tragen.

Auch Kreuze sind Markierungen, die eindringlicher als alles andere
zeigen, dass die Unversehrtheit des menschlichen Körpers in der Narco-
Welt nichts wert ist.

Zwei Meter hoch ragt das Kreuz von Edgar Guzman, das an der Stelle

Auf dem Friedhof Jardines del Humaya in Culiacan
trifft man die Narco-Architektur in Reinkultur an.

auf dem Parkplatz vor dem Einkaufszentrum errichtet wurde, wo man ihn
erschossen hat. Es ist das größte Kreuz in Culiacan, dem Sohn des Besitzers
der Stadt würdig. Aus teuerstem Marmor. Ein Grab für alle Ewigkeit, errichtet auf einem öffentlichen Parkplatz mitten in der Stadt.

Narco-Kultur ist Übertreibung. Extrem. Auch im Totenkult. Die Toten der Narcos haben in Culiacan nun zwei Grabstätten. Während die
Narco-Mausoleen im Friedhof Jardines del Humaya als Kopien jener bunten Zuckerbäckerstil-Häuser gebaut werden, in denen die Verstorbenen
vor ihrem Tod wohnten, mit den gleichen Kuppeln, Säulen und Minaretten, mit Ölporträts, schmiedeeisernen Treppenaufgängen, Balkonen,
Klimaanlagen, Aufzügen und kompletter Kameraüberwachung; während
also der Friedhof von Culiacan eine Art Gated Community nach dem Tod
ist, mit Häusern, in denen sich die Mafiafamilien am 2. November treffen,

sind die Kreuze auf Culiacans Straßen und Plätzen so etwas wie militärische Gedenksteine: Gefallen im Krieg.

Man erzählt sich, dass die Stadtverwaltung die Narco-Kreuze entfernen wollte. Um Auseinandersetzungen mit den betroffenen Familien aus dem Weg zu gehen, sollten Priester als Vermittler eingesetzt werden. Letztlich sei die Initiative jedoch daran gescheitert, dass man nicht wusste, wer das Kreuz von Joaquin Guzmans Sohn entfernen würde. Also bleibt diese Narco-Attraktion der Stadt ebenso erhalten wie die Kapelle von Jesus Malverde, die 1980 beim Neubau des benachbarten Regierungssitzes abgerissen werden sollte. Der empörte Protest der Jünger des 1909 verstorbenen, großzügigen Banditen hatte die Stadt dazu gezwungen, die Grundrisspläne des neuen Regierungsgebäudes zu ändern.

Zum Patronatsfest, das jährlich an Malverdes Todestag, dem 3. Mai, stattfindet, pilgern Besucher aus aller Welt zu seiner Kapelle, die mehr einer Markthalle als einem Heiligenschrein gleicht. An Souvenirständen werden Malverde-Ketten, Bilder, Bücher, Kerzen und Büsten verkauft. Der schmucke Heilige mit dem schwarzen, dichten Haar und dem Oberlippenbart trägt die Züge von Pedro Infante und ein Hemd im Rodeostil. Sein Altar in einem fensterlosen Innenraum der Halle ähnelt dem Schminktisch einer Künstlergarderobe. Hunderte von Fotos und Postkarten aus aller Welt kleben an der Wand und sogar an der Decke. Blumenbouquets stehen in Plastikeimern auf dem Boden. Fan-Post, handgeschriebene Dankschreiben und liebevoll gemalte Malverde-Porträts und Plakate hängen hinter Bilderrahmen. Und zwischen Blumensträußen und Kerzen steht auf dem Tisch im Zentrum des Raumes die aktuelle Büste des Stars. In den Seitennischen sind dessen Vorgängermodelle, auf denen Malverde ein bisschen mehr Ähnlichkeit mit dem Schauspieler Jorge Negrete aufweist. Die Seitenwände des kleinen Schreins und seine Außenwände sind mit den Danktafeln von Personen und Familien tapeziert, die sich bei Jesus Malverde für die Erfüllung ihrer Bitten bedanken.

Eine Banda Norteña steht im Vorraum der Kapelle und spielt einen Corrido von Jesus de Malverde. Auf einem Seitenbänkchen vor dem Altar sitzt ein junges Pärchen mit einem kleinen Kind. Der Mann hat den gleichen Oberlippenbart wie sein Schutzpatron. Als das Lied zu Ende ist, bestellt er bei den Musikern einen weiteren Corrido. Dann setzt er sich wieder zu seiner Familie aufs Bänkchen und blickt weiter schweigend auf den

Jesus de Malverde im Wandel der Zeit.
Die Büsten und Porträts des Narco-Heiligen gehen mit der Mode.

Boden. Ein anderes Paar mit Kind betritt die kleine Kapelle. Die beiden Familien kennen sich. Die Männer deuten eine Umarmung an, die Frauen einen Wangenkuss. Dann stehen sie einige Minuten andächtig und schweigsam vor dem Altar. Bevor sie den Raum verlassen, zünden sie zwei Kerzen an und werfen einen Umschlag in eine der hohen Spendenboxen, die Malverdes Büste umrahmen. Im Vorraum unterhalten sie sich mit gedämpften Stimmen. Die Männer blicken ernst, ihre Frauen tauschen sich über ihre Kinder aus. Beide Frauen sind gertenschlank, tragen hautenge Jeans, hohe Schuhe und die langen braunen Haare offen. Ihre Männer gleichen sich ebenfalls mit ihren Cowboyhüten, weißen Hemden und den auf Hochglanz polierten Straußenlederstiefeln. Ihrer Kleidung nach zu urteilen, gab es einen besonderen Grund, den heiligen Malverde in seiner Kapelle aufzusuchen.

In der Nische des Altars liegt ein Berg Kieselsteine hinter einem mit Wasser gefüllten Behälter. Wer Malverde um einen Gefallen bittet, sucht sich angeblich einen der Steine aus, benässt ihn und nimmt ihn mit nach Hause. Wurde seine Bitte erfüllt, bringt er den Stein bei seinem nächsten Besuch wieder in die Kapelle zurück.

Die beiden jungen Pärchen scheinen auf diesen Teil der Malverde-Folklore zu verzichten. Sie hören lieber noch eine ganze Weile den Musikern zu. Sie haben keine Eile und bestellen immer wieder neue Corridos, ausschließlich Lieder über Jesus Malverde, von denen es Dutzende gibt. Als sie zahlen, ist den zufriedenen Gesichtern der Musiker anzumerken, dass die Höhe des Trinkgelds ganz im Sinne des großzügigen Banditen ausgefallen sein muss – und auf keinen Fall nur ein kleiner Kieselstein war.

Anajilda Mondaca will mir den neuen In-Treff Culiacans zeigen, die Musala-Insel auf dem Rio Tamazula, wo innerhalb kürzester Zeit ein nagelneues Stadtviertel mit Nachtklubs, Spielcasinos und überwachten Luxuswohnanlagen aus dem Boden gestampft worden ist. Wir haben uns in einem Café in Las Quintas verabredet, dem alten Vergnügungsviertel der Stadt. Auf dem Weg dorthin wird mein Taxi an einer Kreuzung von einem weißen Nissan Navarra geschnitten, dem im letzten Moment einfiel, dass er links abbiegen will. Der Taxifahrer bremst ab und lässt dem Nissan den Vortritt. »Nicht, dass er noch auf die Idee kommt, mir sein Ziegenhorn ins Gesicht zu pusten.« Er deutet mit einer Handbewegung, bei der er seine Finger schnappen lässt, an, was das Motiv für seine Höflichkeit ist: Angst.

Die gleiche Handbewegung hatte gerade eben auch der Vater des Jungen gemacht, als ich ihn fragte, wie es seinem Sohn ginge. Er hatte mir zuvor eine Mail geschickt. Sein Sohn sei einverstanden. Wir könnten uns unterhalten. Da der Vater an der Universität Architektur lehrt, könnten wir uns in seinem Büro treffen. Ich bin zu früh gekommen. Der Junge ist noch nicht da. Sein Vater erzählt mir, dass eine Freundin seines Sohnes vor ein paar Tagen fast an einem Kreislaufzusammenbruch gestorben sei, weil ihr von einer Klassenkameradin eine hohe Dosis synthetischer Drogen unter das Essen gemischt worden war. Als der schulpsychologische Dienst die Mutter dieses Mädchens darüber informierte, drohte die Frau damit, sich beim Gouverneur, der angeblich ein persönlicher Freund von ihr sei, über die Schule zu beschweren.

Nie würde sich dieses Mädchen für sein Verhalten verantworten müssen. Selbst dann nicht, wenn sie den Tod ihrer Klassenkameradin auf dem Gewissen gehabt hätte. Sollte sie in ein paar Jahren mit dem Auto einen Unfall verursachen, bei dem ein Mensch ums Leben kommt, würde die Mutter dafür sorgen, dass ihre Tochter am nächsten Tag ein neues Auto, aber ansonsten keine Probleme bekäme. Und sollte sie mit den Kindern anderer Narco-Schwergewichte aneinander geraten, würde die Mutter veranlassen, dass ihr Kind für einige Zeit aus der Stadt verschwindet, solange, bis Gras über die Sache gewachsen ist. Das sei Problemlösung nach Mafiaart.

Später erzählt mir sein Sohn von den Prahlereien einer Gruppe Klassenkameraden mit ihren Vätern, die groß und stark und reich seien und mit ihnen auf Fotos posierten, auf denen Väter und Söhne, ihre AK's 47, die berüchtigten Ziegenhörner, in die Kamera hielten. Er erzählt auch, dass er versucht, ihnen möglichst aus dem Weg zu gehen. Und dass seine Freunde die gleiche Angst vor den Söhnen der Narcos hätten wie er selbst.

Von dem Vorfall, bei dem seine Freundin beinahe ums Leben gekommen wäre, spricht er nicht. Es ist zu frisch. Dafür redet er über Lehrer, denen die Angst vor ihren Schülern ins Gesicht geschrieben steht. Sie stellen Regeln auf und belohnen dann die, die sie brechen, mit guten Noten, weil die Kinder ihnen offen mit den Vätern drohen.

Ob er lieber mit seinen Eltern aus Culiacan wegziehen würde? Ohne eine Sekunde zu zögern, schüttelt er den Kopf. »Später vielleicht«, sagt er,

»um zu studieren. Aber nicht, um davonzulaufen.« Plötzlich zeichnet sich Begeisterung in seinem Gesicht ab. Es gäbe einen Lehrer, der sich nicht einschüchtern ließe. Sein Geschichtslehrer. Er hätte einem Jungen eine schlechte Note gegeben und als dieser wieder mit den üblichen Drohungen anfing, hätte er ihm kühl geantwortet, dass die Drohungen nichts an seiner Note ändern würden, da er keine Drohungen bewerte, sondern die Mitarbeit im Fach Geschichte, die in seinem Fall hundsmiserabel sei.

»Der hat keine Angst«, sagt der Junge bewundernd.

»Die Angst ist meine Schutzheilige«, sagt der Taxifahrer. Alle würden von Santa Muerte reden, dabei käme es auf Santo Miedo an. Denn die Gegenwart der »heiligen Angst« würde die Wahrscheinlichkeit erhöhen, in einer brenzligen Situation zu überleben. Ein Kollege von ihm hätte den Fehler gemacht, zu hupen, weil vor ihm an der Ampel ein Auto nicht losfuhr, obwohl die Ampel längst auf grün gesprungen war. Das hätte er besser nicht gemacht, denn der Fahrer des Wagens sei ausgestiegen und hätte ihm eine Kugel in den Kopf gejagt. Die Sicarios würden an den Ampeln Wetten abschließen, ob der Fahrer hinter ihnen zu hupen anfängt oder nicht. Hupt er, wird er umgebracht, hupt er nicht, lassen sie ihn leben. Er hätte sogar davon gehört, dass sie dann den Autofahrern ihren Wetteinsatz auszahlen würden. Ich verziehe ungläubig das Gesicht. Er fängt meinen skeptischen Blick im Rückspiegel auf und versichert, dass das einem Bekannten seines Bruders tatsächlich passiert sei.

Geschichten vom Hörensagen. Gerüchte, in denen die Mafiabosse und ihre Schranzen zu Herren über Leben und Tod erhoben werden. Überall, wo Angst herrscht, entstehen solche Gerüchte. Das Gerücht über einen Capo zum Beispiel, der sich Löwen als Haustiere hält und sie mit Menschenfleisch füttert. Das Gerücht von der Entführung der Tochter eines reichen Unternehmers, die auf einer Bundesstraße aus dem Auto des Vaters verschleppt wurde, weil sie dem Boss des Entführers gefiel.

Die Geschichten werden häufig in weit voneinander entfernten Orten ähnlich erzählt. Das Gerücht von der Besitzerin eines Frisörsalons zum Beispiel, die in der Unterhaltung mit einer Kundin auf die Brutalität der Zetas – wahlweise Chapos oder La Linea – zu sprechen gekommen sein soll und dabei von einer anderen Kundin angeblafft worden wäre, dass es in ihrem eigenen Interesse läge, ihr endlich die Haare zu schneiden, statt weiter schlecht über ihre Freunde zu sprechen. Von einem solchen Frisörsalon hörte ich in Sinaloa, Chihuahua und Coahuila. Der Taxifahrer besteht darauf, dass diese Geschichten stimmen. Er fragt mich, ob ich *El Infierno* gesehen hätte, dann wüsste ich doch, dass diese Geschichten wirklich passieren. In Culiacan würden Autofahrer erschossen, nur weil sie sich dagegen gewehrt hätten, dass sie den Unfall verursacht haben sollten. Kürzlich sei es wegen so einer Sache zu einem hitzigen Streit zwischen zwei Autofahrern gekommen. Der eine zog die Pistole und brachte den anderen um. Das klinge wie der Witz, in dem zwei Männer eine Bar betreten und der eine zu den Gästen, die vor dem Tresen stehen, hin deutet und sagt: Der dort ist mein Feind. Und sein Begleiter fragt: Wer? Und der Typ zieht seine Pistole, schießt alle tot, bis auf einen, und sagt dann: Der, der noch lebt. Aber was man sich anderswo als Witz erzähle, sei leider in seiner Stadt die traurige Wirklichkeit.

«Wenn ich in meinem Taxi von einem Verrückten niedergeknallt werde», sagt er, »bekommt meine Frau keinen Peso von der Versicherung.«

Tagsüber eine ruhige Straße unter schattigen Bäumen mit kleinen Cafés und Restaurants, verwandelt sich die mehrspurige Avenida Sinaloa nachts in Culiacans Schickeria-Meile, auf der die Angeberschlitten der Jeunesse Dorée ausdauernd ihre Runden drehen.

Das Motto lautet: Sehen und gesehen werden. Wie die Porschefahrer auf der Münchner Leopoldstraße fahren auf der Avenida Sinaloa die Besitzer der neuesten BMW Roadsters, Dodge Vipers, Ford Mustangs und Lamborghini Gallardo Spyders stundenlang die Straße auf und ab. Horden junger Mädchen, die zu ihrem fünfzehnten Geburtstag, der sogenannten Quinceañera, von den Eltern eine Fete auf dem Korso geschenkt bekommen haben, kurven kreischend in gemieteten Stretchlimousinen und Oldtimer-Straßenbahnen, in denen sie mit ihren Cliquen feiern, auf der Straße. Motoren röhren, Narcocorridos schunkeln. Zwei Mercedes SL's blockieren die Straße. Ihre Besitzer unterhalten sich seelenruhig. Die Wagen dahinter machen unterdessen Party. Auf der Gegenspur findet ein Wettrennen statt. An der Kreuzung Sinaloa-Ciudad Pueblo verkeilen sich geschätzte achtzig Autos und lösen sich kunstvoll voneinander. Es wird gejohlt und gefeiert. Von der Veranda des Cafés aus haben wir freie Sicht auf das Spektakel.

»Alles Söhnchen«, sagt der Café-Besitzer. »Sie haben die Straße adoptiert.« Er lacht und fügt hinzu. »Aber man beißt nicht die Hand, die einen füttert.«

Von der Avenida Sinaloa verlagert sich der Korso zu vorgerückter Stunde auf die Isla Musala, einer Insel, auf der vor zehn Jahren noch Kühe grasten. Heute ist sie der Hotspot der Stadt. Das Vergnügungsviertel der Jugend Culiacans, der Söhne und Töchter der Reichen und Neureichen, der Narcojuniors und Buchones, der undurchsichtigen und halbseidenen Welt des Narco-Geldes. Alles mischt sich hier.

Nachtclubs, Restaurants, Einkaufszentren, Spielkasinos, Multiplexkinos, Banken und eine überwachte Wohnanlage. Für die Kritiker des Projekts ist der Vergnügungskomplex auf der Isla Musala der typische Fall von politischer Vetternwirtschaft und Geschäftemacherei. So hätte mit Antonio Sosa zum Beispiel ein Unternehmer den Zuschlag für den Bau des Megaprojekts erhalten, der ein enger Freund des damaligen Gouverneurs gewesen sei. Und die Spielbank auf der Insel gehöre mit Jorge Hank Rhon – dem ehemaligen Bürgermeister von Tijuana und Besitzer einer Sportwetten- und Casinokette – dem Angehörigen einer Familie, die bekannt für die Verquickung von Politik und privaten Interessen ist. Ihr Slogan laute: Ein armer Politiker ist ein armseliger Politiker.

Ab elf Uhr nachts geht hier nichts mehr. Die Blechkarawane rollt in Schrittgeschwindigkeit über die Insel. Vor den Clubs und Diskotheken parken die Autos in Dreierreihen. Auf der Leinwand eines Nachtclubs läuft ein Videoclip der Narcocorrido-Gruppe Voz de Mando, der an Tupacs *California Love* erinnert. Autos rasen durch die Wüste. Nur zu bayerischer Polkamusik statt Hiphop. Die ganze Szene auf der Isla Musala erinnert an die Hiphop-Ästhetik kalifornischer Musikvideos, die sich hier mit Ed Hardy und Narco-Chic mischt. Auf der Beifahrerseite der Geländelimousinen steigen Mädchen in slipkurzen Miniröcken und Highheels aus, mit dem Blackberry in der Hand und dem Guccitäschchen unter dem Arm. Sie stöckeln mit gelangweilten Gesichtern in Gruppen voraus ins O Zafira, Kuwa und Bebedero D'Nadri, während ihre Freunde in Grüppchen bei den Autos stehen bleiben und technische Neuanschaffungen begutachten.

»Wir sind Narco, aber reich«, kommentiert einer von Anajildas Freunden die Situation. Er sieht meinen fragenden Blick und übersetzt: »Unser Geschmack ist grottenschlecht, aber wir können uns das leisten.«

Wir stehen schon eine ganze Weile hinter einem roten Geländewagen und kommen nicht weiter. Aber das liegt nicht am Verkehr. Der Fahrer des Wagens vor uns ist gerade beim Pinkeln. Als er endlich fertig ist und weiterfährt, sagt Anajilda trocken:»Nos tocó la ley de Herodes.« Das ist Herodes' Gesetz. Eine Anspielung auf den gleichnamigen Film von Luis Estrada, in dem er den Mexikanern schon vor *El Infierno* ihre Lage in einem Land vor Augen geführt hat, in dem jahrzehntelange Korruption gesellschaftliche und individuelle Deformationen und Verhaltensweisen zu Tage gefördert hat, die von jedem als Demütigung empfunden werden. Ein Großkotz blockiert die Straße und kann damit rechnen, dass erwachsene, in Rhetorik geschulte und höflicher Umgangsformen mächtige Menschen brav und geduldig warten, bis er seine Blase entleert, das Schwätzchen mit einem Bekannten beendet und drei Frauen mit Barbie-Maßen ausgiebig hinterher gesehen hat. Die geballte Faust bleibt in der Tasche. Das Gesetz des Stärkeren regiert. Und damit die Angst. Angst vor denen, die eine öffentliche Straße als Privatgrundstück betrachten. Angst vor den Nachbarn, die Nächte hindurch auf der von ihnen für den Verkehr blockierten Straße bei voller Lautstärke feiern. Angst vor den lärmenden Gästen am Nebentisch, die sich im Restaurant benehmen, als wären sie alleine.

Seit Erscheinen des Films ist *Herodes' Gesetz* in Mexiko zu einem geflügelten Wort für alles geworden, was man zu tun gezwungen wird, weil man keine Wahl hat, auch wenn es einem innerlich widerstrebt.»La ley de Herodes – O te chingas o te jodes.« Das Gesetz von Herodes lautet: Friss, Vogel, oder stirb! Ertrag es oder du wirst umgebracht.

Dazu die passenden Zeilen eines Corridos:

La gente se asusta y nunca se pregunta,
Si ven los comandos cuando van pasando.
Todos enfierrados bien encapuchados y
Bien camuflados.

[Die Leute erschrecken sich und stellen keine Fragen,
wenn sie die Kommandos vorbeifahren sehen,
alle bewaffnet, gut vermummt und
getarnt.]

Die Angst, die den Alltag beherrscht, hat das Nachtleben in Culiacan nicht zum Erliegen gebracht. Selbst 2008, in der heißen Phase des Krieges zwischen Arturo Beltran Leyva und Joaquin Guzman wurden weiterhin Restaurants, Casinos, Bars und Diskotheken besucht. Nur einmal erstarrte die Stadt vor Schreck. In den Tagen, die dem 8. Mai 2008 folgten. Die Tage nach Edgar Guzmans Erschießung. Als jeder ahnte, was nun kommen musste, aber keiner wusste, wie der Vater den Mord an seinem Sohn rächen würde. Da hat sich Culiacan auf das Schlimmste gefasst gemacht.

Auf den Straßen war kein Auto unterwegs. In den Läden blieben die Kunden aus. Die Leute sperrten sich zu Hause ein. Die traditionellen Serenaden am Vorabend des Muttertags, bei denen Gruppen Jugendlicher von Haus zu Haus ziehen und ihre Mütter mit einem Ständchen überraschen, fielen ebenso aus wie die Familienessen am nächsten Tag in einem der Restaurants im Plaza Forum, einem beliebten Einkaufszentrum der Stadt. Am 10. Mai 2008 war das Forum so menschenleer wie nie zuvor und niemals wieder danach. Die Stadt hielt den Atem an und war mucksmäuschenstill. Als sie wieder aus ihrer Schockstarre erwachte, war etwas da, was sie vorher nicht gekannt hatte: die Angst als Dauerzustand.

Die Bilanz des Krieges in Sinaloa lautete für die Jahre 2008 und 2009: knapp zweitausend Morde. Hundertsechzig davon an Polizisten. Es gab fast nur Verlierer bei diesem Krieg. Aber unbestritten einen Gewinner: Joaquin Guzman.

Seit der Erschießung von Arturo Beltran Leyva im Dezember 2009, und der 2010 erfolgten Verhaftung seines jüngeren Bruders Carlos sowie weiterer Festnahmen, gilt die Organisation der Beltran Leyva-Brüder, die nun von Hector Beltran Leyva geführt wird, als geschwächt. Ihr Weiterbestehen hängt von der Unterstützung durch die Zetas ab, die nach Arturo Beltran Leyvas Tod allerdings wieder aus Sinaloa zurückgedrängt wurden.

Wurde Joaquin Guzmans Position innerhalb des Kartells von Sinaloa noch 2005 von der mexikanischen Bundesstaatsanwaltschaft als »relativ isoliert« und »kaum ins operative Geschäft involviert« eingestuft, so hat ihn Calderons militärische Offensive wieder nach oben gespült. Aus dem Krieg gegen Beltran Leyva ist er schließlich als unangefochtene Nummer Eins hervorgegangen.

BADIRAGUATO

HIER PASSIERT NICHTS!

Don Jose verliert ungern Zeit. Vor allem dann nicht, wenn es um sein Herzensthema geht. Um seine Heimat Badiraguato, die als Wiege des mexikanischen Opiumanbaus gilt. Ein mexikanisches Corleone, das wie sein sizilianisches Ebenbild Generationen mexikanischer Mafiagrößen hervorgebracht hat und Rückzugsgebiet von Joaquin Guzman ist. Dessen Fort Knox, umgeben von Bergen, Schluchten und ihm treu ergebenen Bauerndörfern. Uneinnehmbar tiefes Mafialand.

Es sei diese schwarze Legende, die in den Köpfen herumspuke, wenn von Badiraguato die Rede ist. Mit Badiraguatos Wirklichkeit hätte dies nichts zu tun. In Don Joses Stimme schwingt Überdruss und Ärger mit. Außer einigen Journalisten, die davon träumten, Chapo Guzman über den Weg zu laufen, käme niemand auf die Idee, von Culiacan aus einen Abstecher nach Badiraguato zu machen. Und diejenigen, die sich eine Geschichte über den Paten erhoffen, wüssten schon, bevor sie einen Fuß in die Gemeinde setzten, was sie später über Badiraguato schreiben würden. Statt sich mit eigenen Augen davon zu überzeugen, dass die Region das gleiche Schicksal wie alle anderen Regionen der Sierra erleidet: Ein Leben in Armut auf einer Erde voller Reichtümer. Es gäbe Minen, Marmor, Gold und Silber. Fruchtbarstes Land, ideal für die Blumenzucht. Aber von was redeten die Leute? Vom verfluchten Heroin und dem Marihuana. Deshalb sei keiner bereit, in Badiraguato zu investieren. Alle hätten Angst. Der schlechte Ruf klebe wie Pech an seiner Heimat. Sie wird ihn nicht los. Denn bei den Drogenhändlern sei die Heimatliebe so groß, dass sie überall hinausposaunten, aus welcher Stadt sie stammen. Deshalb bliebe der Ort auf ewig mit den Namen der Narcos verknüpft. Mit Ernesto Fonseca Carrillo, Rafael Caro Quintera, den Brüdern Beltran Leyva und Joaquin Guzman.

Don Jose hält es nicht auf seinem Sessel. Er geht ein paar Mal vors Haus und blickt die Avenida Obregon hinab, weil er ungeduldig auf den Profe Alberto wartet, den er vor zwanzig Minuten angerufen hat und den er jetzt dringend bräuchte. Der Profe, ein ehemaliger Lehrer, war sein Mitarbeiter im Rathaus, damals in den Neunzigerjahren, als er selber Bürgermeister von Badiraguato war. Der Profe ist immer noch ein zuverlässiger Mitstreiter, wenn es darum geht, Badiraguatos Ruf in der Öffentlichkeit zu verteidigen.

Don Jose will unbedingt, dass ich mir von dem Profe Badiraguato zeigen lasse. Er selbst kann es nicht. Er ist in seinem Kampf um bessere Lebensbedingungen für seinen Heimatort vor kurzem auf einen Gegner gestoßen, gegen den er machtlos ist. Auf seinen eigenen Körper. Jetzt, wo er kurz davor ist, den Gipfel seiner acht Lebensjahrzehnte zu erreichen, meldet der sich immer öfter zu Wort. Erst waren es die Augen. Jetzt ist es der Magen. Er fühlt sich zu schwach und zu müde, um mit mir nach Badiraguato zu fahren. Er hat ein volles Programm für mich organisiert und befürchtet, dass er irgendwann schlapp machen würde. Deshalb braucht er jetzt den Profe, der in Badiraguato alle und jeden kennt. Damit die Leute mit mir reden, wie er mir erklärt.

Don Jose lebt heute wieder in Tierra Blanca, in jenem Haus in der Avenida Obregon, in dem er bereits als Kind gelebt hat, nachdem seine Familie 1942 Badiraguato verlassen musste. Es war der Hunger, der sie aus dem Dorf vertrieben hatte. Nicht das Geschäft mit der Droge. Don Jose legt großen Wert auf diese Feststellung. Sein Vater hatte in Culiacan eine Anstellung als Polizist gefunden. Er war kein Drogenhändler.

Die Alternative zu dem Umzug nach Culiacan wäre 1942 die Auswanderung in die Vereinigten Staaten gewesen. Als die USA ihr Bracero-Programm starteten, ein Gastarbeiter-Programm, mit dem der kriegsbedingte Mangel an männlichen Arbeitskräften durch Anheuerung mexikanischer Arbeiter ausgeglichen werden sollte, hätten überdurchschnittlich viele Männer aus Badiraguato dieses Angebot wahrgenommen. Das zeige doch, wie aussichtslos die Lage damals in der Gemeinde war. Über diese historisch gewachsenen Kontakte in die USA ließe sich auch der Erfolg der Drogenhändler aus Badiraguato erklären. Denn mit ihren Geschäftskontakten waren sie der Konkurrenz gegenüber im Vorteil. Allerdings hätte er sich gewünscht, sagt Don Jose, dass seiner Heimat dieses Kapitel erspart geblieben wäre. Denn wie das Gold und die Smaragde, die zu Zeiten des spanischen Kolonialreiches in einer endlosen Karawane die Bergdörfer der Neuen Welt verließen und dort nur Hunger und Elend zurückließen, und wie die Gewinne des Kautschukbooms und des Kakao-, Kaffee-, Zucker- und Baumwollgeschäfts, die nur Unternehmen an der Börse zugute kamen, ohne das Geringste an den miserablen Lebensbedingungen der Plantagenarbeiter zu verbessern, hätten auch Opium, Heroin und Marihuana keinen der Bauern reich gemacht.

»Das Marihuana zerstört Familien. Es bringt Brüder gegeneinander auf. Sie stehlen sich gegenseitig die Ernten. Sie erschießen sich sogar. Bauern verbringen im Jahr viele entbehrungsreiche Wochen auf ihren Drogenfeldern hoch oben in den Bergen. Sie ernähren sich wochenlang nur von trockenen Tortillas und schlafen in einfachsten Behausungen, um schließlich um ihren Lohn betrogen zu werden.«

Don Jose hat die Tür seines Hauses weit geöffnet und sitzt wieder in seinem Sessel, von dem aus er fest die Straße im Blick hat. Dass nun der Höllenlärm der Avenida Obregon ins Wohnzimmer dringt, hindert ihn nicht daran, mit seinem Geschichtsunterricht über Badiraguato fortzufahren. Er kommt auf tausend Themen gleichzeitig zu sprechen, und steht zwischendurch immer wieder auf, um mir zu jedem Thema Bücher zu bringen. Nach und nach stapeln sich fünfzig Jahre Lokalgeschichte auf meinen Knien. Einige der Bücher hat Don Jose selbst geschrieben. Denn Jose de Jesus Caro Medina, wie er richtig heißt, war vor seiner Zeit als Bürgermeister über dreißig Jahre lang als Lokalreporter für die Zeitung *Sol de Sinaloa* in Badiraguato unterwegs und berichtete von dort über die Strom- und Trinkwasserprobleme in den entlegenen Landstrichen ebenso wie über die Biografien so schillernder Persönlichkeiten wie dem legendären Chinesen Lai Chang Wong, der den Bauern Badiraguatos die Techniken der Opiumherstellung beigebracht haben soll.

Don Jose kennt jedes Dorf in der Gegend. Und er weiß um die Schwierigkeiten bei der Verwaltung einer Region, die sich fünftausendachthundert Quadratkilometer weit über schroffes und schwer zugängliches Bergland erstreckt. Die also fast fünf Mal so groß wie Mexiko-Stadt ist, aber zu den zweihundert ärmsten Destrikten des Landes gehört.

Don Jose beugt sich vor und wiederholt mit erhobenem Zeigefinger: »Von den zweitausenddreihundert Gemeinden, die es in Mexiko gibt, ist Badiraguato, die Heimat von Chapo Guzman, den Forbes zu den reichsten Männern der Welt zählt, eine der ärmsten im Land. Das ist die traurige Wahrheit über Badiraguato. Eine Wahrheit, der sich bisher allerdings kein Regierungspolitiker gestellt hat. Weil alle Angst haben«, deutet er mit der üblichen Handbewegung an und fährt fort: »Wenn die Regierung nicht bereit ist, Badiraguato zu helfen, wird sich an der Situation nichts ändern. Denn die Leute, die dort leben, sind selbst zu arm, um sich an ihrem eigenen Schopf aus dem Schlamassel zu ziehen. Sie versuchen es ja, mit dem bekannten Ergebnis.« Don Jose lacht trocken auf. »Eine Region, die fünf Mal so groß wie Mexiko-Stadt ist, besitzt ein Straßennetz, das gerade mal zweihundertfünfzig Kilometer umfasst. Und das meiste davon sind Schotterstraßen. Asphaltiert ist nur der erste Teilabschnitt der geplanten Straße nach Chihuahua. Von dieser Straße ist seit den Siebzigerjahren die Rede und bis heute hat man von den hundertdreißig Kilometern, für die Sinaloa zuständig ist, gerade einmal die Hälfte asphaltiert. Weil das Geld fehlt.« Don Jose zieht jedes einzelne Wort des letzten Satzes in die Länge. Der Fortschritt erreiche Badiraguato im Pilgerschritt. Zwei Schritt vor, drei zurück: »Ende der Siebzigerjahre führte diese Straße schon einmal vierzig Kilometer weit in die Berge hinein. Bis nach Santiago de los Caballeros. Aber dann kam Hurrican Lydia im Jahr 1981 und danach war die neue Straße futsch. Pech für die Leute, die siebenundzwanzig Jahre warten mussten, bis ihr Dorf wieder einen Anschluss an die Zivilisation erhielt. Heute ist nach noch nicht einmal vierzig Kilometern Schluss. Hinter Tameapa beginnt die Schotterstraße. Und für die Bewohner der abgelegenen Landstriche heißt es wie vor hundert Jahren: Auf die Maultiere!«

Draußen wird dreimal gehupt und kurz darauf parkt ein Auto vor der Tür. »Da kommt der Profe«, sagt Don Jose und steht auf, um seinen Freund zu empfangen, der bereits von der Straße aus zu uns hereinwinkt und dann den Gang entlang auf Don Jose zueilt, damit sich der alte Mann nicht zu ihm hinaus bemüht. Aber Don Joses Müdigkeit scheint erst einmal verflogen zu sein. Ohne Umschweife kommt er darauf zu sprechen, dass der Profe den morgigen Tag für mich freihalten muss, um mir Badiraguato zu zeigen. »Was bleibt mir anderes übrig?« Der Profe hält lachend die Hände hoch, als ob er sich geschlagen gäbe. Als aber Don Jose noch einmal in aller Eindringlichkeit betont, wie wichtig es sei, dass ich die richtigen Informationen erhielte, nickt er und versichert mit ernster Miene, dass man mit ihm rechnen könne. Er sieht mich an. Don Jose hätte völlig Recht. Es sei für mich besser, in Begleitung nach Badiraguato zu fahren. Nicht, weil es sonst zu gefährlich wäre. Nein, darüber bräuchte ich mir keine Sorgen zu machen. Ich würde morgen feststellen, wie friedlich es in Badiraguato ist. Aber die Leute würden sich wundern, was mich – eine Ausländerin – nach Badiraguato triebe, wo sich doch sonst kaum Culichis in die Gegend verirrten. Anscheinend hielt sie die Vorstellung von der Region fern, dass dort das Gesetz des Dschungels herrsche. Die Angst sei grundlos und Badiraguato der friedlichste Ort der Welt. Aber sicher sei sicher. Denn die Leute reagierten inzwischen empfindlich auf Journalisten. Weil die Zeitungen immer nur über das Gleiche schrieben: Badiraguato und Chapo Guzman. Badiraguato und die Drogen. Badiraguato – der gefährlichste Ort der Welt. Dabei sei es doch die Aufgabe von Journalisten, Mythen zu zerstören, statt sie zu zementieren. Während er das sagt, blickt mich der Profe strahlend und aufmunternd an. Er hoffe nur, dass ich morgen nicht allzu enttäuscht sei, fügt er dann noch hinzu und legt eine erwartungsvolle Kunstpause ein.

»Enttäuscht weshalb?«, frage ich.

»Enttäuscht, in Badiraguato keinem heißblütigen Pistolero zu begegnen und nicht auf seine Ranch in die Berge entführt zu werden.«

Schallend fängt er an zu lachen und ist anscheinend so angetan von seiner Bemerkung, dass er sie am nächsten Tag in Badiraguato jedes Mal wiederholt, wenn er mich jemandem vorstellt.

Profe Albertico hält sich an seinen Auftrag: Er tut alles, um mir die Gemeinde im besten Licht zu präsentieren. Er fährt mich durch ruhige Straßen mit gepflegten Häuschen, vorbei an Vorgärten mit burgunderroten Bougainvilleen, die sich in Kaskaden über Mauern und Zäune ergießen. Er zeigt mir Badiraguatos Kulturzentrum, das Hospital, die Bibliothek. Er kennt zu jedem Gebäude eine kleine Anekdote und fordert mich auf, ihn alles zu fragen. Er murmelt »perfecto, perfecto«, wenn ich es tatsächlich mache, um mir das Gefühl zu geben, dass er ganz Ohr ist, während er gleichzeitig damit beschäftigt ist, jeden Passanten auf der Straße mit einem kurzen Hupen und »Hallo, wie geht's« zu grüßen.

Der Profe ist im Stress. Aber seine politischen Reflexe funktionieren. In keinem Moment kommt ihm seine blendende Laune abhanden. Ich frage, ob er noch im Stadtrat arbeitet. Er winkt ab, mit der Politik hätte er abgeschlossen, und macht ein paar vage Andeutungen über ein geplantes Schulprojekt.

Die Militärkaserne liegt in einer ruhigen Seitenstraße. Der Profe versichert, dass sie mit den Soldaten keine Probleme mehr hätten. Während der Operation Condor sei es anders gewesen. Aber mittlerweile hätten die Soldaten ihre Strategie geändert. Nur noch selten käme es zu einem solchen Vorfall wie 2008, als eine Gruppe betrunkener Soldaten auf der Straße nach Santiago de los Caballeros ohne Grund das Feuer auf ein Fahrzeug mit vier jungen Insassen eröffnet hat, die auf dem Weg zu einem Dorffest waren.

Die Beerdigungsfeier für die vier endete fast in einem Tumult. In die Trauer mischte sich die Wut der Bevölkerung auf Soldaten, die sie nicht schützen, sondern niederschießen. Seit dem Vorfall würde sich das Militär im Ort nur noch um seine eigenen Angelegenheiten kümmern. Und die Gemeinde hätte ihre Ruhe.

»Was sind das für Angelegenheiten?«

Der Profe muss nicht lange überlegen: »Symbolische Präsenz zeigen.« Er hupt dreimal kurz. »Wie geht's!«, ruft er jemandem auf der Straße zu und lacht. Dann greift er wieder den Faden auf.

»Machen wir uns nichts vor«, sagt er. »Es ist wie im Wettkampf zwischen Hase und Igel. Sobald eine Patrouille in Richtung Berge aufbricht, werden die Marihuanabauern von den anderen per Radiotelefon über ihr Kommen informiert. So haben sie Zeit zu verschwinden, und die Soldaten können in Ruhe ihre Quote erfüllen. Ein paar Felder zerstören und das war's. Da sie nicht wissen, wem die Felder gehören, kommen sich Bauern und Soldaten gegenseitig nicht in die Quere. Die Soldaten können ihre Berichte schreiben und die Bauern anschließend wieder neues Marihuana anpflanzen. Du kennst doch das Lied...« Er fängt an zu singen:

Tengo plantíos a la vista,
Pa despistar al gobierno.
Y cada vez que los queman,
los vuelvo a plantar de nuevo.

[Ich habe Pflanzungen, die ich gut sichtbar anlege,
um die Regierung in die Irre zu führen.
Und jedes Mal, wenn sie sie niederbrennen,
pflanze ich sie von neuem an.]

Der Profe hält vor dem Kaserneneingang. Warum ich nicht selbst mit den Soldaten spreche? Er führt mir das Stück von der transparenten Stadt, die keine Geheimnisse hat, mit derart viel Elan und glühendem Eifer vor, dass ich keine Spielverderberin sein will und zu dem jungen Soldaten, der am Eingang steht, hingehe und ihm sage, dass ich mit seinem Vorgesetzten reden möchte. Er kratzt sich am Kopf und macht ein Gesicht, als sei das genau die Art von Problem, die er gerne vermieden hätte, um dann doch langsam in Richtung Kaserne zu trotten. Kurz darauf kommt er mit Papier und Kugelschreiber zurück und notiert sich meinen Namen und den Grund meiner Anfrage. Während er schreibt, bilden sich Schweißperlen auf seiner Stirn. Dann bittet er mich um etwas Geduld und verschwindet wieder in der Kaserne. Minuten später erscheint der Hauptmann. Ich müsste einen Antrag bei der Kommandatur in Culiacan einreichen. Dann könnten wir uns gerne unterhalten. Der Hauptmann entschuldigt sich – con permiso – und geht in die Kaserne zurück.

»Perfecto, perfecto«, sagt der Profe zufrieden, als wir weiterfahren, als sei die höfliche Absage des Militärs allein schon Ausdruck ihrer Auskunftsfreudigkeit gewesen. Er gibt sich wirklich nicht viel Mühe zu verbergen, dass für ihn das Militär wie die Polizei in Badiraguato letztlich nur dekorativen Zwecken dient.

Badiraguato ist eine Gemeinde mit fünfundvierzigtausend Einwohnern. Sechstausend Menschen leben im Gemeindezentrum. Der Rest in schwer erreichbaren und weit verstreuten Dörfern. Der Verwaltungsbezirk umfasst vierhundertachtundfünfzig Dörfer. »Wie willst du die kontrollieren?« Der Profe zeigt in Richtung Berge. »Was sich dort oben abspielt, erfahren wir hier unten gar nicht. Wenn es dort, wo der Chapo seine Felder hat, Probleme gibt, kümmern sich die Cabezas darum.« Die Cabezas, das sind die Köpfe, die Narcos, Chapos Leute. Je weniger man sich in die Angelegenheiten dort oben einmische, desto weniger Ärger gäbe es, sagt er und fügt hinzu: »Unser Problem ist nicht die Gewalt, sondern die Armut.«

Er hält am Platz vor dem Rathaus. Im Park gegenüber steht wie in jeder mexikanischen Kleinstadt ein Pavillon, in dem zu besonderen Anlässen eine der sieben städtischen Blaskapellen aufspielt.

Vor über achtzig Jahren lebte hier der Chinese Lai Chang. Chang Wong brauchte keinen besonderen Anlass, um mit einem Glas Tequila in der Hand an der Spitze der örtlichen Blaskapelle zu reiten, von der er sich sein Lieblingsstück *Caballito blanco* spielen ließ, während er der grünäugigen Schönheit Jesuita Monjardin seine Aufwartung machte, die später seine Frau wurde und zwölf Kinder zur Welt brachte. Lai Chang Wong besaß in

Badiraguato eine Drogerie, in der er die Wunden seiner Patienten erfolgreich mit chinesischen Wundersalben und Opium behandelte.

Vor dem Rathaus dösen drei Polizisten in der Sonne. Das heisere Kichern von Nacho Landell ist zu hören, einem der Honoratioren im Ort, der in der Phase der Operation Condor Mitte der Siebzigerjahre Gemeindepräsident war. Er ist zierlich und leistet sich als Repräsentant einer ehrbaren Kaufmannsfamilie auch jetzt im hohen Alter keinerlei Nachlässigkeiten. Er trägt Anzug, Krawatte und Hut. Vermutlich hat er nie etwas anderes getragen. Allerdings scheint sein Körper von dem steifen Stoff seines Anzugs fast erdrückt zu werden, so verloren, zerbrechlich und geschwächt wirkt er darin. Er ist gerade von einer langen Krankheit genesen.

Der Profe fragt mit einem Blick auf die dösenden Polizisten, wer mir wohl glauben würde, wenn ich schriebe, dass es für Polizisten in Badiraguato so wenig zu tun gäbe, dass sie vor lauter Langeweile einschliefen. Wieder ertönt Nacho Landells Greisengekicher.

Es sei während seiner Amtszeit gewesen, erzählt er, dass die ersten Polizisten Badiraguatos ihren Dienst aufnahmen. Anlass war ein Dorffest. Die Polizisten sollten einschreiten, falls es zu Streitereien käme. Aber dann sei ihm aufgefallen, dass seine Polizisten schon am frühen Nachmittag beim Gehen verdächtig wankten, sodass es ihm ratsam erschien, ihnen die Pistolen wegzunehmen. Landells heiseres Ziegengemecker geht in einen hartnäckigen Hustenanfall über. Auf seinen Stock gestützt, tupft er sich mit einem nach Kölnisch Wasser duftenden Stofftaschentuch die Nase trocken. Der feine Oberlippenbart darunter ist akkurat rasiert.

Der Profe fragt besorgt, ob er ihn nach Hause bringen soll. Aber davon will Nacho Landell nichts wissen. Er kokettiert damit, dass er dem Teufel gerade noch einmal von der Schippe gesprungen ist. Er hätte noch eine Angelegenheit zu klären. Und wenn es das letzte sein sollte, wozu ihm noch Kraft bliebe. Es geht um einen fünfunddreißig Jahre alten Skandal. Ein Skandal, der ihm sein Bürgermeisteramt und seinen guten Namen gekostet hat. 1976 wurde vom Gouverneur von Sinaloa das Gerücht in die Welt gesetzt, er, Nacho Landell, Bürgermeister von Badiraguato, betreibe einen Bierausschank, in dem vierundzwanzig Stunden am Tag Alkohol verkauft wird, obwohl in Sinaloa der Verkauf von Bier und Schnaps nach zwanzig Uhr per Gesetz verboten war.

Nacho Landell ist auf vieles stolz. Auf seine französischen Vorfahren.

Auf den guten Ruf, den die Landells als Kaufleute genossen. Auf den Tag, an dem er zum Bürgermeister ernannt worden war. Darauf, dass er in seiner Amtszeit die ersten Polizisten eingestellt hat. Und auf seine Paloma, die in den Fünfzigerjahren als eine der ersten Straßenbahnen – noch vor den Bussen – auf der Strecke zwischen Badiraguato und Culiacan pendelte und die Leute zum Markt und nach Tierra Blanca brachte. Auf seine Paloma ist er besonders stolz. Noch heute sprechen sie in Badiraguato von diesem Prachtstück von Straßenbahn. Es bereitet ihm auch keine Probleme, dass jeder weiß, dass in seiner Paloma nicht nur Fahrgäste, sondern auch die Buttergefäße transportiert wurden, in denen ihm die Bauern aus La Lapara ihre braunen Opiumklumpen brachten. War das doch ein guter und sicherer Verdienst für alle. Dreißig Prozent aller Einwohner Badiraguatos hatten schließlich kein anderes Einkommen. Und die Bauern in La Lapara hatten sich immerhin zu einer Kooperative zusammengeschlossen. Das war doch ein Fortschritt! Nichts, wofür er sich heute schämen müsste. Aber dass er während der Operation Condor, die zahlreiche Existenzen in Badiraguato vernichtete, ausgerechnet als Alkoholschmuggler verdächtigt wurde und deshalb seinen Bürgermeisterposten aufgeben musste, empfindet er als moralische Schande. Bevor ihn das Zeitliche segnet, will er seinen Namen von diesem Vorwurf entlastet wissen. Er sieht seinen Platz in den Annalen unter den ehrenwerten Söhnen Badiraguatos in Gefahr und fordert späte Gerechtigkeit. Unterstützung erhält er dabei von Praxedis Valdez, seinem Nachfolger im Rathaus.

Maestro Praxedis gehört wie Don Jose und Nacho Landell in Badiraguto jener Seniorentruppe an, die auf ihre alten Tage zu schreiben begonnen hat, um das schiefe Bild zu korrigieren, das die Welt von ihrer Heimat hat. Weil es ein Bild ist, in dem ihnen die Kontrolle über die eigene Biografie zu entgleiten droht. Sie fühlen sich in ständigem Rechtfertigungszwang, seit alle Welt mit dem Finger auf die Gemeinde zeigt und Badiraguato für eines der größten Probleme der Zeit verantwortlich macht. Dabei seien die Drogen doch keine mexikanische Seuche gewesen, die sie in die Vereinigten Staaten eingeschleppt hätten, sondern eine Ware, die überhaupt erst auf US-amerikanische Nachfrage hin produziert wurde. Deshalb hatte sich der Markt in den Dreißiger- und Vierzigerjahren auf Opium beschränkt. Marihuana wurde damals noch gar nicht kommerzialisiert, da keine Nachfrage aus den USA bestand.

In einer volkstümlichen Version der Geschichte von den Ursprüngen der Droge in Badiraguato taucht kein Geringerer als der US-amerikanische Präsident Franklin Delano Roosevelt auf. Roosevelt soll während des Zweiten Weltkriegs, als die Morphiumlieferungen aus den traditionellen Lieferantenländern stockten, bei der dringenden Suche nach Ersatz auf Mexiko gestoßen sein. In Badiraguato an der Grenze der Bundesstaaten Chihuahua, Durango und Sinaloa, dem späteren goldenen Dreieck, hätte er ideale Anbaubedingungen vorgefunden. In einem Abkommen mit seinem mexikanischen Amtskollegen sei der mexikanische Opiumanbau auf höchster politischer Ebene beschlossen worden. So hätten die Dinge ihren Lauf genommen.

Das Treffen zwischen den beiden Präsidenten gab es. Im April 1943 im mexikanischen Monterrey. In ihren Gesprächen soll es allerdings nur um Nachbesserungen beim Bracero-Programm gegangen sein, das 1942 reichlich stockend angelaufen war. Während im ersten Jahr nur viertausendzweihundertunddrei Mexikaner das Arbeitsangebot in den Vereinigten Staaten angenommen hatten, stieg die Zahl nach dem Treffen der Präsidenten im April 1943 dann auch wirklich sprunghaft auf vierundvierzigtausendsechshundert Arbeiter an.

Hinweise auf Geheimgespräche über eine Förderung des Opiumanbaus im goldenen Dreieck sind bis heute nicht in den Archiven entdeckt worden.

Maestro Praxedis genießt sein Altersdasein in seinem Schaukelstuhl auf der Veranda seines Hauses. Er schenkt dem Profe und mir von der Limonade nach, die seine Frau für uns zubereitet hat. Er erzählt, dass sein Enkelsohn kürzlich, als ein Bekannter zu ihnen kam und jene Person im Haus sprechen wollte, die das Sagen hat, geantwortet hätte: »Ich seh' mal nach, ob meine Großmutter da ist.«

So wie Don Jose und Nacho Landell über ihre Alterswehwehchen ihre Witze machen, amüsiert sich Maestro Praxedis über seine neue Rolle als Hausmann, der unter dem Pantoffel seiner Frau steht. Mit dieser Anekdote leitet er zu seinem Lieblingsthema über, der Auflösung der traditionellen Ordnung, in der er die Ursache allen Übels sieht. Der Drogenmissbrauch sei eine Folge davon, dass Familien auseinander brechen, Eltern und Kinder kaum noch miteinander reden, Jugendliche den ganzen Tag vor dem Computer sitzen und die Frauen nun auch noch draußen Karriere machen wollen, wo sie doch schon zuhause das Zepter in der Hand hielten.

Seiner Meinung nach sei das Marihuana nur deshalb zu einem Problem geworden, weil die Bauern damit angefangen haben, das Geld, das sie mit dem Anbau verdienten, für Waffen und Alkohol auszugeben, statt es in die Ausbildung ihrer Kinder zu stecken. Obwohl sie wüssten, dass es nur diese beiden Optionen in der Region gibt: den Drogenhandel und das Cejus.

Das 1970 gegründete Studienzentrum Justo Sierra – kurz Cejus – liegt in Surutato, einer abgelegenen Ortschaft, siebzig Kilometer hinter Badiraguato. Von der Vorschule bis zum Abschluss in Agrar- und Verwaltungswissenschaften wird hier jeder Schulabschluss angeboten. Inklusive einem Internat für Grundschüler.

Wie ein alter Kriegsveteran redet Praxedis von früher, als das Leben zwar härter, aber alles an seinem Platz war. Die Frauen im Haus, die Kinder in der Familie, und die Männer unterwegs auf gefährlichen Bergstraßen, wo sie Probleme von Angesicht zu Angesicht zu lösen pflegten. Wie Ehrenmänner mit offenem Visier und knallharten Dialogen kämpften. Nicht wie die niederträchtigen und feigen Killermaschinen von heute, die keine Rücksicht auf Frauen und Kinder nehmen.

Früher war der Narco zuallererst ein zutiefst moralisch geprägter Bauer, der vielleicht nicht die besten Umgangsformen hatte, aber immer wusste, was sich gehörte. Wie damals der junge Hitzkopf, der sich ihm plötzlich auf einer dieser einsamen Bergstraßen in den Weg stellte und ihn mit seinem Revolver am Weiterfahren hinderte.

Praxedis Valdez stieg aus seinem Auto aus und ging langsam auf den bewaffneten Mann zu, der Mühe hatte, sich auf den Beinen zu halten. Am Straßenrand lag ein Verletzter mit einer Schusswunde am Bein. Es schien nur ein Streifschuss zu sein. Es war nicht klar, ob der Andere auf ihn geschossen hatte. Praxedis versuchte es herauszufinden und stellte sich zunächst vor. »Wer bist du?«, unterbrach ihn der Pistolero lallend. »Der Gemeindepräsident? Der einzige, von dem ich weiß, dass er hier was zu melden hat, bin ich.« Er schoss in die Luft. Praxedis nickte beschwichtigend. Mit einem Blick auf den Mann im Straßengraben fragte er, ob es Probleme gegeben hätte. Das sei was unter Männern gewesen. Jetzt müsste sein Compadre zum Arzt. Als Präsident dieser Straße konfisziere er

hiermit das Auto. Nach diesen Worten kippte er um. Praxedis entwaff-
nete ihn, verfrachtete ihn mitsamt seinem verletzten Compadre ins Auto
und brachte beide zum Arzt nach Badiraguato. Bei dem einen wurde die
Schusswunde behandelt, der andere kam auf die Krankenliege, um seinen
Rausch auszuschlafen.

Am nächsten Tag erhielt der Bürgermeister einen Anruf von einem Bekannten. »Compadre, mein Patensohn hat mir erzählt, was heute Nacht
passiert ist.« Es sei doch gar nichts passiert, gab sich Praxedis erstaunt.
»Uuuuhh, Compadre! Meinem Patensohn ist das so peinlich. Er weiß gar
nicht, wie er auf die Idee gekommen ist, mit einer Waffe herumzufuchteln
und zu sagen, dass er hier der Präsident ist.« Aber nein, beschwichtigte
Praxedis. Es sei doch gut zu wissen, dass es Leute gibt, die dem Gemeindepräsidenten beim Regieren helfen. Ob sein Patenkind jetzt Schwierigkeiten bekäme, wollte der besorgte Anrufer wissen. »Schwierigkeiten? Aber
weshalb denn?« Was hätte er sonst sagen sollen, lacht Praxedis. Schließlich
hatte er vor, seine restlichen Tage in Badiraguato zu verbringen.

Wenn er es als Bürgermeister nicht vermocht hätte, in brenzligen Situationen Nerven zu bewahren, wäre er eine Fehlbesetzung gewesen. Als er
Anfang der Achtzigerjahre ins Rathaus einzog, konnte man nicht einfach
die Uhren zurückdrehen und noch einmal – diesmal ohne Drogen – von
vorn beginnen.

Praxedis kneift die Augen zusammen. Aber wie sind denn diese Drogen überhaupt nach Badiraguato gekommen? Das sei doch die Jahrhun-
dertfrage! Kein Bauer aus Badiraguato wäre jemals von selbst auf diese Idee gekommen! Seine Welt hörte jenseits seiner Felder auf. Nein, da
ist sich Praxedis ganz sicher, es war kein Einheimischer, der die Droge
nach Badiraguato gebracht hat. Es waren Chinesen. Chinesen, die sich
vor der Abschiebung, die ihnen in Mexiko in den Zwanzigerjahren drohte, in die Berge geflüchtet hatten. Da sich der Opiumhandel in Sinaloa
in den Zwanziger- und Dreißigerjahren fest in den Händen der chinesischen Mafia befunden hätte, sei die mexikanische Abschiebungspolitik
eine notwendige Reaktion auf die drohende Invasion der Chinesen gewesen, die von Geheimgesellschaften vorbereitet wurde und über die Pazifikhäfen erfolgen sollte.

Diese Version vertreten alle Chronisten aus Badiraguato. Allerdings
widersprechen ihnen die historischen Fakten: Die chinesischen Einwan-

derer sind in Sinaloa Ende des neunzehnten Jahrhunderts vor allem im Minensektor und im Eisenbahnbau tätig gewesen und behaupteten sich außerdem sehr erfolgreich als Lebensmittelgrossisten und in der Schuh- und Bekleidungsindustrie. Chinesische Kaufleute investierten in die Minen von Baja California und Sonora und gründeten im ersten Jahrzehnt des zwanzigsten Jahrhunderts in Coahuila die chinesisch-mexikanische Bankengesellschaft. Der Erfolg der Chinesen ließ die Stimmung im Land kippen, das noch 1899 einen Freundschaftsvertrag mit der chinesischen Regierung geschlossen hatte. Es kam zu ersten antichinesischen Ausschreitungen.

In Torreon wurden am Tag des Einmarsches der Truppen des mexikanischen Revolutionärs Franzisco Madera über dreihundert Chinesen massakriert. In Chihuahua fünf Jahre später erneut zweihundert Chinesen umgebracht. In Mexicali mussten alle in der Stadt ansässigen Chinesen ab 1920 eine Sondersteuer zahlen, von der Schulen und Straßen gebaut wurden. In Culiacan kam es zu Überfällen auf Läden und Restaurants mit chinesischen Inhabern.

1921 wurde die chinesische Einwanderung per Gesetz unterbunden.

Von den tausend Chinesen, die 1920 in Sinaloa lebten, waren zwanzig Jahre später nur noch hundertfünfundsechzig übrig. Zu wenig, um im Opiumhandel als ethnische Berufsgruppe eine eigenständige Rolle gespielt haben zu können. Zumeist beschränkte sich die Beteiligung am Opiumgeschäft auf technische Beratung. Auch wenn sich vereinzelt Chinesen als Drogenhändler einen Namen gemacht haben, spielten sie als Gruppe im Export insgesamt keine Rolle.

In Badiraguato lebte in den Zwanzigerjahren historisch verbrieft überhaupt nur ein einziger Chinese. Lai Chang Wong. Der Drogeriebesitzer aus Badiraguato, der den Bauern in Santiago de los Caballeros gezeigt haben könnte, wie sich der Opiumsaft in den Mohnkapseln ernten und verarbeiten ließ. Da er sich jedoch 1928 aus Furcht vor der Abschiebung für einige Jahre, als Lasttiertreiber verkleidet, im benachbarten Chihuahua versteckt haben soll, kann auch er bei der Kommerzialisierung der Droge keine zentrale Rolle gespielt haben.

Noch Anfang der Zwanzigerjahre wurde Opium in den bewässerten Küstenregionen angebaut. Die gesellschaftlichen Kreise diesseits und jenseits der Grenze, denen der wachsende Markt ein Dorn im Auge war, nahmen allerdings schon vor dem weltweiten Opiumverbot die Verfolgung des Drogenhandels auf. Anfang der Zwanzigerjahre tauchten in Culiacan die ersten Agenten auf, die Daten über den Drogenhandel sammelten. Mit konkreten Angaben zu Anbaugebieten und Namen von Händlern, Politikern und Polizisten, die in den Handel verwickelt oder selbst Besitzer von Mohnplantagen waren. Aber erst als zeitlich verzögerte Folge der weltweiten Ächtung des Opiums im Jahr 1919 hat sich der Anbau Mitte der Zwanzigerjahre von der Küste weg ins Hinterland der westlichen Sierra Madre verlagert.

Ab diesem Zeitpunkt wurde die Vermarktung komplizierter. Gleichzeitig erhöhte sich die Produktion. Denn den Kleinbauern der Sierra Madre, die bisher als Tagelöhner auf Baumwollfeldern und Tomatenplantagen an der Küste arbeiten mussten, lieferte der Mohn endlich ein Produkt, mit dem sie mit den Agrarunternehmern an der Küste konkurrieren konnten. Keine chinesische Verschwörung war nötig, um dem Opium in der Sierra Maestra zum Durchbruch zu verhelfen.

Praxedis weist mich auf einen Widerspruch hin. Badiraguato hat sich mit dem langen Schatten seiner Vergangenheit herumzuschlagen, obwohl die Drogenhändler ihre Karrieren gar nicht im Ort gemacht hätten. Um reich zu werden, mussten auch sie wie alle anderen Arbeitsmigranten Badiraguato verlassen. Dann müsste die Gemeinde doch der Legalisierung von Marihuana zustimmen, unterbreche ich ihn. Damit wäre sie ein für alle Mal das Stigma los. Noch während ich rede, beginnt Praxedis den Kopf zu schütteln und erklärt in mildem Ton, dass eine Legalisierung die einzige Einkommensquelle der Bauern Badiraguatos zerstören würde. Was sie bräuchten, wären Investitionen: Straßen, Strom, Schulen, Bibliotheken. Keine Diskussionen und gut gemeinten Ratschläge.

Die Antworten wiederholen sich. Geld, Arbeitsplätze, Wandel, Veränderung, Fortschritt und noch einmal Fortschritt. Es passt nichts zusammen. Ständig ist von Armut die Rede. Aber die Jugendlichen kurven in teuren Geländewagen durch die Straßen. Angeblich baut heute niemand mehr Opium an, weil die Mohnfelder zu auffällig sind. Aber keine Gemeinde ist so gut kontrolliert wie Badiraguato. Auf der Strecke von Badiraguato nach Pericos in Richtung Culiacan sind es die Soldaten, die die Straße kontrollieren. In den abgelegenen und schwer zugänglichen Bergregionen hinter Tameapa die Narcos.

Sogar die Antennen der Radiotelefone, mit denen sich die Bauern in der Sierra untereinander verständigen, werden unter einer Pflanzendecke versteckt. Warum sollten die Drogenbauern ausgerechnet dort keine phantasievolle Lösung finden, wo es um ihre Existenzgrundlage geht, für die sie schon in den Fünfzigerjahren Lösungen gefunden haben. Damals bewährte sich die Methode, Opium gemeinsam mit Bohnen anzupflanzen. Die Blätter der Bohnen haben den leuchtend roten Mohn überdeckt.

Seit 1975 mischten die ehemaligen Gemeindepräsidenten, die ich in Badiraguato kennengelernt habe, in der Lokalpolitik mit. Aber wenn sie über fehlende Arbeitsplätze klagen und über die mangelnde Bereitschaft der Unternehmen, in Badiraguato zu investieren, hört sich das so an, als hätten sie als Bürgermeister auf diese Versäumnisse der Politik keinerlei Einfluss gehabt. Was zumindest ein Licht auf die politischen Gepflogenheiten wirft: Alles hängt von den persönlichen Beziehungen zwischen den jeweiligen Bürgermeistern und den regierenden Landesvätern ab. Ohne die fließt kein Geld in die Gemeinde. Aber selbst, wo der Draht existiert, garantiert dies nicht, dass die persönliche Unterstützung des Bürgermeisters automatisch auch der Gemeinde zugute kommt.

In seinen Artikeln und Büchern macht Don Jose unermüdlich auf das ungenutzte Potential seiner Heimatstadt aufmerksam. Immer wieder zählt er die Marmorvorkommen, die Minen, die Fruchtbarkeit des Landes und die touristischen Attraktionen auf. Und die Jugend. Als größte Herausforderung und Hoffnung.

In Badiraguato hat keiner diese Möglichkeiten erwähnt. Die Reden des amtierenden Bürgermeisters kreisen wie in den Siebzigerjahren um die künftige Straße Badiraguato – Parral, von der man sich die reinsten Wunder verspricht. Fortschritt in Gestalt von Hotelanlagen, Touristen und Restaurants.

Erwähnt wird nicht, was alles schief gehen kann, wenn die Straße erst einmal fertig ist. Statt der erwarteten Touristen könnten vor allem Drogentransporte über eine Straße rollen, die durch das goldene Dreieck am Schnittpunkt der Bundesstaaten Durango, Chihuahua und Sinaloa führt, dem El Dorado der Marihuana- und Opiumproduktion. Die Straße dürfte auch den Transit von südamerikanischem Kokain erheblich erleichtern, das durch die Sierra über die Grenze in die USA gebracht wird.

Die alten Füchse aus dem Stadtrat haben es sich in den Kopf gesetzt, mir Badiraguato als ganz normale Stadt zu präsentieren. Mit den gleichen Problemen, die im Zeitalter der Globalisierung auch andere Städte haben. Hier ist alles ruhig. Wie oft habe ich diesen Satz heute zu hören bekommen. Wer ihn nicht von sich aus gesagt hat, hat es auf Profes Nachfrage hin bestätigt. Alles ruhig. Hier passiert nichts. Es gibt keine Probleme. Keine Gewalt. Nirgendwo.

Das soll heißen: Alles soll so bleiben wie es ist. Nur die Kritik soll endlich verebben. Eine zutiefst konservative, verschlossene Mentalität.

Der Profe wirkt ein bisschen erschöpft, als wir uns verabschieden. Ein Tag Schönfärberei strengt an. Aber er kann mit sich zufrieden sein. Alles ist wunderbar gelaufen. Er hat seinen Auftrag erfüllt. Er hat mir ein Bild Badiraguatos vermittelt, mit dem es die Stadt in jeden Touristenkatalog schafft. Und bevor ich meine Reise durch Badiraguato weiter nach Santiago de los Caballeros, wo angeblich die Keimzelle des mexikanischen Drogenanbaus lag, fortsetze, will er von mir bestätigt bekommen, dass ich – Hand aufs Herz – ein wenig enttäuscht darüber bin, weil die Männer in Badiraguato doch keine Wilden sind. Er will unbedingt eine Antwort von mir.

»Chalino Sanchez bin ich heute wirklich nicht begegnet.«

Der Profe kommt wieder in Fahrt: »Chalino Sanchez ist seit zwanzig Jahren tot. Er war der Sänger der ersten Generation. Aus der ersten Generation sind alle tot. Auch die Drogenbarone. Tot oder im Gefängnis.«

Er ist begeistert, dass ich ihm einen Namen geliefert habe, mit dem er mir noch einmal beweisen kann, dass Badiraguato nichts, aber auch gar nichts, mit dem zu tun hat, was heute in der mexikanischen Drogenwelt stattfindet.

»Chalino Sanchez war ein Romantiker. Wie wir alle in Badiraguato. Wir sind altmodische Romantiker. Schau dir an, was da draußen heute passiert. Mit Romantik hat das nichts mehr zu tun.«

Chalino Sanchez ist in der Narcocorrido–Szene ebenso legendär wie Badiraguato in der mexikanischen Drogenwelt. Der Sänger, der einst während eines Konzerts von der Bühne herab eine Schießerei begann und im richtigen Leben mit einer Kugel im Kopf in einem Straßengraben in Sinaloa endete, ist das Vorbild für alle nachfolgenden Generationen von Narcocorrido-Sängern gewesen, die wie er mit Maschinengewehren auf

den Covern ihrer CD's posieren und immer öfter die Nähe zur Drogensze-
ne suchen, über die sie singen.

Chalino Sanchez musste als junger Mann, von der Polizei verfolgt,
aus seiner Heimat fliehen, weil er die Vergewaltigung seiner Schwester
gerächt hatte. Er überquerte mit siebzehn Jahren illegal die Grenze in die
Vereinigten Staaten, arbeitete als einfacher Erntehelfer und schmuggelte als Coyote Leute über die Grenze. Er verbrachte mehrere Monate im
Knast, wo er die Typen kennenlernte, über die er später sang. Im Gefängnis komponierte er seine ersten Corridos. 1987 begann er als professionel-
ler Sänger zu arbeiten. Fünf Jahre später starb er.

Chalino Sanchez' Biografie trägt alle Merkmale eines edlen Banditen.
Wie bei Pancho Villa steht die Ehrenrettung einer Schwester am Anfang.
Wie der Held der mexikanischen Revolution wurde auch der Held der
Narcocorridos Opfer einer Ungerechtigkeit und für eine Tat verfolgt, die
nur in den Augen der Obrigkeit ein Verbrechen ist, nicht für das Volk.

Die allgemeine Meinung ist: Politiker lügen, Corrido-Sänger nicht. Sie
übertreiben aus Begeisterung. Sie verwandeln Ereignisse in phantasievolle Erzählungen und schäbige existenzielle Dramen in Poesie. Der Corri-
dista ist immer auf der Seite des Volkes. Selbst wenn er von Drogenge-
schäften singt, wird das nur als trotziges Aufbegehren gegen eine noch
weitaus korruptere Politik empfunden. Wenn er in einer fast selbstmörde-
rischen Geste die zwiespältigen Helden des Drogenkrieges besingt, dann
weiß er zumindest, dass er Verwirrung stiftet.

Es war der mexikanische Dichter Octavio Paz, der in der Beschreibung
der Pachuco-Kultur, einer mexikanischen Bandenkultur im Amerika der
Dreißiger- und Vierzigerjahre darauf hingewiesen hat. Was er über die Pa-
chucos geschrieben hat, gilt zum Teil auch für die Narcocorridistas: »Sie
wissen, dass Auffallen gefährlich ist und ihre Haltung die Gesellschaft auf-
bringt. Trotzdem suchen sie Verfolgung und Skandal. Denn nur als Opfer können sie eine Stellung in der Welt einnehmen, die sie bis vor kurzem
übersah. Als Straffällige nur können sie ihre geächteten Helden werden.«

Señores guarden silencio
y pongan mucho cuidado.
Voy a cantar un corrido
de un pueblo muy afamado.

Se llama Badiraguato.
Este pueblo tiene fama
por todo mi Sinaloa,
por que los echan la culpa
que aquí sembramos la goma.
Solo les quiero aclarar
que aquí sembramos de todo
Y si se enojan por eso,
pues que se enojen, ni modo!

[Meine Damen und Herren, ich bitte um Ruhe,
hören Sie gut zu:
Ich werde einen Corrido über
ein sehr bekanntes Dorf singen.
Es heißt Badiraguato.
Dieses Dorf ist
in ganz Sinaloa berühmt,
denn man gibt ihm die Schuld daran,
dass wir hier Opium anpflanzen.
Ich möchte nur etwas klarstellen:
wir pflanzen hier einfach alles an
und wenn das die Leute stört,
dann sollen sie sich aufregen. Na und, ist eben so!]

Der Held der Corridos ist trotzig und impulsiv, eine tragische Gestalt,
die am Ende der letzten Strophe stirbt.

Die Protagonisten der Corridos besitzen die Sympathie der ländlichen
Bevölkerung, die sich ebenfalls als ewiger Verlierer des Systems fühlt.
Was hingegen von den Vertretern der Obrigkeit zu halten ist, weiß jeder
in Badiraguato. Sie erpressen die kleinen Leute. Sie lassen sich dafür bezahlen, dass sie so tun, als würden sie wegsehen. Oder sie beschlagnahmen das Opium, um es anschließend unter der Hand selbst weiterzuver-
kaufen. Wer protestiert, wird verhaftet. Die Obrigkeit hat die Macht dazu.
Also ist vorauszusehen, dass niemand protestiert.

Diese Methode hat System, seit das erste Opium in Tijuana über die
Grenze geschmuggelt wurde. Der erste Großverdiener im Jahr 1917 war

Coronel Cantu, der Gouverneur von Baja California. Je nach politischem Klima kooperierte er mit den Drogenhändlern oder konfiszierte ihre Ware – aber immer befand er sich dabei auf der Gewinnerseite.

Cantus Beispiel machte in den Bundesstaaten des Nordens in den nächsten Jahrzehnten Schule. Die Politiker arbeiteten außer Konkurrenz. Sie verdienten am Drogengeschäft, ohne selbst ein Risiko zu tragen. Denn in Mexiko setzte sich die politische Klasse aus ehemaligen revolutionären Kämpfern zusammen, die die Basis der künftigen Staatspartei bildeten, die siebzig Jahre lang bis 2000 regieren sollte: Die PRI – die Partei der Institutionellen Revolution, die zur linken Mitte innerhalb des politischen Spektrums zählt, aber in ihrer Rolle als de facto Einheitspartei im Laufe der Zeit unterschiedliche Fraktionen herausgebildet hat, die für die unterschiedlichsten politischen Strömungen standen. Kein Drogenhändler hatte Zugang zur politischen Klasse, ohne deren Schutz ihm dauerhaft kein Erfolg beschieden war.

Ohne die Politiker, welche die offizielle Drogenbekämpfung zu ihrer eigenen Bereicherung nutzten, hätte sich der Drogenschmuggel in Mexiko nicht etablieren können. Erst die Praxis jahrzehntelanger Korruption auf allen politischen Ebenen hat dazu beigetragen, dass sich jene Hydra entwickeln konnte, gegen die heute vergeblich ein Großaufgebot an Militär und Polizei vorgeht. Der Kampf der mexikanischen Politik gegen die Drogenmafia ist ein Kampf gegen ihren eigenen historischen Schatten.

Badiraguato wurde 1941 das erste Mal aktenkundig, als Sinaloas damaliger Polizeichef dort einige Mohnfelder zerstören ließ sowie mehrere Kilogramm Opium beschlagnahmte und anschließend mit seinen Männern bei Santiago de los Caballeros in einen Hinterhalt geriet und erschossen wurde. Die Drogenbauern in Badiraguato, auf deren Konto die Morde gingen, fühlten sich im Recht. Sie hatten Schutzgeld bezahlt. Aus ihrer Sicht hatten die Behörden ihr Wort gebrochen, als sie die Felder zerstörten.

Ein Missverständnis, das zeigt, dass bereits Anfang der Vierzigerjahre die Bestechung von Politikern im Drogengeschäft gängige Praxis war. Ein unbestechlicher Vertreter der Staatsmacht war eine solche Ausnahme, dass ein Vertreter dieser seltenen Spezies – General Teofilo Borboa – mit Badiraguatos Ehrenbürgerschaft ausgezeichnet wurde und einen Platz im Kreise der illustren Söhne der Stadt erhielt. Einfach nur, weil er seinen Job erledigte, ohne sich persönlich zu bereichern.

Die Grabstätte des Drogenbosses Ernesto Fonseca Carrillo verwittert
über Santiago de los Caballeros im Herzen der Sierra Madre. Währenddessen
sitzt Ernesto Fonseca im Gefängnis seine Haft auf Lebenszeit ab.

Wo ein ehrlicher Charakter allein schon ausreicht, um Staatsvertreter
auszuzeichnen, ist es keineswegs verwunderlich, dass Drogenbarone in
die Rolle von Philanthropen schlüpfen können. Den Leuten in Badiraguato ist der Drogenbaron Rafael Caro Quintero als größter Gönner ihrer
Gemeinde in Erinnerung geblieben. Caro Quintero hätte nicht nur Schulen, Kirchen und kleine Lebensmittelläden gebaut, sondern auch abgele-
gene Ortschaften mit Strom versorgt. Auch wenn diese Investitionen das
dauerhaftere Erbe des Drogenbarons sein dürften, liefern die Feste, die er
in Santiago de los Caballeros feiern ließ, wohl das authentischere Zeugnis
für eine Zeit, die in dem Dorf, in dem mit den Mohnkapseln des Chinesen Lai Chang Wong alles angefangen hatte, nur ein paar halb verfallene
Friedhofskapellen zurückgelassen hat.

Der Friedhof von Santiago de los Caballeros liegt auf dem Berg oberhalb des Dorfes. Von der Straße aus ist Ernesto Fonsecas Marmortempel
zu sehen, noch bevor das Dorf hinter der Kurve auftaucht. In blendendem
Weiß thront er über dem Talkessel.

Ernesto Fonseca hat mit seinen Partnern Caro Quintero und Felix Gallardo in den Achtzigerjahren den mexikanischen Drogenmarkt kontrolliert und das erste Kartell aufgebaut. Da sie bei ihrem Geschäft mit dem Tod stets dem Motto folgten, lieber hinterher um Vergebung zu bitten, als vorher um Erlaubnis zu fragen, investierten sie wie jeder verantwortungsbewusste Capo frühzeitig einen Teil ihrer Einkünfte in den Bau ihrer letzten Ruhestätte, die bei Caro Quintero die Dimensionen einer Kathedrale und bei Ernesto Fonseca die Form eines griechischen Tempels annahm.

Beide wurden 1985 verhaftet und sind seitdem eingesperrt. Mit jedem Jahr, das sie hinter Gittern verbringen, wächst die Wahrscheinlichkeit, eines natürlichen Todes zu sterben.

Vom Tempel, der auf dem Berg über dem Dorf dem ewigen Wind standhalten sollte, bröckelt bereits der Marmor. Zwischen den Stufen, die in die Gruft hinabführen, wachsen Gräser. Die Platten der Sarkophage sind zerbrochen. Eidechsen sonnen sich auf dem weißen Stein. Nichts drückt die Vergänglichkeit des Drogenreichtums anschaulicher aus als der verwahrloste Prunk dieses in der Bergkulisse der Sierra Madre verwitternden griechischen Tempels.

Etwas oberhalb des unbewohnten Totenhauses von Ernesto Fonseca steht die Kapelle der Familie Elenes, deren Name seit den Zwanzigerjahren des vergangenen Jahrhunderts die Region um einige Corridos bereichert hat.

Martin Elenes wurde 1890 in Santiago de los Caballeros geboren und schloss sich nach dem Ausbruch der mexikanischen Revolution gemeinsam mit einem Freund aus dem nahegelegenen Ort Bamopa den Truppen des Generals Iturbe an. Später sollte es zwischen diesem Iturbe und einem anderen General zu einem erbitterten Streit um den Gouverneursposten kommen. Dieser Streit weitete sich zu einer Feindschaft aus, die sich auf die beiden jungen Soldaten aus Badiraguato übertrug. Denn während Elenes dem General Iturbe treu blieb, ergriff sein Freund Partei für Iturbes Konkurrenten, der bei der Gouverneurswahl allerdings leer ausging.

Nach ihrer Rückkehr nach Badiraguato kam es zwischen den jungen Männern zum Duell. Von diesem historischen Zweikampf erzählt einer der bekanntesten Corridos der Revolutionsgeschichte. Der Corrido von Valente Quintero und dem Mayor Martin Elenes.

Extrem spitz zulaufende Cowboystiefel sind momentan der letzte Schrei.

Ein glückliches Ende hielt Mexiko seinen männlichen Helden nie bereit. Nicht zur Zeit der Revolution und nicht in den Zeiten des Drogenkrieges. Die Idole haben sich geändert. Die heutigen Helden mit ihren Schnauzern und Cowboyhüten ahmen nicht mehr Pancho Villa oder Emiliano Zapato nach, sondern die Killermaschinen der Mafia. Das Baumwollhemd haben sie gegen ein Hemd von Ed Hardy eingetauscht. Die Rindslederstiefel gegen Stiefel aus Straußenleder und das Pferd gegen einen Hummer mit verdunkelten Scheiben. Nur die Rituale sind die gleichen geblieben: Duelle auf Leben und Tod. Sie haben nur ihren Körper und ihre Seele. Ihren Körper opfern sie in den Duellen, ihre Seele öffnen sie in den Corridos. Die moderne Fassung des klassischen Duells hat Badiraguato im Kampf von Arturo Beltran Leyva gegen Joaquin Guzman erlebt. Die Capos waren verschwägert und stammten beide aus Badiraguato. Guzman aus La Tuna. Beltran Leyva aus Tameapa.

Die Narcocorrido-Komponisten der Gegenwart schrecken davor zurück, dieses Duell zum Thema ihrer Lieder zu machen. Omar Meza, ein Sänger aus Badiraguato, der sowohl Guzmans Gefängnisflucht als auch Mochomo Beltan Leyvas Festnahme im Januar 2008 jeweils druckfrisch besungen hat, sagt, dass er nur singt, was den Leuten gefällt. Und das gefiele den Leuten eben nicht.

Chalino Sanchez hat über El Culichi Elenes, einen Enkel von Martin Elenes, einen Corrido geschrieben. Er klingt so vertraut, als hätten sich die beiden ein Leben lang gekannt. El Culichi war der schmuckbehangene Paradiesvogel der Generation Drogenbarone unter den Fonsecas und Caro Quinteros. El Culichis Leidenschaft galt Frauen, Schmuck und Pferden, singt Chalino Sanchez. Die Namen der Frauen erwähnt er nicht. Den des Lieblingspferdes schon: Chubasco. Platzregen.

Adiós amigo Culichi,
ya no te veremos más,
montado en tu fiel caballo,
que allí esperandote está.
Adiós Chubasco querido
tu amo ya no vuelverá.

[Adios, mein Freund, Culichi.
Nun sehen wir dich nicht mehr,
wie du auf deinem treuen Pferd sitzt,
das hier auf dich wartet.
Adios, mein lieber Chubasco,
dein Herr kommt nicht mehr zurück.]

El Culichi Elenes wurde am 27. Dezember 1984 erschossen. Vier Monate später wurden Ernesto Fonseca Carrillo und Rafael Caro Quintero verhaftet. El Culichi hat seine letzte Ruhestätte in der Familienkapelle der

Elenes längst bezogen. An der Seite seines Vater und seines Onkels Martin Elenes, dem Sohn des berühmten Mayors.

Mit dessen Tochter stehe ich vor dem Grab von El Culichi, ihrem Cousin, und bekomme die Geschichte der Familie Elenes erzählt, die Mitte des neunzehnten Jahrhunderts von Griechenland nach Sinaloa ausgewandert ist und die mexikanische Volksgeschichte um einige Facetten bereichert hat. Ihr Vater Martin hätte von seinem Vater, dem Mayor, den Sinn für Gerechtigkeit geerbt und sein Leben damit verbracht, den Leuten im Dorf eine Perspektive zu verschaffen.

Santiago de los Caballeros, das als Ursprungsort des Drogenanbaus in Mexiko bezeichnet wird, sei ursprünglich die Wiege des Goldabbaus gewesen. Im Ort liegt eine der ältesten Goldminen Mexikos. Ihr Vater, Martin Elenes der Jüngere, hätte noch wenige Tage vor seinem Tod versucht, eine Minenkonzession zu erhalten. Aber wie Don Jose sei es auch ihm nicht geglückt, die Regierungsfunktionäre mit seiner leidenschaftlichen Heimatliebe anzustecken. Sie erteilten ihm immer nur für kurze Zeit eine Abbauerlaubnis. Dadurch hätten im Dorf zwar hin und wieder Familien ein Einkommen gehabt, aber eine dauerhafte Perspektive bot die Minenarbeit unter diesen Bedingungen nicht.

Die Bergwerksarbeiter lebten mit ihren Familien zeitweise im Haus ihrer Eltern. Als Kind habe sie immer das Gefühl gehabt, in einer Bienenwabe zu leben. Immer Kommen und Gehen, Stimmengesumme und Betriebsamkeit. Ihre Eltern hätten sich um die Bergarbeiterfamilien wie um ihre eigenen Kinder gekümmert. Nach dem Tod des Vaters ist sie mit ihrer Mutter nach Tierra Blanca gezogen.

Noch bis in die Anfangsjahre des Opiumbooms sei Santiago ein Bergwerksdorf gewesen. Denn Gold, Silber und Zink wurden dort seit vierhundert Jahren abgebaut. Opium erst seit 1940. Sogar der Drogenbaron der ersten Generation, Don Lalo Fernandez, gebürtiger Santiaguero, hätte sich, bevor seine Drogenkarriere an Fahrt aufnahm, zunächst um die Minenkonzessionen bemüht.

In Tameapa vierzig Kilometer weiter, dem Heimatort der Beltran Leyva-Brüder, wurde die Mine erst vor einem Monat stillgelegt. Von den sechshundert Familien im Dorf haben nun weitere hundert auf einen Schlag ihre Arbeit verloren. Vorübergehend – wie es offiziell heißt. Mehr Informationen haben die Arbeiter nicht erhalten. Das kanadische Bergbauunternehmen gibt aus Gründen der Sicherheit keine Auskunft darüber, ob die Mine Gewinne oder Verluste macht und ob sie die Konzession verlängern werden oder nicht.

Die Stimmung im Ort ist depressiv. Die Familien beginnen, ihre Tiere zu verkaufen. Dem einzigen Laden in der Ortschaft gehen die Kunden aus. »Mexiko tut nichts für seine Bergleute«, sagt die Ladenbesitzerin. »Die Regierung verkauft Konzessionen an ausländische Firmen, aber investiert selbst nichts. Nicht einmal das Leben der Arbeiter ist ihr etwas wert. Man hat bei dem Minenunglück 2006 in Pasta de Conchos gesehen, wie schäbig die Regierung mit den Bergleuten umgegangen ist. Nach fünf Tagen wurde die Suche eingestellt. In Chile hat man noch siebzig Tagen nach dem Unglück alle Arbeiter retten können. Bei uns hat sich die Regierung nicht einmal die Mühe gemacht, die Leichen der fünfundsechzig Arbeiter zu bergen. Unsere Männer sind Dreck für sie.«

Santiago de los Caballeros liegt wie ausgestorben zwischen den Bergen. Von der Straße her nähern sich Motorengeräusche. Schulkinder fahren auf ihren Quads durch den Ort und verschwinden auf einem Steilweg. Man hört noch eine Weile, wie sie gegen die Motorengeräusche anschreien. Dann verschluckt der Berg die Stimmen und Motorengeräusche. Es ist wieder ruhig.

Zwei alte Frauen sitzen auf der Veranda im Schatten. Jede für sich vor ihrem Haus. Es sind die beiden ältesten Einwohnerinnen Santiagos. Beide fast neunzig. Aber auch im hohen Alter so unterschiedlich wie Tag und Nacht.

Rosalia wagt kaum mit mir zu reden. Dabei habe ich sie nur gefragt, wovon die Leute im Dorf leben. Sie sieht mich unsicher an, als spüre sie, worauf ich hinaus will. Von der Landwirtschaft, sagt sie. Von Mais und Bohnen und ein paar Tieren. Ihre beiden erwachsenen Söhne sitzen in der Nähe und hören zu. Der eine im Haus, der andere auf der Verandastufe.

Sachte frage ich weiter. Ob sie sich noch an ihre Jugend erinnere? Ob sie noch wüsste, wie damals das Leben im Dorf war? »Hart«, sagt sie. »Sehr hart.« Sie hätte ihren Eltern auf dem Feld geholfen und hier im Haus. Sie hätte immer gearbeitet.

Rosalia hat ihre weißen Haare zu einem Knoten zusammengebunden. Die Haut, die Gesicht und Hände überzieht, ist dünn wie Transparentpapier. Die geschliffenen Gläser ihrer Brille vergrößern ihre Augen. Ängstlich wie ein Vögelchen wartet sie mit weit geöffneten Augen darauf, was ich als nächstes fragen werde. Ich hole Atem. Ob sie denn auch Opium... Rosalia fängt zu zittern an. Ihre Hände, ihre Arme, ihr ganzer Körper beben. Ich führe den Satz nicht zu Ende. Die Frage ist überflüssig. Ich sitze ihr schräg gegenüber. Ihr Blick wandert zu ihrem Sohn, der auf der Verandastufe sitzt, und dann wieder zurück zu mir. Davon wüsste sie nichts, sagt sie. Damit kenne sie sich nicht aus.

Ich fühle mich schlecht und wechsle das Thema. Ich frage sie, ob sie hin und wieder nach Badiraguato fährt. Es funktioniert. Rosalia beruhigt sich. Sie lächelt sogar. Seit die Straße da ist, sei es ganz einfach, nach Badiraguato zu kommen, erzählt sie. Früher, in ihrer Jugend, hätte sie für die Strecke einen ganzen Tag gebraucht. Sie ist dankbar, dass ich sie nicht weiter quäle.

Seit ihrer Jugend hat sie immer wieder gesehen, wie Polizisten und Soldaten in ihr Dorf kamen, Felder niederbrannten und Nachbarn verhafteten. Anfangs hatte niemand gewusst, dass es sich bei Mohn um eine verbotene Pflanze handelte. Denn die gleichen Männer, die erklärten, dass die Pflanze schlecht sei, zwangen sie dazu, die schlechte Pflanze anzupflanzen. Dann kam es zu Verhaftungen. Und anschließend wieder zu stillschweigenden Übereinkünften. Und manchmal beides gleichzeitig. Irgendwann nahmen sie das, was gesagt wurde, gar nicht mehr ernst. Aber auch das war ein Fehler. Und schließlich begann die Operation Condor. Sie räucherten das Dorf aus. Die Männer flüchteten in die Berge und versteckten sich in Höhlen. Sie wussten nicht, wie es weitergehen sollte. Und immer die Angst. Die letzten Opfer waren vier Jugendliche. Die Soldaten, die sie erschossen haben, hatten davor selber Drogen genommen. Es schien nie aufzuhören. Das geht nicht spurlos vorüber.

Es reicht aus, nur darüber zu reden, schon macht ihr Körper nicht mehr mit. Die Angst sitzt in den Knochen. Die lebenslange Angst hat ihre Seele krank gemacht. Sie fühlt sich schutzlos, unsicher, wie gelähmt. So viele Männer sind tot. So viele Beerdigungen. Alle früh gestorben. Alle vor ihrer Zeit. Sie hat Angst, jetzt noch einen Fehler zu machen. Deshalb hören ihre Söhne zu. Keine Fragen mehr. Sie ist doch eine alte Frau. Was hat sie schon zu sagen. Rosalia lächelt. Sie könne mir nicht weiterhelfen. Das sollte ich ihr bitte nicht übel nehmen.

Ihre Nachbarin sitzt mit übereinandergeschlagenen Beinen vor ihrem dreihundert Jahre alten Haus und raucht eine Zigarette. Sie nimmt kein Blatt vor den Mund. Auch bei ihr sitzt die Tochter daneben und passt auf. Aber die Mutter lässt sich nicht den Mund verbieten. Es sind Gäste im Haus. Die muss man unterhalten. So hat sie es immer gemacht. Warum sollte sie sich jetzt noch ändern. Die Mutter blüht von Minute zu Minute mehr auf. Wie eine Schauspielerin, die in dem Moment, in dem sie auf die Bühne tritt, zu einer anderen Person wird, holt auch sie etwas aus sich heraus, das sie verändert: Ihre Jugend. Die schönste Zeit in ihrem Leben. Die Zeit der Ernten, von denen andere nur träumen konnten. Manchmal zwei Kilo in einer einzigen Saison. Und wie zur Erntezeit die Mohnkapseln eingeritzt und der Saft aufgefangen wurde, und wie jeder dabei mitgeholfen hat, auch die Kinder. Die Kinder waren sogar am geschicktesten, den Alten zitterten die Hände, und wie schön die Feste waren. Das war eine Pracht.

Sie sitzt kerzengerade auf ihrem harten Stuhl. Eine selbstbewusste Frau, die Teil der Landschaft, Inventar ihres alten Hauses geworden ist, das schon die Jesuiten beherbergt hat. Die immer noch am Herd aus dem vorletzten Jahrhundert steht und Tortillas macht. In diesem großartigen Haus aus Ziegeln und Lehm, in dem sich seit Jahrhunderten nichts verändert hat. Im Garten ein Stein, in den die Jesuiten vor langer Zeit ein Kreuz gemeißelt haben. Das große Haus, eine Halle, keine Spinnweben an der Decke. Wie machen Sie das? Mit dem Besenstiel. Jeden Tag. Spinnweben müssen beseitigt werden! Sonst kommt Unglück über das Haus.

Was kann ihr jetzt noch passieren? Sie hat ihr Leben lang jeden Tag die Spinnweben entfernt. In diesem Haus, wo alles wie immer sein wird, wenn sich die Aufregung, die Calderon verbreitet, wieder gelegt haben wird. Aber bis dahin macht sie das, was ihr keiner so schnell nachmachen kann. Worin sie Meisterin ist. Schlagfertig wie keine andere. Und deshalb die Königin! Sie unterhält die Gäste.

»Calderon«, sagt sie, »hat mir vor kurzem einen Brief geschrieben. Ob ich nicht etwas von meinem Reichtum abgeben könnte.« Sie malt mit der Hand, in der sie die Zigarette hält, einen großen Kreis in die Luft und schüttelt dann den Zeigefinger. »Nicht einen Peso, mein Lieber, habe ich ihm gesagt. Nicht einen Peso für deine Soldaten.«

Die Tochter sieht mich betreten an und flüstert mir zu, ich dürfte von all dem, was ihre Mutter erzählt, kein Wort glauben. Sie sei völlig verrückt.

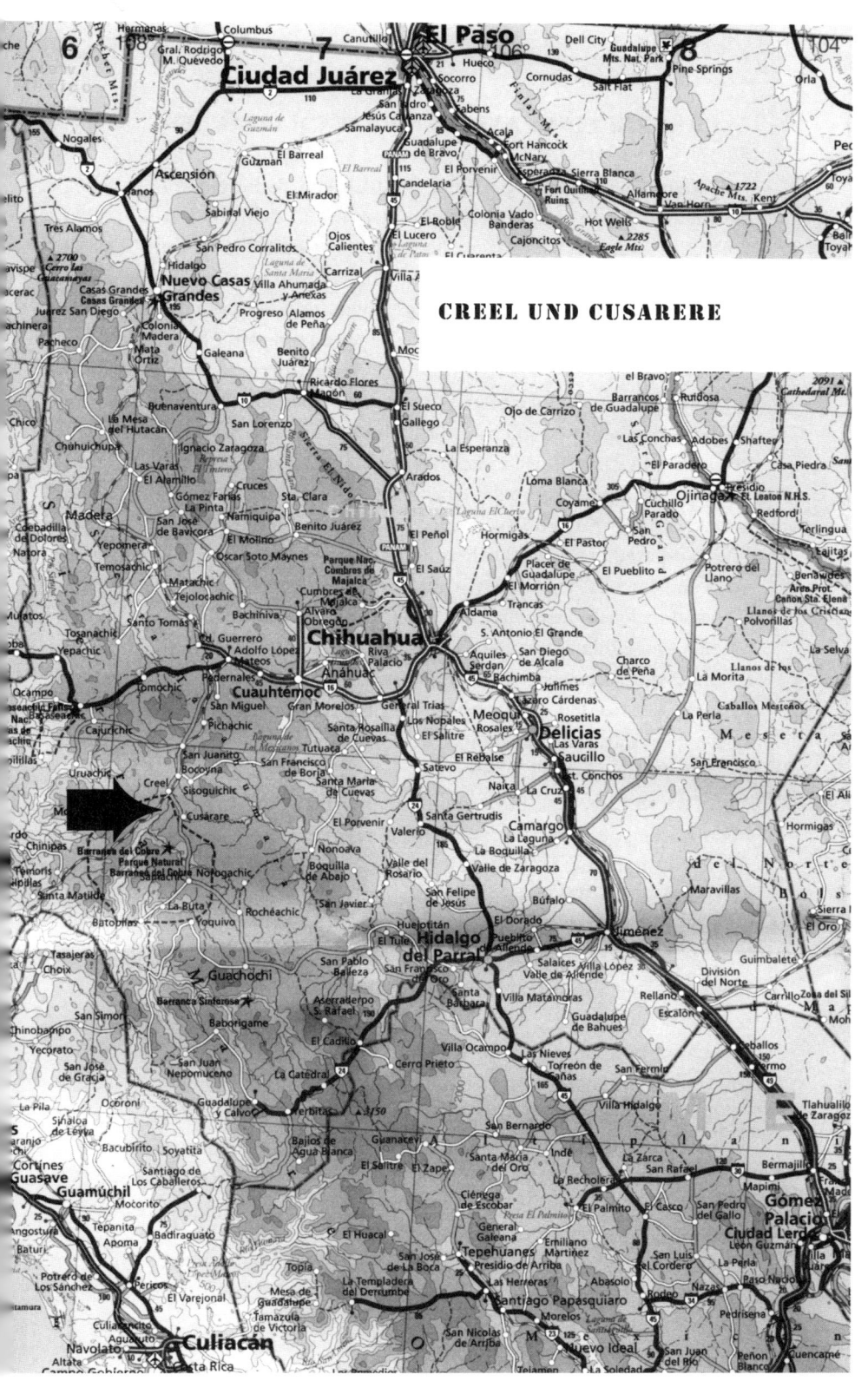

CREEL UND CUSARERE

CHRONIK EINES ANGEKÜNDIGTEN MASSAKERS

Zweihundertfünfzig Kilometer nördlich von Badiraguato liegt Creel, ein kleiner Ort in der Sierra Madre, der mit all dem infrastrukturellen Fortschritt gesegnet ist, von dem Badiraguato träumt: Vier Mal am Tag hält hier der Chepe, der berühmte Passagierzug, der von Los Mochis an der Pazifikküste durch die spektakuläre Schluchten- und Bergwelt der Sierra Tarahumara ins sechshundertfünfzig Kilometer entfernte Chihuahua fährt und Touristen in den Ort bringt. Ebenso wie die Überlandbusse, die stündlich zwischen Creel und Chihuahua pendeln. Über den Flughafen, der sich noch im Bau befindet, soll bald die Anbindung in die Vereinigten Staaten erfolgen. Mit Direktflügen nach Texas, nach El Paso, Tucson, San Antonio und Austin, um dort die Abenteuer-Touristen abzuholen, die in den mexikanischen Kupfercanyons ein unberührtes Kletter-, Rad-, Trekking- und Laufparadies entdeckt haben. Zu allem Überfluss wird Creel bald auch noch von einer mehrspurigen Schnellstraße aus zu erreichen sein, die vom internationalen Industriehafen Topolobampo bei Los Mochis quer durch Sinaloa und Chihuahua über die Grenze bis nach Dallas führen wird und die Ende des neunzehnten Jahrhunderts entstandene Vision vom mexikanischen Nordwesten als attraktiven Handelsknotenpunkt zwischen den asiatischen Märkten und den USA wieder aufleben lassen soll.

Das ist mehr, als ein kleiner Ort verkraften kann. Der Fortschritt ist dabei, die sechstausend Einwohner zählende Ortschaft zu überrennen, die noch Anfang des zwanzigsten Jahrhunderts ein Dasein als Eisenbahndepot der Chihuahua Al Pacifico Railroad Company fristete und mit Creel den Namen des Besitzers dieser Eisenbahngesellschaft erhielt, der 1906 auch zum Gouverneur von Chihuahua ernannt worden war.

Die hundertachtzig Kilometer lange Eisenbahnstrecke von Chihuahua nach Creel gab den Startschuss für die Abholzung der reich bewaldeten Sierra Tarahumara, deren Schluchten und mit Kiefer-, Tannen- und Eichenwäldern bewachsenen Hänge den traditionellen Lebensraum der Raramuri-Indianer in der westlichen Sierra Madre bilden.

So wenig das Gesetz, das Enrique Creel noch im Jahr seines Amtsantritts zum Schutz ihrer Kultur und zur Verbesserung ihrer Lebensbedingungen verabschiedet hatte, tatsächlich die aggressive Ausbeutung ihrer traditionellen Lebensräume verhindern konnte, so wenig verdienen die

Eine Raramuri in Divisadero, einer Haltestelle auf der
Zugstrecke durch die Kupfercanyons.

Raramuris heute an den Segnungen des Fortschritts in Gestalt von Straßen, Flughäfen und Hotelanlagen in Creel und Umgebung. Vom großen
Geschäft mit den touristischen Attraktionen ihrer Heimat fallen für die
fünfzigtausend Raramuris, die heute in der Sierra Tarahumara leben, nur
Brosamen ab. In farbenfrohen Blusen und Glockenröcken sitzen die Frau-
en an den Eisenbahnschienen und auf dem Marktplatz vor der Kirche in
Creel und warten auf Touristen, die ihnen für ein paar Pesos ihre Flecht-
arbeiten und Decken abkaufen. Fragt man die Frauen, ob es überhaupt
etwas gäbe, was sich für sie verbessert hat, zeigen sie auf das kleine Menschenrechtsbüro schräg gegenüber am Platz, in dem Pater Javier Avila mit
seinem Team arbeitet. Das ist die Raramuri-Version vom Fortschritt: Die
Zahl der Misshandlungen an Angehörigen ihrer Gemeinschaft ist in den
letzten Jahren eher noch gestiegen. Zu den rassistischen Übergriffen der
Vergangenheit kommen nun die Gewaltexzesse des Drogenkriegs hinzu.
Die indianischen Opfer tauchen in keiner Todesstatistik auf. Massaker an
Indianern werden gerne verschwiegen, so als hätte es die Toten nie gegeben, weil sie nur zum Teil auf das Konto mordender Drogenbanden gehen.

Es sind auch Regierungssoldaten, die bei ihren Razzien in indianischen Dorfgemeinschaften Bauern foltern oder festnehmen beziehungsweise verschwinden lassen. Für die Soldaten stehen alle indianischen Bauern unter dem Generalverdacht der Kooperation mit den Drogenbanden. Wovon sonst sollten sie leben? Unter Folter werden Geständnisse herausgepresst. Wo sind die Marihuanafelder? Wer kauft die Drogen?

Gäbe es die Anlaufstelle von Pater Javier Avila nicht, käme nicht ans Licht, was in den Dörfern der Raramuris passiert, wenn die Soldaten ihre Razzien durchführen.

Der Pfarrer von Creel sitzt in Jeans und Strickpullover hinter dem Schreibtisch seines Büros im Erdgeschoss, an dessen Fenster die Leute vorbeigehen, die zur Santa Teresita-Klinik müssen, die gleich hinter diesem Haus liegt.

Die Übergriffe des Militärs auf die indianischen Gemeinschaften der Raramuris begannen nicht erst im März 2008 mit Calderons militärischer Operation »Conjunto Chihuahua«. Zu willkürlichen Razzien, Vergewaltigungen, Drangsalierungen und Folterungen kam es in den Dörfern der Raramuris bereits seit der ersten großen Kriminalisierungswelle der Drogenbauern in den Siebzigerjahren während der Operation Condor.

Die Jesuitengemeinde von Bocoyna, zu der die Pfarrei in Creel gehört, hat 1988 das Menschenrechtsbüro eröffnet. In all den Jahren davor hatten die Indianer vor Ort niemanden, der sie anhörte und ihre Beschwerden ernst nahm. Das heißt, die Soldaten konnten sich sicher sein, dass ihre Übergriffe nicht strafrechtlich verfolgt würden. Entsprechend brutal gingen sie bei den Razzien vor. Javier Avila erinnert sich an die ersten Beschwerden, die bei ihm auf dem Tisch landeten. Ein Indigena wurde so lange an den Haaren über den Boden geschleift, bis sich die Kopfhaut löste. Einem anderen ein Auge ausgerissen. Viele Leute wurden mit Gewehrkolben bewusstlos geschlagen.

Auf der Suche nach einer Erklärung für das Verhalten der Soldaten kommt der Pater zu dem Schluss, dass diese selbst von ihren Vorgesetzten unter Druck gesetzt wurden und in den Raramuris wehrlose Opfer fanden, die es ihnen leicht machten, angebliche Erfolge vorzuweisen, die in Wirklichkeit auf gewaltigen Missverständnissen beruhten. Denn: »Die Raramuris verteidigen sich nicht, wenn sie angegriffen werden. Wenn du ihnen auf die Füsse steigst, ziehen sie diese so langsam und vorsichtig zurück, dass du es nicht einmal merkst. Sie sind Pazifisten. Wenn sie geschlagen werden, schweigen sie nur. Das wird für ein Schuldeingeständnis gehalten. Dabei wissen die Raramuris nicht einmal, worum es in diesem Krieg überhaupt geht. Sie sind die Ausgeschlossenen unter den Ausgeschlossenen. Sie sind das letzte Glied in der Kette der mexikanischen Gesellschaft.«

Javier Avila spricht eine deutliche Sprache. Seine wettergegerbte Haut verrät, dass er seine Zeit nicht nur in seinem Büro hinter dem Schreibtisch und vor dem Altar in der Kirche verbringt, sondern viel in den Dörfern seiner Pfarrei unterwegs ist. Mit im Gepäck ist stets seine Gitarre. Wenn er in einer Bergkapelle ein Kind tauft oder eine Totenmesse hält, kommt der Moment, in dem er die Bibel zur Seite legt und zur Gitarre greift. Dann sieht der Jesuitenpadre mit dem silbergrauen Vollbart und seinem aus der hohen Stirn gekämmten Haar in der weißen Soutane wie ein mittelalterlicher Troubador aus. Ein Troubador, dessen selbst komponierte Lieder allerdings von höchst aktuellen Ängsten, Sorgen und Gefahren handeln, denen die kleinen Dörfer in der Bergeinsamkeit ausgeliefert sind.

Javier Avila singt von falschen Propheten und Erlösern, von Heuchlern und Schwindlern, die mit Waffen in der Hand den Leuten Schutz und Befreiung versprechen und sie in Wirklichkeit missbrauchen. In den Köpfen seiner indianischen Zuhörer in Cusarere, einer Raramuri-Gemeinschaft nahe Creel, nehmen die Gestalten seiner Lieder die Physiognomien jener bewaffneten Männer an, die eines Tages tatsächlich bei ihnen aufgetaucht sind und sich in einer Ranch oberhalb ihres Dorfes eingenistet haben. Sie haben ihnen Schutz und Hilfe versprochen, aber nur Gewalt und noch mehr Probleme gebracht.

Plötzlich hatten die Dorfbewohner von Cusarere so viele unterschiedliche Beschützer – die Soldaten, die Männer oben in der Ranch –, dass sie es unmöglich allen Recht machen konnten. Wie sie es auch anstellten, sie verschlimmerten ihre Lage immer nur noch mehr.

Catalina Batista ist die Sprecherin der Exportkooperative für Kunsthandwerk der Raramuri und pendelt zwischen Cusarere und Chihuahua, wo sie auf dem Platz hinter dem Regierungspalast Kunsthandwerk aus ihrem Dorf verkauft. Einer ihrer Söhne besucht die weiterführende Schule im Dorf. Ihr jüngster Sohn ist zwei Jahre alt. Die beiden Töchter leben mit ihren Familien im Haus. Acht Personen teilen sich zwei Räume.

Catalina ist selten zuhause. Von Chihuahua nach Cusarere kostet die einfache Strecke zweihundertfünfundsiebzig Pesos, rund sechzehn Euro. Es gibt Zeiten, in denen sie am Tag nichts verkauft. Dann kommuniziert sie mit ihrer Familie per sms.

Sie wäre lieber zuhause, aber dort gibt es – so paradox das angesichts der vielen touristischen Sehenswürdigkeiten klingt – keinen Platz für indianische Kunsthandwerksverkäuferinnen. In Creel und Divisadero, dort, wo der Zug mit den Touristen hält, ist die Konkurrenz zu groß. Den Wasserfall von Cusarere, der in einem Naturpark liegt, suchen nur die lauffreudigen Touristen auf. Und nur die wenigsten von ihnen haben Lust, ihre Taschen mit Souvenirs zu beladen und diese dann zwei Kilometer zurück durch den Naturpark bis zum Parkplatz zu tragen.

Die Sprecherin der Kunsthandwerkskooperative, die aufmerksam die Tourismuspläne in der Region verfolgt, wirft Chihuahuas Regierung vor, dass für die Raramuri-Gemeinschaften wieder einmal nur Statistenrollen vorgesehen sind. Ob sie die Gondel über die Kupfercanyons haben wollten, die nur weißen Privatunternehmern, die in den Dörfern der Raramuris ihre Hotelanlagen bauten, finanziellen Segen gebracht hat, oder ob sie den Flughafen haben wollen, durch den die Touristen aus Texas antiseptisch rein, ohne Berührung mit den Einheimischen, direkt in eine der bewachten Hotelanlagen gebracht werden können, wurden sie nie gefragt. In den infrastrukturellen Planungen der nationalen Touristikindustrie tauchten sie nie als Partner auf.

Catalina Batista lässt trotzdem nicht locker. Sie hat gemeinsam mit anderen Sprechern der Raramuri-Gemeinschaften um ein Gespräch beim Gouverneur gebeten. Es geht im Grunde um das alte Gesetz, das bereits 1906 unter Enrique Creel verabschiedet, aber nie angewandt wurde. Die Raramuri-Gemeinschaften verlangen, dass es endlich in Kraft tritt, damit sie sich juristisch zur Wehr setzen können und nicht länger manipuliert und ausgenutzt werden. Sie verlangen ein Gesetz, das ihre Dorfsprecher und indianischen Gouverneure zu gleichberechtigten politischen Akteuren erhebt und ihre Wälder und natürlichen Ressourcen vor Ausbeutung schützt. Ein Gesetz, das die wirtschaftliche Entwicklung in den Dörfern und Gemeinschaften ankurbeln soll.

An ihrer wirtschaftlichen Lage würden weder weitere Hotelanlagen noch verbesserte Straßenanschlüsse etwas ändern. Die infrastrukturelle Erschließung ihrer Heimat hätte die Raramuris bisher nur immer noch tiefer in die Armut getrieben. Ihnen wurde ihr fruchtbares Weideland genommen. Sie wurden aus den Minentälern vertrieben. Die Holzfirmen haben ihre Wälder zerstört. Nach der mexikanischen Revolution wurde ihr traditionelles Gemeinschaftsland zu nationalem Eigentum erklärt. Und nun werden sie in ihren Dörfern wieder von Hotelbesitzern und Tourismusunternehmen an den Rand gedrängt. Die Regierung soll endlich jene Versprechen erfüllen, die sie ihnen seit langer Zeit mache.

Catalina hat eine genaue Vorstellung davon, was in Cusarere machbar wäre. Sie sieht es nebenan in San Ignacio, wo sich die Bewohner ihrer Meinung nach besser organisiert haben als in Cusarere. So hat die Gemeinschaft zum Beispiel in einen Pick-up investiert und kann nun die Touristen direkt am Bahnhof in Creel abholen und zu einer kleinen Hotelanlage bringen, die in San Ignacio von den Raramuris mit den Gewinnen aus dem Tourismus gebaut worden ist.

Selbstkritisch stellt sie fest, dass sich in Cusarere die Bewohner nicht zu solch langfristigen Projekten motivieren lassen. Bei ihnen im Dorf bauen die Leute weiterhin ihr bisschen Mais an, ihre Bohnen und Kartoffeln, und trauen sich ansonsten keine Entscheidungen zu. Dabei hätten sie mit dem Jesuitenmuseum ein gewichtiges Pfund in den Händen, mit dem sie touristisch wuchern könnten. Denn inmitten der gewaltigen Naturkulisse der Sierra Tarahumara mit ihren wild zerklüfteten Bergen, deren Gipfel dreitausenddreihundert Meter Höhe erreichen, und mit Schluchten, die sich fast zwei Kilometer tief in das Vulkangestein der Sierra Madre eingraben, steht eine Pinakothek, deren Säle mit Originalen der alten Meister der barocken Kirchenkunst gefüllt sind.

Catalina Batista würde dem Gouverneur gerne folgende Fragen stellen: Warum das Tourismus-Ministerium ihr Heimtdorf mit der im achtzehnten Jahrhundert errichteten Jesuitenkirche und dem benachbarten Museum nicht wie Creel mit dem Titel eines »magischen Ortes« ausgezeichnet hat? Warum die Regierung keine Werbung damit macht, dass in Cusarere die Gemälde von Juan Correa hängen, dem 1646 geborenen Sohn einer befreiten afrikanischen Sklavin und eines spanischen Barbiers, der seine Bilder mit »Juan Correa, freier Mulatte, Meister der Malerei« signierte? Und warum die Regierung eigentlich nicht in der Lage gewesen ist, eine kleine Straße zum Wasserfall von Cusarere zu bauen, einem der wenigen Plätze, wo die Raramuri-Frauen ihr Kunsthandwerk verkaufen könnten? Stattdessen jedoch Millionen Pesos für den Bau einer Gondel über die Kupfercanyons ausgeben konnte? Wieso bisher kein Touristenpfad entwickelt wurde, der durch die indianischen Gemeinschaften mit exklusiven Raramuri-Verkaufsstationen führt? Wozu immer mehr Hotelanlagen gebaut werden, wenn die Touristen doch auch in privaten Unterkünften in den Dörfern übernachten könnten?

Die Fragen sind wohl berechtigt. Die Sache hat aber einen Haken: Cusarere ist seit ein paar Jahren Stützpunkt der Narcos. Eine Ranch oberhalb des Dorfes dient als Unterschlupf. Das Dorf ist ein Pulverfaß.

Hin und wieder hört man nachts Schüsse, und am nächsten Morgen liegen Tote auf der Schotterstraße, die zum Dorf führt. Einmal tauchten Unbekannte auf, die um Werkzeug baten, weil sie angeblich eine Autopanne hatten. Der Mann von Rosa, Vizegouverneurin von Cusarere, brachte den unbekannten Männern den benötigten Schraubenschlüssel und wurde von ihnen zum Dank vor seinem Haus erschossen.

Die Witwe weiß bis heute nicht, weshalb ihr Mann umgebracht wurde. Es gab keine Nachforschungen. Die Polizei hat nicht einmal den Schein gewahrt und zumindest so getan, als wolle sie das Verbrechen aufklären. Es interessierte sie einfach nicht. Weil das Opfer ein Indianer war?

Weil die Polizei Teil des Konflikts ist, sagt Pfarrer Javier Avila.

Vielleicht hatte der Mann in den Augen seiner Mörder Verrat begangen, weil er mit der gegnerischen Gruppe kooperierte. Aber vielleicht nicht einmal das. Vielleicht hatte er nur die Souveränität des Dorfes zu wahren versucht. Oder seine eigene, und sich geweigert, Marihuana anzubauen. Vielleicht hatte er sich aber auch darüber aufgeregt, dass das Militär immer nur die kleinen Marihuana-Parzellen niederbrennt und die Felder der Großbauern stehen lässt. Soziale Differenzierung und Kämpfe um Anerkennung finden schließlich auch unter den Marihuanapflanzern statt. Wer weiß schon, was in den indianischen Gemeinden passiert, in denen es als normal gilt, wenn Leute mit vierzig oder zweiundvierzig Jahren sterben.

Die bewaffneten Männer, die in der Ranch leben, reden den Raramuris ein, dass sie da wären, um sie zu schützen. Aber sie lassen sich den Schutz bezahlen, sogar von den Ärmsten. Als ich die Frauen im Dorf frage, welcher der Drogenbanden die Männer oben in der Ranch angehören, sehen sie mich nur ratlos an und zucken mit den Schultern. »Das wissen wir nicht.« Wahrscheinlich wollen sie darüber nicht reden, denke ich, und frage nicht weiter. Aber dann fasst eine der Frauen Mut und fragt ihrerseits mich, welche Gruppen es denn überhaupt gäbe? Es dauert einen Moment, bis ich begreife, dass sie wirklich nicht wissen, wer die Männer mit den Waffen sind, die sich bei ihnen im Dorf eingenistet haben. Aber woher sollten sie auch die Unterschiede zwischen der Gente Nueva, dem bewaffneten Arm von Joaquin Guzmans Kartell in Chihuahua, und La Linea, dem bewaffneten Arm des Juarez-Kartells kennen? Vorgestellt haben sie sich nicht. Um Erlaubnis gefragt, ob sie im Dorf bleiben dürfen, auch nicht. Und selbst jetzt, wo ein Narco-Stützpunkt im Dorf existiert und der Drogentransitweg durch ihr Dorf führt, scheinen die Bewohner von Cusarere nicht wirklich darüber informiert zu sein, worum es in dem Konflikt zwischen den bewaffneten Gruppen überhaupt geht.

Sie laufen Gefahr, zwischen die Fronten zu geraten und als Opfer eines Drogenkriegs zu enden, an dem sie gar nicht beteiligt waren. Es ist kein Konflikt, der mit ihrer Welt zu tun hat. Es ist ein Konflikt, der sich ihrer Welt bemächtigt hat. Die Raramuris werden seit Jahrhunderten in Konflikte hineingezogen, die nichts mit ihnen zu tun haben und in denen sie stets die Verlierer sind. Einmal haben sie rebelliert. Im 17. Jahrhundert, als die Missionierungsversuche der Jesuiten immer brutaler wurden und die traditionellen Caciques der Raramuris durch kirchliche Autoritäten ersetzt wurden. Nach den missglückten Aufstandsversuchen haben sie sich in die schwer zugänglichen Regionen der Kupfercanyons zurückgezogen oder resigniert.

Das Gefühl der Resignation ist viel älter als der Drogenkrieg und hat sich so fest in ihnen eingegraben, dass sie nach einer Geschichte ständiger Ausbeutung und Rückzüge inzwischen schon dankbar dafür sind, wenn man sie einfach nur in Ruhe lässt.

Doch im jüngsten Kapitel der Geschichte, in dem nach der Landeroberung durch Spanier, Missionare, weiße Bauern, Minenbesitzer, Holzfirmen und Tourismusunternehmen nun die Invasion durch Drogenkartelle und Soldaten erfolgt, lebt in dem Gefühl der Resignation plötzlich die Angst auf, für Fehler umgebracht zu werden, die man unwissentlich begeht, da sie als Bewohner indianischer Gemeinschaften von den delikaten Gewichtsverschiebungen im Autoritätsgefüge der weißen Gemeinden in der Regel nichts erfahren.

Catalina ist bald fünfzig und hat vor einem Jahr ihren Enkelsohn adoptiert. Ihre Tochter, die Mutter des Kindes, lebt mit einem neuen Mann in Cuauhtemoc. Der Kleine ist inzwischen zwei Jahre alt. Ihr zweitjüngster Sohn ist vierzehn. Er nimmt keine Drogen, sagt Catalina. Man hört aus ihrer Stimme die Erleichterung heraus. Denn das Dorf hat ein großes Problem. Von den zirka tausendfünfhundert Personen, die in Cusarere leben, sind rund zwanzig Prozent drogenabhängig. Die Situation wird immer schlimmer. Bereits fünf oder sechs Jahre alte Kinder schnüffeln Benzin und Lösungsmittel. Später rauchen sie Marihuana und dann spritzen sie Heroin. Meist sind ganze Familien süchtig. Es ist in Cusarere nicht schwer, mit Drogen in Kontakt zu kommen, seit die Schmuggelroute durch das Dorf führt.

Ein paar Jugendliche haben sich den Männern oben in der Ranch angeschlossen. Vermutlich wissen sie nicht einmal, für wen sie arbeiten. Wenn sie ins Dorf kommen, tragen sie Waffen und bringen Drogen mit.

Auch in Creel werden die Kinder der Raramuris von Kriminellen für allerlei Kleindiebstähle missbraucht. Für einen schnellen Griff durch das offene Autofenster oder in die Taschen von Touristen werden sie mit ein paar Pesos entlohnt oder gleich in Marihuana ausbezahlt.

Ich sitze mit Pfarrer Javier Avila im ersten Stock des kleinen Cafés gleich neben seinem Büro. An den Wänden hängen Aufnahmen von der Sierra Tarahumara und den jährlich stattfindenden Sportveranstaltungen; den internationalen Ultramarathons, Radrennen und Pferdetouren durch die Canyons. Die Speisekarte ist zweisprachig. Spanisch und englisch. Es gibt aromatisierten Capuccino und eine große Auswahl an Pizzas. Creel lebt vom Tourismus. Auf dem Platz vor der Kirche warten die Fahrer mit ihren Taxis auf Touristen, mit denen sie Tagesausflüge zur alten Silbermine am Grund der Schlucht machen. Auf den Stufen der Kirche sitzen die Raramuri-Frauen mit ihren Waren. An der Straße, die parallel zur Eisenbahnschiene durch Creel führt, reihen sich Cafés, Restaurants und Pensionen. Es gibt einen Internet-Shop und ein paar Reiseagenturen, die Touren durch die Canyons anbieten. Die Autos fahren langsam und nehmen auf Fußgänger Rücksicht. Auf der Straße unterhalten sich ein paar Jugendliche lebhaft mit einem Freund, der es sich auf dem Rücken eines gesattelten Pferdes bequem gemacht hat und den

Straßenverkehr behindert. Aber niemand hupt. An der Rückwand eines Hauses hängt ein großes Werbeplakat mit lachenden Menschen: Chihuahua lebt.

Creel gibt sich an diesem sonnigen Wintermorgen alle Mühe, dem Slogan dieser Imagekampagne gerecht zu werden. Dass auch Creel zu einem Brennpunkt des Drogenkriegs geworden ist, ist dem freundlichen Stadtbild nirgends anzusehen.

Pfarrer Javier Avila versucht zu rekonstruieren, wie die Gegend um Creel schrittweise von den Drogenbanden unterwandert wurde. Erst von La Linea, dann von der Gente Nueva. Und wie der gewaltsame Konflikt zwischen den beiden Kartellen am 16. August 2008 in einem Massaker eskalierte.

Es fing vor ein paar Jahren mit Straßenkontrollen an. In Creel und Umgebung wurden plötzlich Autos angehalten und Fahrer sowie Insassen nach Name und Wohnort gefragt. Die Männer, die das alles von ihnen wissen wollten, trugen zwar Waffen, aber weder Polizeiuniformen, noch militärische Rangabzeichen. Als die Autofahrer um eine Erklärung baten, erhielten sie die Auskunft: »Wir sind La Linea«, und wurden aufgefordert, weiterzufahren.

Auf diese Weise erfuhr die Bevölkerung ziemlich unmissverständlich, dass La Linea die neue Autorität in der Gemeinde Bocoyna war, zu der Creel und Cusarere gehören. Wie sehr La Linea Fuss gefasst hat, zeigte sich an der Zahl der Polizisten, die den Dienst quittierten, als ihr Vorgesetzter starb, der gleichzeitig auch der örtliche Chef des bewaffneten Arms des Juarez-Kartells gewesen sein soll. Die Polizisten, die ihre Stelle kündigten, liefen direkt zu La Linea über.

La Linea hatte nur für kurze Zeit das Monopol über die Gemeinde Bocoyna. Das Kartell von Sinaloa war schon, bevor es mit Morden in der kartelleigenen Handschrift die Aufmerksamkeit auf sich lenkte, in Bocoyna präsent. So lebte in Cieneguita de Morales, einem Ort nahe Creel, ein Mann, von dem nach seinem Tod plötzlich alle zu schwärmen begangen. Er sei liebenswürdig, hilfsbereit und uneigennützig gewesen. Er hätte den Leuten Arbeit besorgt, auf seine Kosten die Schule renovieren lassen und Dorffeste finanziert. Wenn ein Nachbar dringend nach Cuauhtemoc oder Chihuahua fahren musste und keinen eigenen Wagen besaß, durfte er seinen benutzen. Als ihm zu Ohren gekommen war, dass eine Witwe im Dorf nicht das Schulgeld für ihre Kinder aufbringen konnte, hatte er die Schulpatenschaft übernommen. Er sei ein Nachbar wie aus dem Bilderbuch gewesen. Ein absolut zuverlässiger Compadre und ein Bürger, wie ihn sich jede Gemeinde wünschte. Dabei wussten die Leute nicht einmal, wie er seinen Lebensunterhalt verdient hatte. »El sembraba«, sagten sie lapidar. Er baute an. Was immer das war, alle profitierten davon. Das Einzige, was sie mit Sicherheit von ihm wussten, weil er nie ein Hehl daraus gemacht hat, war: Er mochte La Linea nicht. Und weil ihm alle ihre Loyalität unter Beweis stellen wollten, mochte schließlich im Ort niemand mehr La Linea. Alle taten so, als sei er schon immer da gewesen. Vielleicht war das so. Aber der Pfarrer konnte sich nicht erinnern, dass ihm sein Name früher schon zu Ohren gekommen war. Erst, als er tot war und sich zeigte, wer seine Freunde waren und woher das Geld floss, mit dem er seine Nachbarn im Ort manipulierte.

2008 wurde er umgebracht. Die Trauergäste kamen aus Sinaloa. Sie richteten ihm einen Trauerzug aus, der eines Königs würdig war. An der Spitze des Zuges fuhr der Pick-Up mit dem Sarg auf der offenen Ladefläche. Ihm folgte ein schwerer Geländewagen, mit einem Anhänger, der Platz für eine Musikband bot. Auf der Plattform des dritten Wagens stand der Sänger. Dahinter folgte die Schar treuer Freunde in kugelsicheren Westen. Der Sarg wurde in das Grab herabgelassen. Die Freunde des Verstorbenen kippten Whiskey auf seinen Sarg. Ein letztes Mal wurde dem Toten zu seinem Lebenswerk applaudiert.

»Nach dieser Beerdigung ging es los«, erinnert sich Javier Avila. Plötzlich beanspruchten zwei Kartelle die Kontrolle über den Platz. Der Teufelskreis der Gewalt drehte sich schneller und immer schneller. Aber während es im Alten Testament immerhin noch Aug um Aug, Zahn um Zahn ging, töteten beide Seiten, um den Gegner zu treffen, wahllos auch jene Menschen, deren Pech darin bestand, zur falschen Zeit am falschen Ort zu sein. Als sich La Linea an dem Mann rächen wollte, der angeblich den Tod ihres Kommandanten in der Gemeinde zu verantworten hatte, nahmen sie in Kauf, dass dafür zwölf Erwachsene und ein Baby massakriert wurden.

Von dieser Wunde hat sich Creel bis heute nicht erholt. Denn die wichtigsten Fragen blieben unbeantwortet. Bis heute hat die Politik keine Antwort auf die Frage gegeben, warum die Einwohner von Creel am 16. August 2008, als sich eine Wagenkolonne mit einer Gruppe schwer bewaffneter und vermummter Männer einem Platz voller Menschen nähert, dreizehn junge Leute niedermetzelt und anschließend unerkannt entkommt, von ihrer Polizei im Stich gelassen worden waren? Wieso ein Pfarrer der Einzige war, der zum Tatort geeilt ist und dort, inmitten des entsetzlichen Bildes des Grauens, das sich ihm bot, all jene Maßnahmen ergriffen hat, die eigentlich Aufgabe der Polizei gewesen wären? Warum niemand außer dem allseits beliebten Padre Pato – wie Javier Avila von seiner Gemeinde genannt wird – vor Ort war, der dazu in der Lage gewesen wäre? Wie es möglich sein konnte, dass Creel, dem vom Tourismusministerium der Titel eines »magischen Ortes« verliehen worden ist, über Stunden hinweg schutzlos der Barbarei ausgeliefert war?

Padre Javier Avila erzählt seine Version der Ereignisse vom 16. August 2008. Es ist die Chronologie eines angekündigten Massakers: »Der 16. August 2008 war ein Samstag. Im Ort wurde ein Pferderennen veranstaltet. Als das Rennen vorbei war, haben sich ein paar Leute noch bei der Bodega Profortarah verabredet. Der Platz vor der Bodega war immer ein beliebter Treffpunkt im Ort. Vor allem unter den Jüngeren. Auch an diesem Nachmittag hielt sich dort, als die Besucher des Pferderennens hinzukamen, schon eine Gruppe Schüler auf. Ich hielt einen Gottesdienst und war nervös. Während der Messe meinte ich, draußen Schüsse zu hören. Nach dem Gottesdienst bin ich gleich auf die Straße und erkundigte mich bei den Taxifahrern, ob etwas passiert sei. Da machte schon das Gerücht die Runde, dass es zwei Tote gegeben hätte. Zunächst war nur von zwei Toten die Rede. Ich ging zur Santa Teresita-Klinik hinüber und fragte dort nach, ob Verletzte eingeliefert worden sind. Aber zu dem Zeitpunkt war noch niemand eingeliefert worden. Dann erzählte mir jemand, dass im Ort eine Wagenkolonne mit schwer bewaffneten Männern gesichtet worden sei. Sie seien in die Straße zur Bodega Profortarah abgebogen und dann über den Platz auf die Bodega zugefahren. Die Sicarios hätten aus den Fahrzeugen heraus zu schießen angefangen. In diesem Moment kam jemand von der Klinik über den Platz gelaufen und fragte mich, ob ich schon wüsste, was passiert sei. Es hätte viel mehr Tote gegeben. Keine Verletzten, lauter Tote.

Ich lief zu meinem Wagen und fuhr los. Die Bodega liegt am anderen Ende der Ortschaft. Unterwegs dachte ich mir, dass ich wahrscheinlich gar nicht durchkäme. Ich rechnete damit, dass die Polizei die Straße weiträumig abgesperrt hätte und wunderte mich, dass mich niemand aufhielt.

Ich begegnete auf der gesamten Strecke keinem einzigen Polizeiwagen. Ich hörte keine Sirenen. Ich sah kein Blaulicht. Die Polizei war wie vom Erdboden verschluckt. Nicht einmal der Platz vor der Bodega war abgesperrt. Ich konnte meinen Wagen dort parken, wo gerade eben noch eine Autokarawane mit einem Killerkommando das Feuer eröffnet hatte.

Als ich vor der Bodega stand, sah ich das ganze Ausmaß der Katastrophe. Überall lagen tote Körper in riesigen Blutlachen. Körper mit Köpfen, die zu Brei geschossen worden waren, Bäuche, aus denen Gedärme quollen, Hälse, die offen lagen. Und dazwischen Angehörige, die erst kurz vor meinem Eintreffen erfahren haben, was mit ihren Kindern passiert ist und vor meinen Augen zusammenbrachen. Sie schrien. Manche von ihnen irrten noch auf dem Platz herum und suchten nach ihrem Kind. Es spielten sich entsetzliche Szenen ab.

Ich sah die misshandelten Körper der Jugendlichen. Den Schmerz in den Gesichtern der Mütter, die sich auf den Boden fallen ließen und ihre Köpfe in die Brust ihrer Kinder vergruben. Väter, die ihre toten Kinder fest umarmten und mit verzerrtem Gesicht lautlose Schreie ausstießen und sich fragten, warum das geschehen ist?

Ich suchte die Polizei und konnte nicht verstehen, dass niemand hier war, der die nötigen Massnahmen ergriffen hätte. Der die Eltern auf den Anblick der Kinder vorbereitet, die Toten mit Tüchern bedeckt und den Platz abgesperrt hätte. Ich wusste nicht, was ich tun sollte. Ich sah all die Körper und wusste nicht einmal, wie viele Tote auf dem Boden lagen. Also begann ich zu zählen. Ich zählte zwölf Tote und jemand sagte zu mir: ›Hier liegt noch jemand, Padre‹, und entfernte ein Stück Stoff. Darunter kam ein kleines Kind zum Vorschein, fast noch ein Baby, in den Armen seines Vaters, der es vor den Kugeln mit seinem Oberkörper zu schützen versucht hatte.

Ich hatte die jungen Leute, die in ihren Blutlachen auf dem Boden lagen, seit ihrer Geburt gekannt. Ich hatte das Baby getauft. Und überall die Stimmen: ›Hilf uns, Padre.‹

Ich wusste nicht, wo ich anfangen sollte. Vermutlich hatte noch niemand die Behörden informiert. Also habe die Nummer der Generalstaatsanwältin gewählt. Das war damals Patricia Gonzalez. Ich sagte ihr, was passiert ist und dass alle Polizisten wie vom Erdboden verschluckt seien. Patricia Gonzalez wollte mir nicht glauben.

Ich wiederholte es. Ich sagte: ›Patricia, hier ist niemand. Weder von der CIPOL noch von der Ministerialpolizei oder von der städtischen Polizei. Hier sind nur dreizehn Leichen, verzweifelte Angehörige und ein Pfarrer, der nicht weiß, was er tun soll.‹

Patricia beharrte darauf, dass Polizisten im Ort sein mussten.

›Wenn ich es dir doch sage, Patricia, die Polizei ist nicht da. Die Autos der CIPOL stehen im Ort. Die Polizisten sind verschwunden.‹

Patricia Gonzalez hörte mir zu, schwieg einen Moment und sagte dann: ›Pato, ich schicke Bundespolizisten aus Cuauhtemoc. Sie werden in zwei Stunden da sein. Aber es ist ganz wichtig, dass bis dahin alles so bleibt, wie es ist. Pato, bitte mach Fotos von den Toten. Und rührt die Toten nicht an. Ich schicke Spezialisten aus Cuauhtemoc. Sie werden in zwei Stunden da sein. Ich verspreche es!‹

Ich habe tief Luft geholt. Ganz tief Luft! Und dann habe ich als erstes die Leute beruhigt. Ich habe mit ihnen gesprochen und ihnen erklärt, wie wichtig es sei, noch einmal die Körper ihrer Angehörigen aufzudecken, um sie fotografieren zu können. Und was soll ich sagen? Die Disziplin der Leute war beeindruckend. Sie haben ihre Angehörigen noch einmal für mich aufgedeckt und es mir ermöglicht, von jedem ein Foto zu machen. Sie baten die Schaulustigen zurückzugehen und den Padre nicht zu stören, der Fotos vom Tatort machen muss. Alle spürten, dass es darum ging, die Würde ihrer toten Kinder zu schützen.

Nachdem wir die Fotos gemacht hatten, kam Bewegung in die Gruppe. Ich fragte die Angehörigen, was sie vorhatten und sie antworteten mir, dass sie ihre Toten mit nach Hause nehmen würden. Sie wollten sie waschen und ihnen Totenkleidung anziehen. Mir wurde heiß. Ich konnte ihnen doch nicht etwas verbieten, was nur allzu menschlich war. Und trotzdem musste ich mich wie ein Polizist verhalten und an ihre Vernunft appellieren und ihnen erklären, dass es für die Aufklärung des Verbrechens an ihren Angehörigen unerlässlich sei, alle Körper so liegen zu lassen, wie sie aufgefunden wurden.

›Padre‹, fragte mich jemand. ›Wird sie die Polizei mit nach Cuauhtemoc nehmen?‹ Ich spürte die Blicke. Ich versprach allen, dass niemand die Körper ihrer toten Kinder mitnehmen würde.

Plötzlich kursierte das Gerücht, die Killer kämen nach Creel zurück. Sie seien im Nachbarort gesehen worden. ›Padre, Sie müssen von hier verschwinden‹, sagten die Leute. ›Ihr Leben ist in Gefahr. Man wird Sie umbringen.‹

Aber ich konnte doch nicht von meinem Platz weg. Dann hätten alle gehen müssen. Denn wer am Tatort blieb, setzte sich der gleichen Gefahr aus. Aber hätten wir die Toten in der Dunkelheit – inzwischen war es dunkel geworden – liegen lassen sollen?

Ich rief noch einmal Patricia Gonzalez an und sagte ihr, was ich gehört hatte. Die Killer kommen zurück. Sie versicherte mir, dass die Polizisten jeden Moment bei uns eintreffen müssten. Also beschlossen wir, die Warnung zu ignorieren und am Tatort zu bleiben.

Kurze Zeit später trafen tatsächlich die Bundespolizisten ein, und es stellte sich heraus, dass ihre Wagen in der Dunkelheit irrtümlich für die der Sicarios gehalten worden waren.

Am Ende bereiteten die Polizisten alles für die Überführung der Leichen nach Cuauhtemoc vor. Und wieder telefonierte ich mit der Staatsanwältin.

›Warum werden die Leichen nicht hier untersucht?‹

›Die Forensiker sind in Cuauhtemoc.‹

›Dann müssen sie hierherkommen.‹

›Pato, sie haben in Creel doch gar nicht die Ausrüstung...‹

›Patricia, stell dir das doch nur einmal vor: Eine Wagenkolonne mit dreizehn Leichen und dahinter eine Karawane Autos mit Familienangehörigen der Toten, die zwei Stunden durch die Nacht fahren. Und irgendwo da draußen sind immer noch die Mörder. Das ist Selbstmord. Willst du die Verantwortung dafür übernehmen?‹

Die Leichen blieben in Creel und wurden hier untersucht.

Als schon alles vorbei war, als das Einsatzkommando seine Arbeit abgeschlossen hatte und dabei war, den Tatort zu räumen, tauchte plötzlich die städtische Polizei auf und fing an, das Areal abzusichern. Ich schäumte vor Wut und fragte, ob sie sich nicht schämen würden, jetzt hier aufzutauchen und so zu tun, als würden sie einen Beitrag leisten, ein Verbrechen aufzuklären, das möglicherweise durch ihr Verschwinden überhaupt erst geschehen konnte. Die Polizisten antworteten mir, dass ich nicht derjenige sei, von dem sie sich sagen ließen, was sie zu tun und zu lassen hätten.

Ja, antwortete ich, dass sei hier allen klar geworden, von wem sie Befehle entgegen nehmen würden.

Später haben die Polizisten ausgesagt, sie hätten Angst gehabt, umgebracht zu werden, wenn sie am Tatort auftauchten. Aber wozu brauchen wir eine Polizei, wenn sie nicht in der Lage ist, mit Situationen umzugehen, für die sie ausgebildet worden ist?«

Den Sonntagsgottesdienst am nächsten Tag ließ der Pfarrer ausfallen. Er wollte nicht zur Tagesordnung übergehen, wo es so viele Toten zu betrauern gab. Stattdessen hielt er eine Totenmesse für die Angehörigen der Opfer.

Am Montag wurden zwölf Särge in der Kirche aufgestellt und einer nach dem anderen zum Friedhof gefahren. In einem Sarg lagen der Vater und sein einjähriges Kind. Arm in Arm.

Die Autopsie hatte ergeben, dass die Kugel, die den Schädel des Vaters durchbohrte, auch sein Kind tödlich getroffen hat.

Der staubige Platz vor der Bodega, auf dem das Massaker stattfand, ist inzwischen mit Steinplatten verlegt worden. Auf der unverputzten Wand der alten Bodega hatten nach dem Massaker in roter Farbe die Namen der dreizehn Opfer gestanden: Alberto, Rene, Felipe, Kristian, Carlos, Danny, Tito, Fredy, Edgar, Edgar Jr., Fredy, Alejandro, Javier.

Die Bodega existiert nicht mehr. Die Wand, auf der die Namen standen, ist jetzt Teil der Mauer, die den Platz umgibt. Sie wurde weiß verputzt. In der Mitte des Platzes steht die Statue einer Mutter mit zwei Kindern. Sie hält eine Taube in der Hand. Die Sätze der Gedenktafel kreisen um Liebe, Gerechtigkeit und Frieden. Es gibt keinen eindeutigen Hinweis darauf, dass dieser Platz am 16. August 2008 Schauplatz eines Massakers wurde.

Während ich mir den Platz vor der ehemaligen Bodega Profortarah ansehe, poliert auf der anderen Straßenseite ein junger Mann hingebungsvoll seinen Ford auf Hochglanz. Alle Autotüren stehen offen. Die Stereoanlage läuft auf voller Lautstärke. Der Narcocorrido, der zu hören ist, handelt von den Kreuzzügen des Kartells von Sinaloa.

Auf diese Weise erfahre ich, dass es heute nicht mehr La Linea ist, die in Creel und Umgebung das Sagen hat, sondern die Gente Nueva von Joaquin Guzman, nachdem sie eineinhalb Jahre nach dem August-Massaker im März 2010 zum Gegenschlag ausgeholt hat.

In den Narcocorridos als Männer aus Stahl besungen, agieren die sogenannten Soldaten des Kartells von Sinaloa in Wirklichkeit wie ein marodierender Söldnerhaufen. Öffentliche Sicherheitskameras haben gefilmt, was zwischen 5.30 Uhr und 6.30 Uhr am Morgen des 15. März passiert ist. Das Material wurde mexikanischen Fernsehsendern zugespielt:

Noch einmal Creel. Ein Autokonvoi fährt durch den Ort. Die Zufahrtsstraße wird blockiert. Bewaffnete Männer bewachen die Straße. Einige Gesichter sind gut zu erkennen. Die Kamera zoomt auf einen Mann, der auf dem Beifahrersitz eines grauen Lincoln sitzt. Er reicht eine Tüte weißes Pulver durch das Fenster und bedient sich anschließend selbst daraus. Killer-Doping.

Männer laufen über ein Feld zu einem Haus und schießen durch Fenster und Haustür. Man sieht das Mündungsfeuer. Auf der Straße wird ein Auto aufgehalten. Der Fahrer muss aussteigen und vor seinem Auto niederknien. Er wird mit den Füssen getreten und mit dem Gewehrkolben geschlagen, darf dann aber weiterfahren.

Vier Sicherheitskameras der CIPOL, einer Spezialeinheit der Polizei, filmen das Geschehen. Ein anonymer Operator spielt Regisseur, zoomt Gesichter heran und wechselt die Perspektiven. Aber vor der Kamera schreitet niemand ein. Achtundfünfzig Minuten lang befindet sich Creel wieder einmal in Geiselhaft.

Die Killer haben einen Mann gesucht, der dem Anführer des Massakers vom 16. August 2008 bei sich Unterschlupf gewährt haben soll. Den Mann haben sie an diesem Tag nicht angetroffen. Trotzdem beläuft sich die Bilanz dieser Stunde auf acht Tote. Darunter auch die achtzehnjährige Hausangestellte, die sich in dem Haus aufhielt, das die Siacrios vor laufender Kamera stürmten.

Wo waren die öffentlichen Sicherheitskräfte dieses Mal?

Zur Information: Es gibt in Mexiko drei unterschiedliche Polizeieinheiten: Die städtische Polizei, die Ministerialpolizei auf Länderebene und die Bundespolizei. Diese drei Polizeibehörden sollen zu einer Einheitspolizei vereinigt werden, was einer Stärkung der Exekutive auf Bundesebene und einer Schwächung der exekutiven Organe auf föderaler Länderebene bedeuten würde. Chihuahua hat deshalb auf Länderebene eine weitere Polizeibehörde ins Leben gerufen: die CIPOL. Die Investigations-, Präventions-, Organisations- und Logistikeinheit zum besseren Schutz der Bürger. Eine Art Spezialeinheit. Dass es nun de facto in Chihuahua vier

Die Angehörigen der Massakeropfer von Creel protestieren mit einer symbolischen Särgeverbrennung gegen die schleppenden Ermittlungsarbeiten.

Polizeibehörden gibt, trägt nicht automatisch zur größeren Sicherheit der Bürger und zur rascheren Aufklärung von Verbrechen bei, sondern nur zu noch mehr Verwirrung in Zuständigkeitsfragen.

Für den Morgen des 15. März ergab eine Befragung durch die Generalstaatsanwaltschaft, dass sich von fünfzig städtischen Polizisten, die für die gesamte Gemeinde zuständig sind, zur Tatzeit zehn in Creel aufgehalten haben, während die übrigen vierzig außerhalb Creels unterwegs waren. Von siebenundzwanzig CIPOL-Agenten hielten sich sieben im Ort auf. Siebzehn Polizisten taten ihren Dienst, als die hundertköpfige Meute in Creel einfiel. Spezialeinheiten der Bundespolizei für die Bekämpfung des organisierten Verbrechens waren gar nicht vor Ort.

Die Leute in Creel schweigen zu den Vorkommnissen. Dies sei eine Sache unter Narcos gewesen.

Zwei Jahre vorher hatte sich die Gemeinde noch mit den Angehörigen der Ermordeten solidarisiert und zog mit ihnen in einem Schweigemarsch durch die Straßen. Aber schon ein halbes Jahr später wurden erste Stimmen laut, die verlangten, dass man allmählich Gras über die Sache wachsen lassen sollte, um nicht die Touristen zu vergraulen. Im März findet jedes Jahr ein internationales Radrennen durch die Kupfercanyons statt. Die Strecke führt auch durch Creel. Die Geschäftsleute im Ort fürchten um ihre Einnahmen am umsatzreichsten Tag des Jahres, sollte das Rennen durch Proteste gestört werden.

Die Angehörigen der Toten fühlen sich alleine gelassen. Ihr Protest zwei Jahre nach dem Massaker, bei dem symbolisch weiße Särge verbrannt wurden, fand fast unter Ausschluss der Öffentlichkeit statt. Nur betroffene Familien nahmen teil. Sie können die Geduld kaum mehr aufbringen, welche die zähen, trägen, schleppenden und ergebnislosen Ermittlungen ihnen abverlangen. In ihrer Verzweiflung gehen sie dazu über, auf eigene Faust zu ermitteln. In Creel patrouillieren einige Eltern, die ihre Kinder bei dem Massaker verloren haben, nachts auf den Straßen außerhalb der Ortschaft und schreiben Protokolle über die nächtlichen Aktivitäten der Narcos. Sie riskieren ihr Leben.

Aber auch die Regierung lässt sie spüren, dass ihr das Image der Region wichtiger ist, als die Aufklärung der Verbrechen. Überall strahlen Gesichter von den Plakaten: Chihuahua lebt!

»Die Menschen leben inmitten eines riesigen Friedhofs unaufgeklärter Morde, und die Regierung behauptet: Chihuahua lebt«, empört sich Javier Avila über eine Politik, die bereit ist, die Wahrheit dem politischen Nutzen einer angeblichen Normalität zu opfern.

Als ich ihn das letzte Mal in seinem Büro aufsuche, um mich von ihm zu verabschieden, greift er noch einmal den Regierungsslogan auf. »Chihuahua lebt ...«, sagt er bitter und fügt hinzu: »... in einem Zustand der Straflosigkeit, der Rechtlosigkeit, der Komplizenschaft und der Sehnsucht nach Frieden, Aufklärung und Wahrheit.«

Bis heute sind die Beteiligten am Massaker vom 16. August 2008 nicht gefasst.

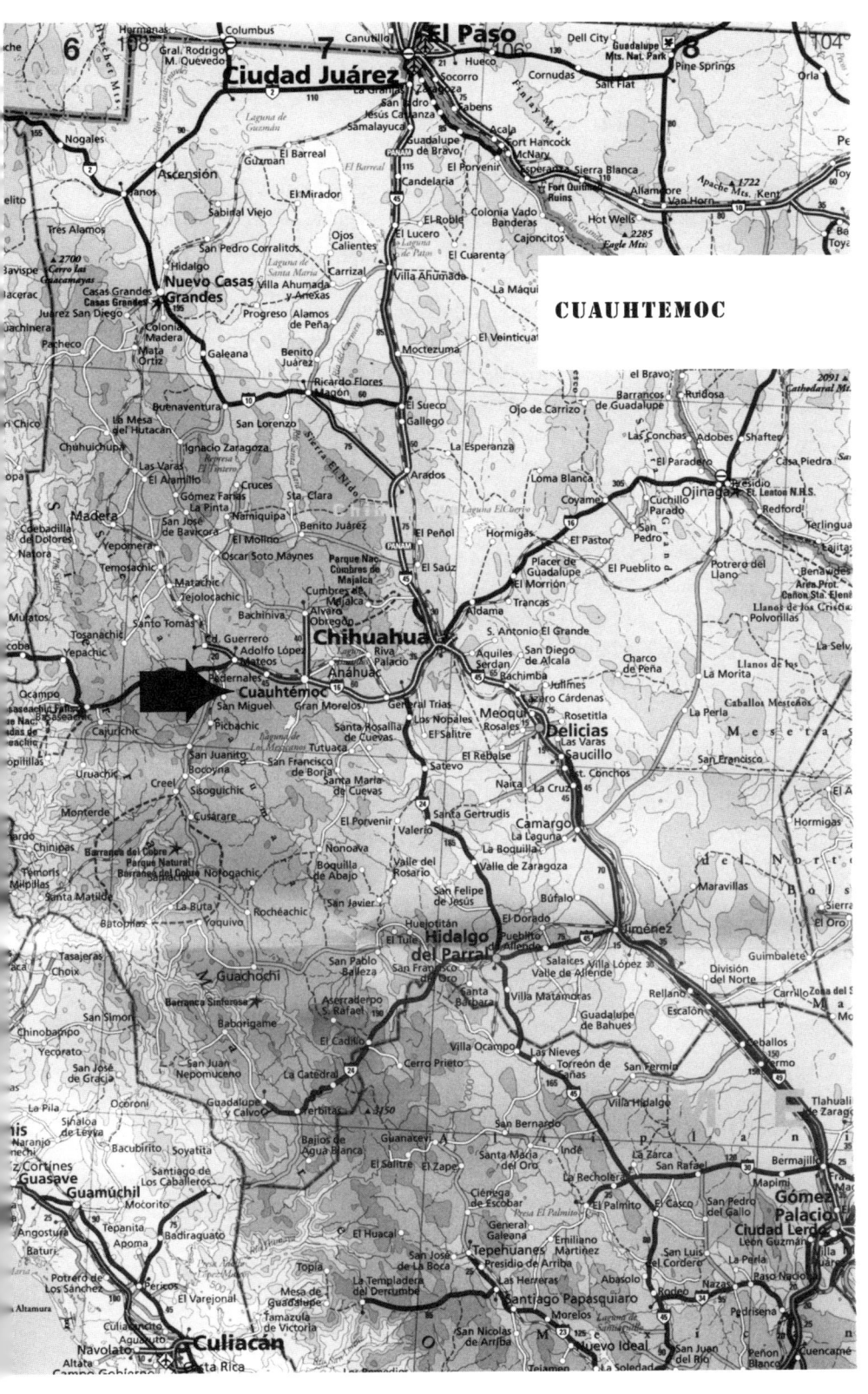

MANITOBA

Überlebensgroß blickt der indianische Held und Widerstandskämpfer Cuauhtemoc von seinem Sockel aus über die Stadt, die seinen Namen trägt und sich mit einem Denkmal zu Ehren des letzten Aztekenherrschers vor einer Vergangenheit verbeugt, an die sich Reminiszenzen ansonsten nur noch auf den überdimensional großen Reklametafeln für Tecate-Bier und ein Tarahumara-Zahnlabor finden lassen.

Die Straßen im Zentrum der Stadt sehen wie Westernkulissen aus, mit breiten Einbahnstraßen, Frisörsalons in der Größe von Billardsaloons und Boutiquen mit Fassaden im Rodeo-Stil. Die Männer tragen Stetsons, Cowboystiefel und Rodeohemden, und in den Schaufensterauslagen sieht man noch mehr Stetsons, Cowboystiefel und Rodeohemden. Äußerst aufwändig bestickte Stiefel. Äußerst bunte Hemden, die an die Farbenpracht von Hähnen und Pfauen erinnern. Und blinkende Versace-Gürtel. Es ist eine Cowboy- und Ranchero-Mode im Las Vegas-Stil. Mit viel Glitzer. In Farben, die mit der kargen Landschaft der Sierra kontrastieren und mit dem tiefen Blau des Himmels korrespondieren.

Cuauhtemoc ist das Einkaufsparadies der Sierra. Und ihr Waschsalon.

In den Boutiquen ist die Kleidung in Dollar ausgezeichnet, obwohl der Dollar-Zahlungsverkehr offiziell verboten ist. Aber der Kunde ist König, besonders hier, wo er bei einem Einkauf schon einmal ein paar tausend Dollar springen lässt. Geld, das ansonsten zu Hause in Schränken gehortet wird, weil die Erklärungsnöte groß wären, wollte man all die schönen Dollarbündel auf ein Bankkonto einzahlen.

Auf dem Rathausplatz gibt es notfalls noch die Devisenverkäufer mit ihren ambulanten Wechselstuben im Hosentaschenformat. Ziemlich frech stehen sie direkt vor dem Eingang von Bancomer, der Bank neben dem Rathaus. Ziemlich schnell kriegen sie weiche Knie, sobald die Patrouillenwagen der Bundespolizei vor der Bank halten. In Sekunden leert sich der Platz. Zum großen Vergnügen der Polizisten, die sich einen Spaß daraus machen, die illegalen Devisenhändler aufzuscheuchen, wenn sie am Monatsanfang bei der Bank vorfahren, um sich ihre Gehaltsschecks auszahlen zu lassen.

Cuauhtemoc ist eine Stadt mit einem traditionell starken Unternehmertum: Hotelbesitzer, Boutiquenbesitzer, Agrarhändler, Fabrikbesitzer,

Cuauhtemocs Straßen gleichen einer Westernkulisse.
Läden im Rodeostil. Männer mit Stetsons und Cowboystiefeln.

Lebensmittelhändler, Grossisten. Sie fürchten Schlagzeilen im Zusammenhang mit dem Drogenverkehr wie der Teufel das Weihwasser. Es ist schlecht für den Ruf ihrer Stadt. Aber auch Repräsentanten der illegalen Ökonomie, die in Cuauhtemoc ihr Geld anlegen, wollen keine Aufmerksamkeit auf die Stadt lenken, die zu den am schnellsten wachsenden Handelszentren Mexikos gehört.

Während die Gemeinden in der Nachbarschaft immer wieder in die Schlagzeilen geraten, schafft es Cuauhtemoc – achtzig Kilometer von Chihuahua entfernt – nach außen hin den Einruck einer vergleichsweise friedlichen und ruhigen Stadt zu vermitteln, ungeachtet der Tatsache, dass Cuauhtemoc in Chihuahuas Opferstatistik unter den Gemeinden mit der höchsten Mordrate auftaucht.

Aber möglicherweise trägt zum friedlichen Bild von Cuauhtemoc auch die Mennonitengemeinde bei, deren verstreute Dörfer sich wie ein breites, schützendes Band in nord-südlicher Richtung um die Stadt legen und sie wie ein aus der Zeit gefallener Puffer vor einem allzu harten Zusammenprall mit der Gegenwart schützen.

Die Mennoniten sind 1922 aus Kanada nach Mexiko ausgewandert, wo ihnen neben der Religionsfreiheit ein Recht auf eigene Schulen in ihrer Sprache garantiert wurde, was ihnen die kanadische Regierung künftig verweigern wollte.

Achttausend Mennoniten haben sich auf der Hochebene bei Cuauhtemoc niedergelassen, damals noch eine kleine staubige Siedlung mit dem Namen San Antonio de los Arenales. Sie bauten hier die gleichen Häuser, in denen sie in Kanada gelebt hatten, und gaben ihren neuen Siedlungen auch die gleichen deutschen Namen, die bisher jede der Siedlungen getragen hat, die sie im Laufe ihrer Wanderschaft immer wieder nach altem Muster aufbauten. Ihrer neuen Heimat gaben sie den Namen der kanadischen Provinz, in der sie ein halbes Jahrhundert lang gelebt hatten: Manitoba.

Sie fingen wieder einmal von vorne an. Aber in dem Rhythmus aus Arbeit und Gebet, dem sie bereits seit vierhundert Jahren folgten, in einer Sprache, die immer die gleiche blieb, egal, wo sie lebten, und mit dem Gesetz der zehn Gebote, dem einzigen, dem sie bedingungslos gehorchten.

So trug die mennonitische Täuferbewegung im Schweiße ihres Angesichts, wie es die Bibel befahl, entscheidend dazu bei, dass sich die karge, unfruchtbare Hochebene um Cuauhtemoc in blühende Apfel-, Weizen-, Hafer-, Bohnen- und Maisfelder verwandelte.

Anders als die Amischen im nordamerikanischen Pennsylvania haben die mexikanischen Mennoniten die landwirtschaftlichen Techniken den Erfordernissen der Zeit angepasst und modernisiert.

Als sich nach Inkrafttreten des Freihandelsabkommens zwischen Kanada, den USA und Mexiko 1994 die Bedingungen im landwirtschaftlichen Sektor verschlechterten, begannen die Bauern zu Erntezeiten nach Kanada zu pendeln, um dort zu arbeiten. Andere nahmen Kredite auf, die eine mennonitische Genossenschaftsbank zu günstigen Konditionen an mennonitische Aktionäre vergab. Die Modernisierer in der Gemeinde nahmen die finanzielle Krise in der Landwirtschaft zum Anlass, landwirtschaftlich ausgerichtete Produktionsbetriebe wie Molkereien oder Käsereien sowie Handelsunternehmen zu gründen.

Auf dem Corredor Comercial, einem Handelskorridor, der durch Manitoba gen Norden führt, reihen sich heute auf dreißig Kilometer Länge Verkaufsflächen für landwirtschaftliche Maschinen, Mähdrescher, Traktoren und Silos. In ihren Produktionsbetrieben beschäftigen die Mennoniten inzwischen über tausend nicht-mennonitische Angestellte aus Cuauhtemoc. Damit sind sie zu einem wichtigen Arbeitgeber in der Region aufgestiegen.

Während die Mennonitengemeinde mit der Gegenwart wirtschaftlich Schritt hält, kapselt sie sich kulturell ab. Die Umgangssprache ist eine Art Plattdeutsch; in den Sonntagspredigten wird das Deutsch der Reformationszeit gesprochen. Hochdeutsch ist offiziell die Schulsprache, doch tatsächlich wird auch in Plattdeutsch unterrichtet, da in der Gemeinde kaum jemand Hochdeutsch beherrscht. Wenn die Kinder mit vierzehn Jahren die Schule verlassen, helfen die Mädchen ihren Müttern im Haushalt, während die Jungen mit den Vätern in der Landwirtschaft arbeiten.

Spanisch sprechen nur die Männer. Die Modernisierer unter ihnen fließend. Die Traditionalisten gebrochen. Die Frauen der Mennoniten verstehen auch neunzig Jahre nach der Ankunft in Mexiko kein Wort Spanisch. Sie kommen nie aus ihren Dörfern heraus. Viele von ihnen nicht einmal aus ihrem Haus. Die einzige Abwechslung, die ihnen ihr Leben im Gleichklang mit der Bibel bietet, ist der sonntägliche Kirchgang.

Aber auch mit dieser radikalen Abschottung lassen sich die aktuellen Probleme nicht mehr von der Gemeinde fernhalten. Manitoba bekommt wie das Umland die Gewalt des organisierten Verbrechens zu spüren. In den letzten Jahren häuften sich die Entführungen, Erpressungen und Morde auch bei ihnen. In Cuauhtemoc machen Gerüchte die Runde, dass Mennoniten in den Drogenhandel verwickelt wären. Ihr Ruf als einfallsreiche Mechaniker hätte sich bis zu den Drogenschmugglern herumgesprochen, die sich von ihnen die Autos präparieren ließen, mit denen sie die Drogen über die Grenze schmuggeln. Auch als Kuriere würden sie eingesetzt. Mit ihrer doppelten Staatsangehörigkeit kämen sie leichter über die Grenze als Mexikaner. Aus Angst vor möglichen Feindseligkeiten schweigen die Gemeindemitglieder zu solchen Gerüchten. Sie gelten als wohlhabend und spüren, dass sie sich neuerdings damit in den Augen der Mexikaner verdächtig machen.

Bisher wurden sie als Exoten bestaunt, die einen hervorragenden Käse produzieren und – allem irdischen Vergnügen entsagend – von morgens bis abends schuften. Seit dem Ausbruch des Drogenkriegs schleichen sich xenophobe Töne in die Gespräche über jene rätselhaften Nachbarn ein, über die man so gut wie gar nichts weiß. Es sei schon eigenartig, dass die

Mennoniten trotz der landesweiten Krise noch so gut von ihren Äpfeln leben könnten. Und woher sie eigentlich das Geld hätten, um sich die riesigen Fuhrparks anzuschaffen, die längs des Corredor Comercials ausgestellt werden?

Seit die Wellen der Gewalt über den Gemeinden bei Cuauhtemoc zusammenschlagen, beginnt man die Schuldigen bei jener religiösen Minderheit zu suchen, die seit langem der wirtschaftliche Motor der Region gewesen ist. Eine lokale Kongressabgeordnete der PAN, der christdemokratisch konservativen Partei der Nationalen Aktion, die mit Calderon den Präsidenten stellt, machte die Gemeinde öffentlich für einen Teil der Verbrechen in der Region verantwortlich und verwies auf die mennonitischen Opfer des organisierten Verbrechens, die sie als Beweis für ihre Behauptung missbrauchte, dass sie in Drogengeschäfte verwickelt gewesen seien.

Die Mennoniten, die als religiöse Minderheit jahrhundertelang Misstrauen und Anfeindungen erfahren haben, ziehen sich zurück und schweigen. Fremden gegenüber erwähnen sie ihre Probleme nicht. Für Manitobas Dorfsprecher hört ein Mennonit, der sich auf Drogengeschäfte einlässt, einfach auf, ein Mennonit zu sein.

»Spricht man in der Gemeinde über das Problem?«

»Die Gemeinde hat dieses Problem nicht. Es sind Einzelfälle.«

»Natürlich hat die Gemeinde das Problem. Manitoba liegt nicht auf exterritorialem Gebiet, sondern auf der Drogentransitstrecke«, sagt der Online-Journalist Hugo Reyes, der für seine Chihuahua-Tourismus-Seite Reportagen über die fremden Nachbarn schreibt. Über ihre Sitten und Gebräuche, über die Apfelernten in Manitoba, ein Rodeoturnier oder den beliebten Mennonitenkäse. Auf seine Berichte erhält er begeisterte Reaktionen, so, als schriebe er von unbekannten Völkern am anderen Ende der Welt und nicht über Dörfer, die zehn Minuten Autofahrt von Cuauhtemocs Zentrum entfernt liegen.

»Bei einer Razzia in einem Drogenlabor in der Sierra wurden Mennoniten gefasst. Sie haben die Technik geliefert. Aber niemand spricht darüber. Wahrscheinlich haben sie Angst, dass der Staat Vorfälle dieser Art zum Anlass nehmen könnte, ihre Rechte zu beschneiden.«

Wir besuchen gemeinsam Abraham Peters, der von Beruf Bauer und in seiner Freizeit Manitobas Touristenführer ist. Wir kennen die Haus-

Der Mennonit Abraham Peters ist Bauer,
aber sein großes Thema ist die Geschichte.

nummer nicht und fragen in der Straße, in der er wohnt, eine Nachbarin, die in einem schwarzen, langen Schürzenkleid vor einem der Häuser Wäsche aufhängt, nach Abraham Peters Hausnummer. Sie verschwindet ohne ein Wort im Haus. Als sie wieder auftaucht, ruft sie uns die Nummer zu und widmet sich wieder ihrer Wäsche.

Neuendorf heißt die Siedlung, durch die wir fahren. Andere Dörfer heißen Heinrich oder Schöntal. Heimelige Namen für völlig unromantische Orte. Es gibt keinen Dorfkern. Die Straßen sind planquadratisch angelegt. Blumen oder Zierbäume sucht man vergeblich. Statt Vorgärten nur leere Flächen vor schmucklosen Häusern. Wasser wird für die Bewässerung der Felder eingesetzt, nicht für die Pflege eines Rasens oder eines Blumenbeets. Die Häuser strahlen in ihrer Zweckmäßigkeit etwas vom Pioniergeist aus, der den Mennoniten in jeder Generation eigen gewesen ist. Ihr gesamter Hausrat würde auf einem Pferdewagen Platz haben, falls es, wie schon ein paar Mal in der Geschichte, wieder zu einem Aufbruch kommen sollte. Aus Deutschland sind sie nach Polen ausgewandert, dann nach Russland und weiter nach Kanada. Seit neunzig Jahren leben sie nun in Mexiko. Einige Familien sind wieder aufgebrochen, nach Bolivien, wo die Gemeinden angeblich ursprünglicher leben, noch nicht so verweltlicht wie in Mexiko.

Wir fahren an einer Schule vorbei. Es ist Pause und auf dem Schulhof spielen kleine Mädchen mit blonden Pferdeschwänzen in wadenlangen Blümchenkleidern vergnügt »Fischer, Fischer, wie tief ist das Wasser« und lassen sich kreischend einfangen, während die Gruppe Jungs nebenan einem Ball hinterher läuft. Zwei Amische-Lehrerinnen haben die Aufsicht im Pausenhof. Seit zwei Jahren besuchen regelmäßig Amische-Pädagoginnen aus Pennsylvania ihre Kollegen in Chihuahua und umgekehrt. Denn die Amischen haben, auch wenn sie äußerlich traditionsbewusster erscheinen und die moderne Technik ablehnen, ihre pädagogischen Konzepte stärker auf künftige Herausforderungen abgestimmt. Ihnen ist etwas gelungen, was Abraham Peters auch für Manitoba vorschwebt. Sie haben aus ihrer Lebensform eine Überlebensstrategie gemacht. Mit dem Tourismus als wichtiger Einnahmequelle.

Abraham Peters' Frau ist rundlich. Sie trägt eine dicke Hornbrille und hat die Haare zu einem Dutt hochgesteckt. Ihr Schürzenkleid ist aus grobem Stoff. Es geht bis zu den Waden und ist am Hals hochgeschlossen. Nicht auffallen sollen die Frauen. Nicht provozieren. Keine Aufmerksamkeit erregen. Weder zu kurz noch zu lang dürfen deshalb die Röcke sein. Aber unauffällig sind die Frauen in diesen Bauernkleidern aus den Dreißigerjahren nur innerhalb ihrer Siedlungen. In Cuauhtemoc und Chihuahua ziehen sie in ihrer Museumskleidung sofort alle Blicke auf sich.

Catarina Peters ist gerade dabei, einen Leiterwagen mit zwei vollen Milcheimern vor den Eingang auf die Straße zu schieben. Es ist kurz vor fünf Uhr. Um fünf wird die Milch abgeholt. Ihr Mann sei noch auf dem Feld, sagt sie. Ob wir Zeit hätten, einen Moment zu warten. Sie wechselt zwischen hochdeutsch und spanisch, was sie beides mit englischem Akzent spricht. Dann setzt sie sich in den Geländewagen und fährt zu ihrem Mann, um ihm zu sagen, dass Besuch da ist.

Als Traditionalist wird sich der siebzigjährige Abraham Peters später bezeichnen. Als einen Nachkommen jener ersten achttausend Mennoniten, die 1922 Kanada den Rücken gekehrt haben, um der Moderne zu entfliehen. Er hätte erst Ende der Achtzigerjahre sein erstes Auto gekauft. Für einen Traditionalisten hat er jedoch eine ausgesprochen progressive Frau, die fließend drei Sprachen spricht und Auto fährt.

Abraham Peters hat sich neben der Scheune ein kleines Büro eingerichtet. Hier sitzt er uns in seiner blauen Latzhose und dem gestreiften Hemd gegenüber. Vor sich auf dem Tisch ausgebreitet eine Karte von Manitoba. Hinter sich Hochglanzfotos mit Sehenswürdigkeiten von Chihuahua und daneben eine Tafel mit alten Fotos von Neuendorf. Momentan sind seine Dienste als Touristenführer nicht gefragt. Die Drogengewalt schreckt Besucher ab. Stattdessen suchen die jungen Leute aus dem Dorf verstärkt das Gespräch mit ihm, dem Älteren. Sie benötigen Hilfe. Sie sind gefährdet.

Abraham Peters sagt es ohne Umschweife. Er spielt nachdenklich mit seiner Brille. Die mennonitische Jugend hätte nicht das gleiche Problem wie die Jugend in den mexikanischen Gemeinden. Denn bei ihnen gäbe es Arbeit. Jeder, der will, könne arbeiten. Trotzdem gäbe es Probleme. Und daran wären sie, die Erwachsenen, schuld. Auch er.

Abraham Peters kratzt sich an der Stirn. »Wir bieten der Jugend nichts an. Die Woche besteht aus Arbeit. Sechs Tage hindurch von Sonnenauf- bis Sonnenuntergang ausschließlich Arbeit. Und am Sonntag? Wir können nicht erwarten, dass sich die jungen Leute den ganzen Tag mit verschränkten Armen in eine Ecke setzen und nichts tun.«

»Sprechen Sie mit den Jugendlichen über die Zukunft?«

»Über die Zukunft weiß ich nichts. Also kann ich mit ihnen nicht über die Zukunft sprechen. Wir sprechen über die Gegenwart. Wir erleben eine Revolution. Alles ist dabei, sich zu ändern. Darauf muss man vorbereitet sein. Um sich schützen zu können. Das versuche ich den jungen Leuten zu erklären: Bereitet euch vor. Schützt euch. Lernt! Studiert! Lest Bücher, damit ihr in dem Moment, in dem es auf euch ankommt, moralisch vorbereitet seid. Sonst werdet ihr hinweggefegt. Es ist unser Fehler, dass die jungen Leute nicht auf die Herausforderungen vorbereitet sind. Wir haben nur an die Arbeit gedacht. Landarbeit ist ehrenhaft. Aber vierundzwanzig Stunden am Tag sind zu viel. Die Moral, das Religiöse bleibt auf der Strecke. Wir sind zu materiell geworden. Das ist nicht gut. Das Materielle wird zu wichtig. Damit fangen die Probleme an.«

»Auch die Drogenprobleme?«

»Einige junge Leute probieren Drogen aus. Aber aus Ignoranz, aus Gedankenlosigkeit. Sobald sie begreifen, dass die Gewalt, die nicht an den Gemeindegrenzen Halt macht, mit den Drogen zusammenhängt, bekommen sie Angst. Man muss es ihnen erklären.«

»Was passiert mit jemandem, der sich auf Drogengeschäfte einlässt?«

»Er gehört nicht mehr dazu. Niemand wird gezwungen, Mennonit zu sein. Die Taufe ist eine freie Entscheidung. Aber wer getauft ist, für den ist ein Leben nach der Religion bindend. Er hat eine moralische Pflicht, die Normen einzuhalten. Denn er hat eine Übereinkunft mit Gott und mit der Gemeinschaft geschlossen. Für einen Mennoniten gibt es ein moralische Grenze. Überschreitet er diese, gehört er nicht mehr dazu.«

»Wird er aus dem Dorf gejagt?«

»Er kann bleiben, aber er spielt keine Rolle mehr.«

»Spielen Personen, die sich einen Ehepartner außerhalb der Mennonitengemeinde suchen, auch keine Rolle mehr im Gemeinschaftsleben?«

Abraham Peters hat bis jetzt spanisch geredet. Nun wechselt er ins Platt: »Man sieht, sie sind gar nicht unglücklich. Aber sie sind auch nicht glücklich. Es sind zwei Kulturen, zu verschieden aufgewachsen. Wer in eine Kultur hereingeboren ist, kommt nicht mehr aus ihr heraus.«

Hugo Reyes hat das Gespräch aufgezeichnet und Fotos gemacht. Er will die kleine Geschichte über unseren Besuch bei den Mennoniten auf seine Seite ins Netz stellen. Er schreibt über Land und Leute und liefert kulturelle Appetithäppchen, Reisereportagen, Geschichtsausflüge. Unterhaltsames, Wissenswertes, Informatives. Er schreibt über alles. Nur nicht über die Drogenmafia.

Es gab eine Zeit, in der er auch über die Narcos geschrieben hat. Als er bei der Tageszeitung *El Diario de Cuauhtemoc* beschäftigt war. Vor einem Jahr hat er die Stelle gekündigt. Er war ausgebrannt. Völlig fertig. Er konnte einfach nicht mehr.

Der ehemalige Zeitungsjournalist versteht die Mennoniten gut. Auch er will nicht mehr über das Drogenthema reden: »Abraham Peters macht sich Vorwürfe, dass sie die junge Generation nicht besser auf die Herausforderungen vorbereitet haben. Aber wie soll sich eine pazifistische Religionsgemeinschaft, für die das fünfte Gebot ›Du sollst nicht töten‹ oberstes Gesetz ist, auf Eindringlinge vorbereiten, deren Geschäft das Morden ist? Darauf ist keiner von uns vorbereitet. Wir machen uns nur nicht bewusst, wie tief der Stachel schon sitzt, weil wir vom organisierten Verbrechen manipuliert werden.«

Als er bei der Tageszeitung arbeitete, war Hugo Reyes ständig an den Brennpunkten unterwegs und lieferte wie am Fließband Berichte über

Pater Javier Avila befestigt das Kreuz in Gedenken an die Massakeropfer
von Creel auf der Plaza Hidalgo vor dem Gouverneurspalast in Chihuahua.

den alltäglichen Terror. Bei dem Massaker in Creel traf er eine Stunde vor
der Polizei ein. Er führte noch am gleichen Abend das erste Interview mit
Padre Javier Avila.

An einem militärischen Kontrollposten bei Cuauhtemoc wurde er
Zeuge, wie Soldaten drei Autofahrer erschossen. Als die Schießerei los-
ging, zwangen ihn die Soldaten, sich mit dem Gesicht nach unten auf den
Boden zu legen. Er berichtete über Übergriffe des Militärs bei Hausdurch-
suchungen und landete im Haus eines Drogenhändlers. Immer häufiger
geriet er in Bedrängnis. Die einen drohten, ihn umzubringen, wenn ein
bestimmter Artikel in der Zeitung erschiene. Die anderen boten ihm
hohe Summen, damit er erschien.

Wie sollte er neutral sein? Als Journalist bezog er immer Position. Die
bloße Tatsache, dass er aus einem Vorfall eine Nachricht formulierte, war
für manche bereits eine Provokation.

Er konnte nachts nicht mehr schlafen. Er lag schweißgebadet im Bett und bildete sich ein, Geräusche im Haus zu hören. Stand ständig auf, um sich zu vergewissern, dass die Hautür verschlossen war. Sogar die Haare gingen ihm aus. Und als er anfing, morgens als erstes sein Auto zu inspizieren, um sicher zu sein, dass es nicht explodiert, wenn er nach dem Frühstück seine Tochter in die Schule fahren würde, beschloss er, die Stelle zu kündigen.Wenn sie es tatsächlich ernst meinten, wie sollte er seine Familie schützen?

Er hat den Schreibtisch bei *El Diario* gegen ein Blackberry eingetauscht und füttert sein kleines, mobiles Büro nun mit Reportagen abseits des Drogenkorridors. Fühlt er sich besser?

Er lacht hilflos. »Das Krebsgeschwür ist in einem viel fortgeschritteneren Stadium, als ich es in meinen Artikeln jemals hätte auch nur andeuten können. Weißt du, was mir einfach nicht in den Kopf will?« Er sucht nach Worten. »Dass die Leute noch im Moment ihrer größten Verzweiflung, wenn sie die blutverschmierten, grausam zugerichteten, toten Körper ihrer Angehörigen und Nachbarn sehen, wenn sie die mörderische Zerstörungswut des Narco am eigenen Leib zu spüren bekommen haben, seine Brutalität und Menschenverachtung, wenn ihnen mit letzter Gewissheit der gesellschaftsfeindliche Charakter des Drogenhändlers klar geworden sein muss, dass sie ihn selbst dann immer noch zu verstehen versuchen. Dass sie seine Logik übernehmen und ihn letztlich verteidigen: ›Wie konnte das passieren? Es hat doch bis jetzt nie Probleme gegeben. Vor zwei Jahren noch hat er das Abschlussfest finanziert. Wie ist es möglich, dass er sie jetzt alle umbringen lässt? Das war gar nicht er. Aber nein! Das waren seine Feinde. Die Leute von Chapo. Das sind keine Menschen, sondern Bestien.‹ Es gibt Leute, die von dem System, das der Narco installiert hat, bereits so sehr geprägt wurden, dass sie es nicht mehr in Frage stellen, sondern rechtfertigen.«

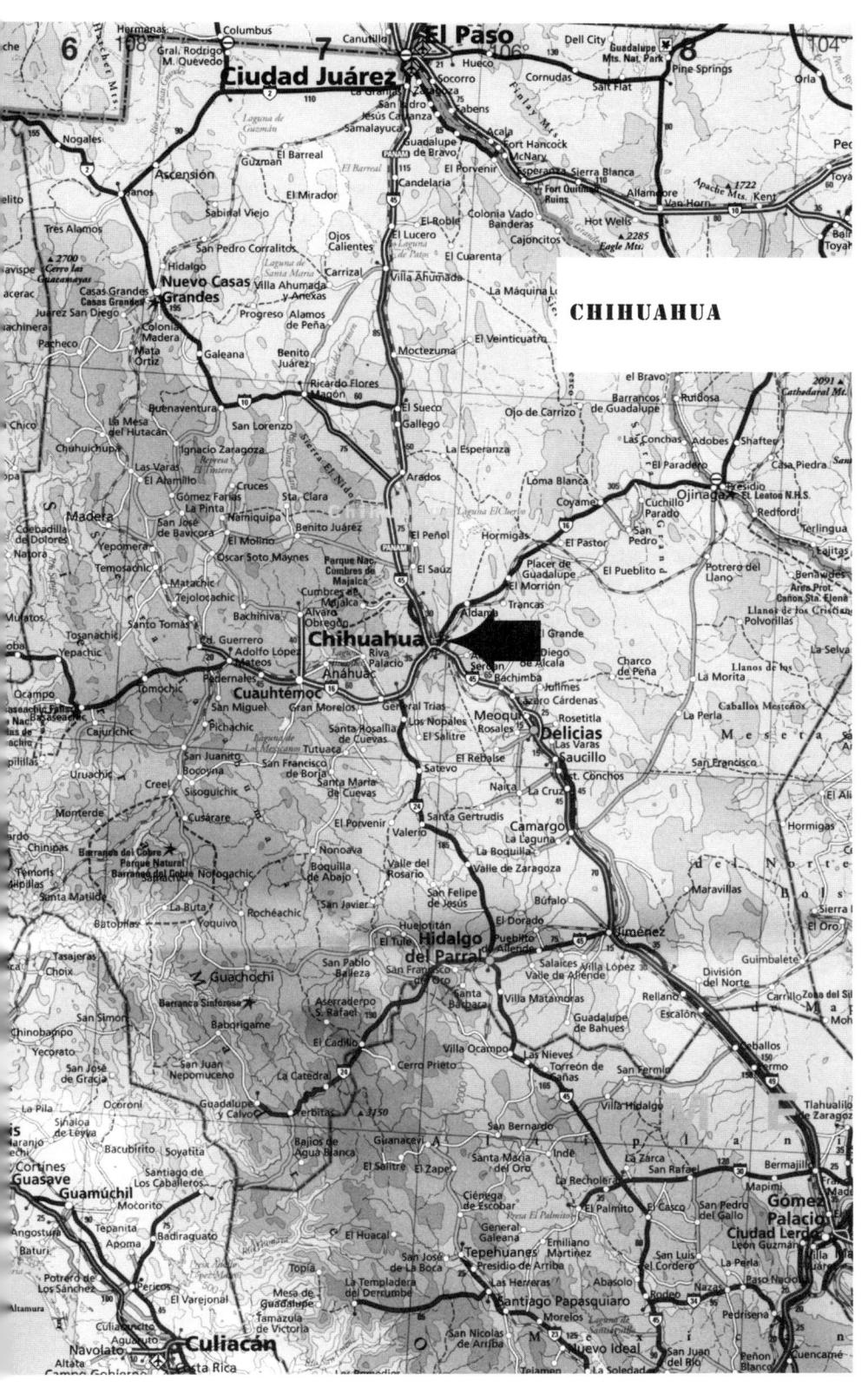

DER TOD UND DIE FRAUEN

Die tödliche Kugel traf Marisela Escobedo vor dem Eingangsportal des Regierungspalastes. Sie hatte noch zu entkommen versucht und es schon über die Straße geschafft. Aber ihr Mörder war dicht hinter ihr. Er streckte den Arm aus und schoss ihr in den Kopf. Anschließend entkam er unerkannt.

Wie Jagdbeute wurde Marisela Escobedo vor dem Gouverneurspalast von Chihuahua erlegt. Als vorerst jüngstes Opfer in einer Serie von Frauenmorden, die in den Achtzigerjahren auf den Baumwollfeldern von Ciudad Juarez begann und seitdem überall grassiert, wo Drogenbanden die öffentliche Sicherheit unterwandern.

Marisela Escobedo hat 2008 ihre Tochter verloren. Es gab keine Leiche. Keine polizeilichen Ermittlungen. Keine Gewissheit. Nur die Erkenntnis, dass die Aufklärung des Falls im Sande verlaufen würde, wenn sie sich auf die Behörden verließe. Marisela Escobedo begann selbst mit den Nachforschungen, die sie zu dem Freund ihrer Tochter führten, der an jenem Tag, an dem ihre Tochter verschwand, Ciudad Juarez fluchtartig verlassen hatte. Sie war es schließlich auch, die ihn nach einem Jahr ausfindig machte. Die Polizei nahm ihn fest, das Gericht sprach ihn frei.

Obwohl er ein Geständnis abgelegt und der Polizei den entscheidenden Hinweis gegeben hatte, wo die Leiche zu finden war, kamen die Richter zu dem Schluss, dass die Beweise nicht ausreichten. In zweiter Instanz wurde das Fehlurteil korrigiert und der Mörder zu fünfzig Jahren Haft verurteilt. Nur kam das Urteil zu spät, da der Täter den Freispruch genutzt und längst untergetaucht war.

Die Wut über unfähige Richter, die fehlende Empathie der Behörden, die Verbitterung, zu der sich die Trauer inzwischen verhärtet hatte, das Wissen um die Unfähigkeit, wieder an ein altes, früheres Leben anknüpfen zu können, solange der Mörder auf freiem Fuß ist. Und alles inmitten eines tobenden Bandenkrieges. Marisela Escobedo muss sich wie in einem dieser Albträume gefühlt haben, in denen man auf Leben und Tod ein bestimmtes Ziel erreichen muss, und man rennt und rennt, ohne von der Stelle zu kommen, während man panisch spürt, dass die Bedrohung immer näher rückt. Der Zwang, weiter machen zu müssen. Das Gefühl, dabei verrückt zu werden. Aber zu ahnen, dass alles umsonst war, wenn man jetzt aufhört. Dass man nie seinen Seelenfrieden finden würde, weil der davon abhängt, ob der Mörder gefasst wird oder nicht.

Marisela Escobedo schrieb für Hinweise, die zur Erfassung des Täters führen, eine Belohnung über zweihundertfünfzigtausend Pesos aus. Fast fünfzehntausend Euro. Eine Summe, die ihre Familie über Generationen belasten würde. Und sie bezog ihren Streikposten vor dem Regierungspalast in Chihuahua, den sie erst wieder räumen wollte, wenn der Mörder ihrer sechzehnjährigen Tochter Ruby hinter Schloss und Riegel saß.

Neun Tage und Nächte verbrachte sie nun schon auf der Plaza Hidalgo. Ihr Mörder wusste, wo sie zu finden war.

Zwei Klappstühle und ein Campingtisch mit Informationsmaterial. Dahinter ein Plakat ihrer Tochter. Marisela Escobedo hatte ihren Streikposten neben den beiden Kreuzen aufgebaut, die der störende Fleck im Auge des Gouverneurs sind, wenn er aus seinem Fenster blickt. Das kleinere Kreuz mit den dreizehn Namen erinnert an die Opfer des Massakers von Creel. Das große Kreuz daneben an die Frauenmorde im Bundesstaat Chihuahua.

»Nicht noch eine Tote«, steht auf dem Kreuz, an dem Nägel mit den Namen der Frauen hängen, die Jahr für Jahr in Chihuahua umgebracht werden. Bei vierhunderteinundvierzig Toten ist die Statistik für das Jahr 2010 am Abend des 16. Dezember angekommen.

Marisela Escobedo richtete sich auf eine weitere Nacht auf dem Platz ein und unterhielt sich mit einem Bekannten, der ihr Gesellschaft leistete. In den vergangenen Tagen hatte sie verschiedenen mexikanischen Fernsehsendern Interviews gegeben. Das ganze Land wusste, dass sie seit Monaten bedroht wurde. Die Öffentlichkeit machte sich Sorgen um die Sicherheit von Marisela Escobedo. Die Regierung nicht. Sie ließ zu, dass sie ohne Begleitschutz die Nächte auf der Plaza Hidalgo verbrachte. Sie stellte einer äußert gefährdeten Bürgerin, die vom Recht des zivilen Protests Gebrauch machte und ihr Leben als moralisches Pfand einsetzte, keinen Polizeischutz an die Seite.

Vermutlich verstand die Regierung diese Bürgerin gar nicht. Der Mörder ihrer Tochter war zu fünfzig Jahren Haft verurteilt worden. Die Polizei suchte nach dem Mann. Was wollte sie noch?

Das Missverständnis sei darauf zurückzuführen, dass es im Land zwei Wirklichkeiten gibt, sagen die Bürgerinitiativen, die sich mit der Wirklichkeit beschäftigen, in der die Mütter der ermordeten Mädchen leben, während ihrer Meinung nach die Regierung in einer Wirklichkeit der politischen Beschlüsse lebe, die auf einer Simulation von Rechtsstaatlichkeit beruhten. Denn das Funktionieren des Rechtsstaats sei eine Vorstellung, die zunehmend absurder werde, je weiter man sich aus den Fluren der Macht entferne. Die Wirklichkeit, mit der sich das mexikanische Volk herumzuschlagen hat, sei der Regierung in weiten Teilen entglitten, auch wenn sie auf ihrer Deutungshoheit beharrt.

Marisela Escobedos Leben schützte jedenfalls kein politischer Beschluss, als um zehn nach acht ein weißer Wagen vor ihrem Streikposten hielt, auf dessen Beifahrerseite ein junger Mann ausstieg, zielstrebig auf Marisela zuging und im Vorübergehen einen ersten Schuss auf sie abgab. Marisela lebte noch. Sie und ihr Begleiter sprangen von den Klappstühlen auf. Der Begleiter warf seine Jacke auf den Schützen und lenkte ihn damit kurz ab. Marisela nutzte seine kurze Verwirrung und rannte los. Zwischen den Autos hindurch über die Straße zum Eingangsportal des Regierungspalastes. Zwei Meter vor dem Portal wurde sie niedergeschossen.

Am Morgen nach dem Mord standen die ersten Kerzen an der Stelle, an der sie zusammengebrochen war. Noch am gleichen Abend brannte bereits ein Lichterkreis um den Gouverneurspalast. Passanten knieten nieder und beteten. Menschen, die sich in einer Kultur der Angst einen Schutzpanzer aus Misstrauen angelegt hatten, solidarisierten sich mit der Mutter, die jede von ihnen hätte sein können. Plötzlich bekam ihr Schutzpanzer Risse. Marisela Escobedos Tod berührte die Menschen in Mexiko. Das Opfer Nummer 442 des Jahres 2010 sprengte die Statistik. Jeder kannte die Geschichte der Frau aus Ciudad Juarez, die in die Hauptstadt des Bundesstaats Chihuahua gekommen war, um Druck auf die Politik auszuüben. Die Symbolik des Ortes, an dem sie ihren Mörder getroffen hat, die Eindeutigkeit der Fakten. Nur herzlose Politiker konnten dieser Mutter selbst die Schuld an ihrem Tod geben, weil sie sich bewusst einer Gefahr ausgesetzt hätte. Die Behörden hätten wissen müssen, dass man Marisela Escobedo zum Schweigen bringen würde. Es wäre ein Wunder gewesen, wenn es ihr gelungen wäre, an die Menschlichkeit der Täter zu rühren. Nein. Das hatte sie gar nicht versucht. Sie hatte an das Gewissen der Regierenden appelliert und die Arroganz der Macht zu spüren bekommen.

Mariselas Tod ist exemplarisch. Im Herzen Chihuahuas, im Schatten der Mauern des Regierungspalastes, die sie nicht zu schützen vermochten, zeigt ihr Tod ganz unverschleiert seinen Charakter: Er ist ein klassischer Feminizid. Ein Begriff, der seit den ersten Frauenmorden von Ciudad Juarez in den Sprachgebrauch der mexikanischen Menschenrechtsverteidiger eingegangen ist. Er bezeichnet die Tötung von Frauen durch Männer; eine Tötung, für die der Staat die Verantwortung trägt, weil er ein gesellschaftliches und politisches Klima zulässt, in dem die Gewalt an Frauen exzessive Formen annehmen kann.

Auf der Grundlage dieses Begriffs ist der Staat Mexiko vor dem Interamerikanischen Gerichtshof für Menschenrechte 2009 der Menschenrechtsverletzung in drei Fällen schuldig gesprochen worden. Damit sind die Frauenmorde im mexikanischen Drogenkrieg, wo Menschenrechtsverletzungen an der Zivilbevölkerung von der Regierung als Kollateralschäden des Krieges gegen die Drogenkartelle bezeichnet werden, ohne sie strafrechtlich zu verfolgen, das einzige Unrecht, für das die rechtlichen Voraussetzungen geschaffen wurden, den Staat zur Verantwortung zu ziehen.

Die Regierung hat reagiert. Sie hat Untersuchungen in Auftrag gegeben, die beweisen sollen, dass nur ein kleiner Prozentsatz aller Frauenmorde als Feminizid bezeichnet werden kann und die Mehrzahl der Frauen Opfer häuslicher Gewalt oder von Verbrechen aus Leidenschaft wurden. In den veröffentlichten Statistiken reichen die Klassifizierungen bis hin zu Morden, deren weibliche Opfer in Narco-Geschäfte verwickelt oder zu alt waren, um dem Profil des klassischen Frauenmordes von Ciudad Juarez zu entsprechen, das dem Urteil des Interamerikanischen Gerichtshofes zugrunde gelegen hat.

Norma Ledezma kennt diese Argumentationslogik. »Natürlich muss jeder Fall individuell betrachtet werden.« Die Leiterin der Organisation »Gerechtigkeit für unsere Töchter« verweist auf ihren Schrank voller Akten. »Jede Akte ist ein verschwundenes Mädchen. Jede Tote hat eine eigene Geschichte. Kein Fall gleicht dem anderen. Ein vierzehnjähriges Mädchen wurde als Hausmädchen angestellt und zur Prostitution gezwungen. Ein achtzehnjähriges Mädchen verschwand spurlos bei einer Polizeikontrolle, zusammen mit ihrem Freund, einem Elitesoldaten, der Korruptionsfälle bei der Polizei aufdecken sollte. Was in jedem einzelnen Fall passiert ist, das nachzuforschen, wäre eigentlich Aufgabe der Polizei. Würde sie wirklich ihrer Aufgabe nachgehen, wären »Gerechtigkeit für unsere Töchter« und all die anderen Organisationen, die sich um Aufklärung der Frauenmorde bemühen, überflüssig. Und ich hätte nie das Gefühl gehabt, es meiner Tochter schuldig zu sein, herauszufinden, was mit den anderen verschwundenen Mädchen passiert ist, deren Angehörige ich bei der Suche nach ihr kennengelernt habe.«

Am 2. März 2002 kam Norma Ledezmas Tochter Paloma von ihrem Computerkurs nicht nach Hause. Die Mutter begann noch am Abend mit der Suche und schaltete am nächsten Tag die Polizei ein, die, ohne nachzuforschen, wissen wollte, dass sich die Tochter bei einem Freund versteckte, von dem sie den Eltern nichts erzählt hat. Auch Tage später beharrten sie noch auf dieser Version. Statt nach der Tochter zu suchen, rückte die Familie in den Fokus der Ermittlungen: Wie das Verhältnis zwischen ihr und ihrem Mann gewesen sei? Ob ihr Mann überhaupt der leibliche Vater von Paloma war? Und wie sich Paloma mit ihrem jüngeren Bruder verstanden hätte? Daraus erstellten sie ein Familienprofil, in dem sie wie in einem Kaffeesatz lesen konnten, dass ihre Tochter von zu Hause davongelaufen war. Währenddessen verrann die Zeit.

Norma Ledezma verteilte Fotos ihrer Tochter in der Stadt. Sie suchte Kontakt zu anderen Familien, denen das Gleiche passiert war. Sie bat gemeinsam mit ihnen um einen Termin beim Gouverneur. Da waren schon mehr als drei Wochen vergangen, ohne dass die Polizei auf eine brauchbare Spur gestoßen wäre.

Sie erhielt den Termin beim Gouverneur und bestand darauf, von Lucha Castro begleitet zu werden, der Leiterin des Menschenrechtszentrums für Frauen, die sie erst zehn Minuten vorher im Flur des Regierungspalastes kennengelernt hatte. Lucha Castro sei ihre Anwältin, behauptete sie vor den Sicherheitsbeamten, die sie nicht durch die Absperrung des Flurs, in dem das Büro des Gouverneurs lag, hindurch lassen wollen. Denn Menschenrechtsaktivisten stören das lautlose Getriebe der Macht. Aber als Anwältin hatte Lucha Castro das Recht, ihre Mandantin zu begleiten. Also war sie bei dem Gespräch, das Norma Ledezma mit dem Gouverneur führte, dabei und wurde Zeugin davon, wie ihr versprochen wurde, dass man ihre Tochter finden und den Fall aufklären würde.

Schon am nächsten Tag erhielt Norma Ledezma den Anruf: Man hatte Palomas Leiche entdeckt. Auf einem Hügel neben der Ringstraße. Im

Gestrüpp. In der Nähe des Polizeipräsidiums. Eine Autopsie sollte Klarheit über die Stunden vor ihrem Tod bringen. Die Ergebnisse der Autopsie deckten Ungereimtheiten auf. An der Leiche ihrer Tochter deutete nichts darauf hin, dass sie drei Wochen im Freien gelegen hatte. Sie muss schon die ganze Zeit über, als die Mutter sich immer wieder vergeblich bei der Polizei nach dem Stand der Ermittlungen erkundigt hatte, im Kühlhaus der Gerichtsmedizin gelegen haben.

Die Polizei präsentierte einen Täter: Palomas ehemaligen Freund. Sie hatten sein zerknittertes, verschmutztes Foto bei der Leiche am Fundort gefunden. Doch das Foto entpuppte sich bald als ein von der Polizei selbst präpariertes Beweisstück. Die neue Freundin des jungen Mannes hatte es wenige Tage davor der Polizei überlassen. Es hieß, sie bräuchten es für die Akten. Nichts stimmte.

Warum spielt die Polizei nicht mit offenen Karten? Warum kooperiert sie nicht mit den Eltern der verschwundenen Töchter? Was soll verborgen werden? Warum werden falsche Täter präsentiert? Warum nicht nach den echten Mördern gefahndet?

Es sind in der Mehrheit Mädchen aus Arbeiterfamilien, die umgebracht werden. Arme Mädchen, die in den Wohnvierteln am Rande der Städte leben. Häufig in Vierteln, die nicht an das städtische Verkehrsnetz angebunden sind. Mädchen, deren Eltern nicht das Geld haben, sich Gerechtigkeit kaufen zu können. Mädchen also, bei denen die Polizei meint, sich Nachlässigkeiten erlauben und Vorurteile an Stelle einer ordentlichen Ermittlungsarbeit setzen zu können, weil doch so oder so immer das Gleiche dabei herauskäme: Dass sich diese Mädchen mit den falschen Leuten eingelassen haben.

Eine Einladung an Täter, sich risikofrei dieser Mädchen zu bedienen.

Es war in keinem der Fälle die Polizei, die die Ermittlungen vorangetrieben hat. Wo sich Erfolge einstellten, haben die Angehörigen der Ermordeten Druck gemacht und mit eigenen Ermittlungen begonnen. Eltern, Freunde der Familie und Angehörige, die nach dem Verlust der eigenen Töchter, Patenkinder oder Schülerinnen die Aufdeckung der Frauenmorde zu ihrem Lebensinhalt machten.

Auch Norma Ledezma ist nach dem Tod ihrer Tochter nicht mehr an ihren alten Arbeitsplatz in einer Fabrik zurückgekehrt. Sie hat die Organisation »Gerechtigkeit für unsere Töchter« gegründet, die mit Lucha

Castros Menschenrechtszentrum für Frauen zusammenarbeitet und im Moment über fünfzig Fälle betreut. Sie erhält Einblick in polizeiliche Akten, verfolgt Spuren, fährt in die Städte, in denen die Frauen zum letzten Mal gesehen wurden und trifft sich mit Zeugen, sofern es Zeugen gibt.

Norma Ledezma sieht müde aus. Von dem Mord an Paloma hat sich ihre Familie nie wieder erholt. Sie hat sich von ihrem Mann getrennt und lebt allein mit ihrem Sohn. Sie dachte, dass es ihr irgendwann wieder gelingen kann, ein normales Leben zu führen. Für ihren Sohn. Inzwischen ist dieser Sohn erwachsen. Ob sie es sich vorstellen könne, hat er sie kürzlich gefragt, eine richtige Großmutter für sein künftiges Kind zu sein? Eine Großmutter, die sich nicht ständig in Lebensgefahr begibt?

Wie mir Norma an ihrem Esstisch gegenüber sitzt, sieht sie nicht so aus, als glaube sie daran, dass es ihr gelingen könnte, als Großmutter ein Leben nachzuholen, das ihr als Mutter genommen wurde. Es ist kalt im Zimmer. Norma hat einen Mantel an. Sie wirkt wie zu Besuch in ihrer eigenen Wohnung. Draußen ist es, während wir uns unterhielten, dunkel geworden. Das schwache Deckenlicht wirft tiefe Schatten auf ihr Gesicht, aus dem die Anspannung nicht weicht. Da ist zum Beispiel diese Frau, verheiratet, zwei Kinder. Sie hat ihre Familie verlassen. Zumindest sah zunächst alles danach aus. Aber ihr Mann hat sich an Normas Organisation gewandt, weil er sich nicht vorstellen konnte, dass seine Frau freiwillig die Kinder zurückgelassen hätte.

Die Frau hatte sich mehrmals telefonisch bei ihm gemeldet, aber was sie gesagt hat, war so widersprüchlich, dass er nicht schlau daraus wurde. Einmal sagte sie, dass er nicht nach ihr suchen solle. Dann, dass sie die Kinder liebe, aber nie wieder nach Hause käme. Über diese Telefonate haben sie – Norma arbeitet inzwischen mit einem kleinen Team der CIPOL zusammen – schließlich den Aufenthaltsort der Frau ausfindig gemacht. Der örtliche Staatsanwalt wurde eingeschaltet. Im Beisein dieses Staatsanwalts kam es zu einem Treffen mit der Frau, die zunächst bei der Version blieb, sie sei aus freien Stücken von ihrer Familie weggegangen. Niemand hätte sie dazu gewzungen. Sie liebe ihren Mann nicht mehr. Man solle aufhören, nach ihr zu suchen. Erst als der Staatsanwalt für einen Moment das Zimmer verließ, rückte sie mit der Wahrheit heraus und sagte hastig, dass sie die Geliebte eines Narcos sei, der draußen im Wagen auf sie warte. Wenn er das Gefühl hätte, sie verrate ihn, dann hat er gedroht, ihre Kinder umzubringen. Der Staatsanwalt kenne den Mann. Sie hätten sich wie gute Bekannte begrüßt. Norma schob ihr eine Telefonnummer zu, unter der sie die Frau einige Tage später tatsächlich anrief. Der Mann, der sie gefangen hielt, sei gerade eben im Zusammenhang mit einem anderen Delikt verhaftet worden und würde die nächsten, gesetzlich vorgeschriebenen siebenunddreißig Stunden festgehalten. Sie möchte für sich und ihre Familie von dem versprochenen Zeugenschutzprogramm Gebrauch machen. Aber alles müsse innerhalb der nächsten siebenunddreißig Stunden über die Bühne gehen. Wenn er wieder auf freiem Fuß ist und davon Wind bekäme, würde er sie umbringen.

Norma informierte das Team bei CIPOL. Sie leiteten alles in die Wege. Nur die Instanzen, bei denen die Genehmigung für den beantragten Zeugenschutz eingeholt werden musste, wurden über die Aktion informiert. Alles ging unbürokratisch und schnell über die Bühne. Aber dann erhielt Norma einen Anruf jenes Staatsanwalts, vor dem die Frau Angst hatte. Die Information war zu ihm durchgesickert. Er fragte, ob es einen Grund gäbe, an seiner Loyalität zu zweifeln?

Norma hatte ein ungutes Gefühl. Als sie und die Einsatzkräfte am vereinbarten Ort eintrafen, tauchte die Frau nicht auf. Der Mann, vor dem sie zu fliehen versucht hatte, war vor der gesetzlich vorgeschriebenen Siebenunddreißig-Stunden-Frist freigelassen worden.

Ich frage Norma, ob sie noch immer von dem Gedanken an ihre eigene Tochter dazu getrieben würde, das eigene Leben zu riskieren. Ob es nicht genau das sei, was die Täter wollen: dass sich ihre Opfer ewig schuldig fühlen?

Sie verneint. Es ginge um keine moralische Schuld, sondern um Aufklärung. Sie sammle Fakten und Hinweise. Denn trotz der sich oft deutlich unterscheidenden Hintergründe, verbinde alle Frauenmorde der Umstand, dass sie das Produkt der Drogengewalt im Land sind.

Direkt nach dem Anruf der Frau, die sie um Fluchthilfe anflehte, hätte sie sich zunächst alleine mit ihr getroffen, um zu erfahren, wie sie überhaupt in diese Situation geraten war. Die Frau hatte sich in den Mann verliebt und war ihm zunächst tatsächlich freiwillig gefolgt. Aber dann stellte sich heraus, dass er den Drogen- und Frauenhandel in »seiner« Stadt kontrollierte und mehrere ambulante Bordelle auf Rädern besaß, für die er ständig möglichst jungen Nachschub brauchte. Sie musste den Lockvogel spielen. Er klapperte mit ihr die Städte in der Umgebung ab und wählte Mädchen auf der Straße aus, denen sie eine Falle stellen musste. Sie fragte die Mädchen immer nach einer bestimmten, vorher mit ihm abgesprochenen Straße und ließ sich von ihnen dorthin bringen. Sie behauptete, sie fände alleine nie hin. Die meisten Mädchen gingen mit ihr mit. Mit einem Mann wären sie vermutlich nicht mitgegangen.

Ich sehe Norma an. Sie weiß, was ich denke. So könnte es auch bei ihrer Tochter gewesen sein.

Als man zum ersten Mal von den Frauenmorden in Ciudad Juarez hörte, erregte die Nachricht von dieser Mordserie an Frauen weltweit vor allem deshalb Entsetzen, weil die Kadaver der meist sehr jungen Frauen furchtbare Folterspuren und Entstellungen aufwiesen. Es deutete alles auf einen bestimmten Tätertyp hin. Einen Serienmörder. Oder eine in einem bestimmten Gebiet agierende Mörderbande. Ein Frauenschänderring. Menschenschlepper. Perverse Sadisten. Was auch immer. Zumindest keine normalen Kriminellen.

Norma wiederholt, was ich auch schon von anderen Gesprächspartnern gehört habe: »Diese Mörder kommen nicht von einem anderen Planeten. Sie sind hier aufgewachsen. Sie machen nur das, was man sie machen lässt, weil es eine gesellschaftliche Komplizenschaft gibt.«

Die jüngsten Opfer der Frauenmorde sind vierzehn Jahre alt.

Die Rechtsanwältin Lucha Castro berichtet von Fällen in Chihuahua, in denen Väter vom Vorwurf der Vergewaltigung an Töchtern im Grundschulalter freigesprochen wurden, weil die Richter Verständnis für die Väter aufbrachten, die in den Mädchen nicht Töchter, sondern Frauen gesehen hätten, während sie das lange Schweigen der Mädchen – die erst als Erwachsene aussagten – als Einverständnis deuteten. Und von Fällen, in denen Angeklagte vom Vorwurf der Vergewaltigung freigesprochen wurden, weil bei den minderjährigen Mädchen, deren Körper Spuren sexueller Gewalt aufwiesen und mit Schürfverletzungen und Blutergüssen übersät waren, das Jungfernhäutchen intakt geblieben ist.

Dass die Narcos einen Ehrenkodex besitzen, dem zufolge Frauen und Kinder nicht angerührt werden dürften, hält die Rechtsanwältin für einen Mythos, der von den Tätern selbst in die Welt gesetzt worden sei. Möglicherweise hatten sie bis zum Ausbruch des Krieges ihre eigenen Frauen und Kinder aus dem Spiel gelassen. Aber Frauen an sich waren die ersten

Opfer. Lange bevor sich der Drogenkrieg seine Opfer in der ganzen Gesellschaft gesucht hat, wurden Frauen umgebracht.

Die Frauenmorde waren in den Neunzigerjahren der Indikator einer sich anbahnenden Katastrophe. Die Folterspuren und sadistischen Todesrituale, die abgehackten Körperteile und in die Haut geritzten Botschaften vermochten damals noch zu schockieren. Heute sind sadistisch verstümmelte Leichen auf der ersten Seite mexikanischer Boulevardzeitungen in Großaufnahme die gängige Praxis.

Seit die Gewalt im Nordwesten Mexikos Alltagsnormalität geworden ist, gehen die Frauenmorde in der Nachrichtenflut über Entführungen, Hinrichtungen und Funde von Massengräbern unter. Es gibt Dutzende Tote an einem einzigen Tag und zehntausend Tote jährlich. Inzwischen überwiegen in der Opferstatistik die Männer, die Tag für Tag verschwinden, bis man in abgeschiedenen Landstrichen in irgendeinem Brunnen oder Graben auf ihre Leichen stößt. Auch hier sind die Angehörigen dazu übergegangen, auf eigene Faust zu ermitteln.

In Torreon im Bundesstaat Coahuila, dem Bundesstaat mit der dritthöchsten Entführungsrate in Mexiko, bin ich einem Elternpaar begegnet, das bei ihrer Suche nach ihrem Sohn, der zwei Jahre davor auf dem Heimweg von der Arbeit entführt wurde, in Stadtvierteln recherchieren, um die sowohl Polizei als auch Soldaten einen großen Bogen machen.

La Durangeña ist ein solches Viertel in Torreon, in dem das Gesetz der Favela gilt. Wer nicht von dort stammt, hat wenige Chancen, wieder lebendig herauszukommen. Über das, was in La Durangeña passiert, berichtet keine Zeitung.

Die Eltern hatten gehört, dass junge Männer angeblich häufig nach La Durangeña verschleppt werden. Da sie bei ihrer Suche nach jedem Strohhalm griffen, ließen sie alle Vorsicht außer Acht und wagten sich in das Viertel.

Der Vater spielt nervös mit einem Handschmeichler, während er erzählt, wie seine Frau und er unter Lebensgefahr Detektive spielten. An jeder Straßenecke und vor jeder Imbissbude sahen sie Typen, die mit dem Handy die Kennzeichen der vorbeifahrenden Autos fotografierten und mit dem Feldstecher verfolgten, wer sich dem Viertel näherte. Obwohl es für sie mit jedem Mal riskanter wurde, setzten die Eltern des verschwundenen Jungen ihre Erkundungsfahrten durch La Durangeña solange fort, bis sie eine Karte angefertigt hatten, auf der jede Straße, jeder Kontroll-posten und jedes verdächtige Haus eingetragen war. Mit dieser Karte marschierten sie zur Polizei und sagten: »Hier müsst ihr suchen. Hier, hier und hier.« »Und dann?«

»Dann haben sie die Karte zu den Akten gelegt.«

»Und?«

»Und seitdem nichts.«

Die routinierte Gleichgültigkeit, mit der die Morde an ihren Kin-dern, Frauen, Brüdern und Ehemännern als Folge von Machtkämpfen im Drogenmilieu abgetan werden, ohne dass ihre Fälle überhaupt ermit-telt würden, verschärft das Misstrauen bei den Angehörigen, vertieft ihre Resignation, und führt dazu, dass die Zeit vor der Offensive gegen die Drogenkartelle allmählich nostalgisch zu einer Zeit des Friedens und der Normalität verklärt wird, in der die Wahrscheinlichkeit zu überleben we-nigstens solange berechenbar war, solange man sich aus Drogengeschäf-ten heraushielt.

Die Angehörigen der Verschwundenen organisieren sich inzwischen in der Diözese von Bischof Raul Vera. Als die ersten hundert Familien im Sommer 2010 durch die Straßen von Saltillo zum Sitz des Gouverneurs zogen, hörten die erschrockenen Passanten zum ersten Mal davon, dass in ihrer Stadt Menschen verschwanden. Die Zeitungen hatten nie darüber berichtet. Ob ihre Söhne, Brüder, Väter und Ehemänner denn *darin* ver-wickelt waren, wurden die Angehörigen verunsichert gefragt. Mit *en eso*, darin, wird immer die Welt der Drogenmafia umschrieben.

Es sind die von der Regierung propagierten Vorurteile, denen die Fa-milien bei ihrer Suche begegnen. Schuldlos wird keiner zum Opfer, ist die gängige Meinung, bis es die eigene Familie trifft.

Eine Strafrechtsreform in Chihuahua hat zwar die Rechtssprechung transparenter gemacht und die Möglichkeiten der Bestechung und Par-teinahme der Rechtsorgane verringert. Gerichtsverhandlungen erfolgen nun öffentlich auf Grundlage einer Anklage und nicht mehr auf Basis nicht-öffentlicher Ermittlungen jener Rechtsorgane, die anschließend das Urteil fällen. Aber noch immer bedarf es in Fällen von Feminizid einer Anzeige, bevor der Staat die Strafverfolgung aufnimmt. Und im Mittel-punkt der Verhandlungen stehen weiterhin Privat- und Sexualleben der Opfer statt das Delikt.

»Im Land des Machismo hält sich in den Köpfen der Richter, Justizbeamten und Behördenmitarbeiter hartnäckig das alte Denken«, so Lucha Castro. »Eine Frau muss durch ihr eigenes Verhalten dazu beigetragen haben, dass der Mann ihr gegenüber gewalttätig wird.«

Das Jahr 2010 endet mit dem Mord an Marisela Escobedo. Das Jahr 2011 beginnt mit dem Mord an Susana Chavez. Die sechsunddreißigjährige Lyrikerin aus Ciudad Juarez wird in den ersten Januartagen von drei Jugendlichen umgebracht.

Susana Chavez ist keine Unbekannte in ihrer Stadt. Sie engagiert sich in der Bürgerbewegung, gibt Lyrik-Workshops, ist mit ihren Gedichten im Radio zu hören, äußert sich öffentlich zu der Gewalt in Juarez und arbeitet mit benachteiligten Jugendlichen. Als aufmerksame Beobachterin von Stimmungen und Spannungen weiß sie die Signale zu deuten, die von ihrer gewaltgebeutelten Stadt wie von einem verwundeten Tier ausgehen.

Der Staat hat den Bürgern die Verantwortung für ihr Leben auch in einem Bereich übertragen, in dem sie diese Verantwortung gar nicht leisten können: Im Bereich der öffentlichen Sicherheit.

In einer Stadt im Ausnahmezustand bestimmt die Sicherheitslage das Überleben. Aber in Ciudad Juarez ist der Ausnahmezustand seit Jahren Alltagsnormalität. Wer kann Jahr um Jahr vierundzwanzig Stunden am Tag die Radarantennen ausgefahren lassen? Nur ein Roboter. Kein Mensch.

Susana Chavez ist stadtbekannt und trotzdem kommt die Staatsanwaltschaft bei ihren Ermittlungen zu dem Schluss, dass der Mord an ihr nicht mit ihrem gesellschaftspolitischen Engagement in Verbindung gestanden hat. Laut Staatsanwaltschaft soll Susana Chavez den Abend mit den drei Jugendlichen verbracht haben, die sie bei sich im Viertel zufällig vor einem Supermarkt getroffen hat. Die Täter haben ihr gegenüber angegeben, dass sie zu den Aztecas gehörten, eine der Banden des Juarez-Kartells. Und Susana Chavez soll trocken entgegnet haben, dass sie zur Polizei gehöre und sie deshalb verhaften müsse.

Eine Frau, die sich lustig über junge Machos macht. Es sei zum Streit gekommen. Sie haben sie getötet, weil es einfach war, sie zu töten, begründete einer von ihnen die Tat.

Um den Verdacht von sich zu lenken, wollten sie den Mord an Susana Chavez wie ein Narco-Verbrechen aussehen lassen. Narcos verstümmeln ihre Opfer. Sie hacken ihnen die Hände ab, um sie als Diebe zu markieren. Und die Finger, um sie als Verräter zu markieren. Sie stopfen den Toten die abgehackten Finger in den Mund, um sie als Verräter zu markieren, die zuviel geredet haben. Also trennten sie Susana Chavez die Hand ab. Nur eine Hand, die linke Hand, die Hand, mit der die Autorin gegen die Frauenmorde angeschrieben hat.

Susana Chavez' Mörder imitierten kein Narco-Verbrechen, sondern haben eines begangen. An einer Frau, deren Worten sie nicht gewachsen waren.

»Was ist das?«, fragt eine US-amerikanische Reporterin, die mit ihrem Filmteam gekommen ist, um den Gouverneur von Chihuahua zu interviewen. Sie sieht draußen auf dem Platz vor dem Regierungspalast die Kreuze und die Plakate und lässt sich von ihrem Übersetzer erklären, was das alles bedeutet. Währenddessen filmt ihr Kameramann die Mahnmale und die Plakate mit dem Fahndungsfoto des Mörders von Ruby Escobedo, die wie an einer Wäscheleine quer über den Platz hängen. Er soll von dem Kreuz mit den Nägeln ein paar Nahaufnahmen machen, damit man die Namen auf den Bändern lesen kann. Die Stellwand, an der das Kreuz befestigt ist, hat kräftige Farben. Blau und Rosa. Ein gutes Motiv. Vielleicht auch eine gute Story. Über eine mutige Mutter, die auf dem Platz vor dem Regierungssitz Gerechtigkeit für ihr totes Kind gefordert hat. Wie die Mütter auf der Plaza de Mayo in Argentinien. Oder die Mütter der Mafiaopfer in Sizilien.

Auch ich stehe auf dem Platz vor dem Kreuz und suche den Nagel, den Bischof Raul Vera eingeschlagen hat, als er die Gedenkrede für die jüngsten Opfer der Frauenmorde vor dem Portal des Regierungspalastes gehalten hat.

Bischof Raul Vera ist in Mexiko der bekannteste Menschenrechtsverteidiger der katholischen Kirche. Er kritisiert die Regierungsstrategie einer rein militärisch ausgerichteten Bekämpfung des Drogenhandels und kommt bei seiner Rede in Chihuahua zu dem Schluss, dass der Staat bei der Aufklärung der Frauenmorde versagt hat.

»Das Leben der Frauen zählt nicht«, sagt er. »Sie werden versklavt, gefoltert, vergewaltigt und umgebracht. Und nichts passiert. Wenn man die Gewalteskalation mit dem Satz abtut, dass sich die Narcos doch nur ge-

Das »Kreuz des Feminizids« vor dem Regierungspalast in Chihuahua.
Jeder Nagel trägt den Namen einer Frau, die ermordet wurde.
Die Frauenmorde von Ciudad Juarez waren in den Neunzigerjahren der
Indikator einer sich anbahnenden Katastrophe.

genseitig umbringen – bei über zehntausend Toten im Jahr! –, dann gesteht man sich damit das Ausmaß der Straflosigkeit ein und das Ausmaß der Korruption, die auf allen Regierungsebenen herrscht.«

»Warum spricht er über Politik, wenn er Priester ist«, fragt eine Frau unter den Zuhörern.

Der Mann neben ihr raunt ihr zu: »Er spricht über Recht und Gerechtigkeit.«

Die Aktivistinnen unter den Frauen tragen schwarze Mäntel mit rosa Kreuzen und rosa Hüte mit dem Schriftzug: »Ni una más« – Nicht noch eine Tote. Mit »Ni una más« ist auch das Kreuz auf der Plaza Hidalgo überschrieben, wo ich jetzt den Nagel mit dem Namen entdecke, nach dem ich gesucht habe. Susana Chavez. Ni una más. Sie hat den Satz geprägt. Er ist zum Slogan der Protestbewegung geworden. Und zu ihrem eigenen Nachruf.

Raul Veras Gedenkveranstaltung vor dem Gouverneurspalast war gut besucht. Aber sie zog keine Massen auf die Plaza Hidalgo. Massenproteste wie die der Indigenas im Süden Mexikos hat es im Norden trotz der immer unerträglicher werdenden Alltagsgewalt während des Drogenkriegs bisher nicht gegeben. Vielleicht ändert sich das gerade. Der mexikanische Dichter und Journalist Javier Sicilia, dessen Sohn von der Drogenmafia ermordet wurde, konnte in Ciudad Juarez, wo sich Protestveranstaltungen traditionell auf ein paar hundert Teilnehmer beschränken, bei seiner Friedenskarawane im Juni 2011 fünftausend Menschen mobilisieren.

Angst ist sicherlich einer der Gründe für den zögerlichen Straßenprotest. Aber im Norden wurden selbst die großen sozialen Bewegungen wie die Bauernkämpfe des zwanzigsten Jahrhunderts nicht von Massenprotesten getragen. Ziviler Widerstand erfolgte hier eher in Form gezielter Aktionen und gesellschaftlicher Initiativen unter der Führung einzelner Persönlichkeiten.

Während der Protest gegen das 1994 in Kraft getretene Freihandelsabkommen im Süden zum Aufstand der Zapatisten führte, wurde in Chihuahua auf die radikale Privatisierungspolitik mit der Gründung der Schuldnerbewegung »El Barzon« reagiert.

El Barzon ist eine moderne Organisation. Landesweit vernetzt und mit einem klaren Profil. Eine Lobby der Armen, die mit Menschenrechts-

Es sind Frauenorganisationen, Priester, Bürgerverbände und Menschenrechtsgruppen, die zum Straßenprotest mobilisieren wie hier auf einer Friedensdemonstration in Chihuahua am 8. Mai 2011.

organisationen und Anwälten im ganzen Land verbunden ist, um denen ein Minimum an Schutz und Rechten zu garantieren, deren Gefährdung die Regierung toleriert.

Ich habe El Barzon aufgesucht und den Leiter Gabino Gomez um eine Einschätzung der momentanen Lage in jenen Gemeinden Chihuahuas gebeten, durch die die Drogentransporte führen. Gemeinden wie Madera, Namiquipa, Benito Juarez oder Casas Grandes. Regionen, die mit der Geschichte Chihuahuas aufs Engste verknüpft sind. Orte, die seit der Zeit der mexikanischen Revolution in allen Land- und Bauernkämpfen eine große Rolle gespielt haben und Charakterköpfe wie den Bauernführer Gabino Gomez hervorgebracht haben. Authentische soziale Führer, deren Popularität mit jeder Verhaftung und Misshandlung nur noch gewachsen ist.

Gabino Gomez legt mir nah, vor meiner Fahrt nach Madera mit der Anwältin Estela Angeles zu sprechen, die für eine Raramuri-Gemeinde nach siebzehn Jahren Rechtsstreit eine Landfrage gewonnen hat.

Ich reagiere verhalten, weil ich den roten Faden zu verlieren befürchte, wenn ich mich auf Themen einlasse, zu denen kein offensichtlicher Zusammenhang mit dem Drogenkrieg besteht. Aber Gabino Gomez lässt meine Bedenken nicht gelten. »Du willst doch begreifen, was hier passiert?«, fragt er und lässt seinen Blick auf mir ruhen, so als prüfte er, ob ich wirklich die Zeit und den Aufwand wert sei, die es die anderen kosten würde, mich im alten Pancho-Villa-Land sicher durch die No-go-Areas des mexikanischen Drogenkriegs zu lotsen.

Fällt der Blick aus der Ferne auf Mexiko, orientiert man sich vor allem an der Chronik der Gewaltexzesse und der vereinzelten Festnahmen bekannter Kartellbosse. Beides liefert einen roten Faden, um in diesem Knoten voller Widersprüche, als welchen der Dichter Octavio Paz die Wirklichkeit in seinem Land umschrieben hat und der auch im aktuellen Drogenkrieg für Verwirrung sorgt, nicht den Überblick zu verlieren.

Dass im Schatten des Narco-Krieges einige der offiziell unter Narco-Verbrechen einsortierten Morde in Wirklichkeit einer anderen Willkür geschuldet sind, fällt so allerdings aus dem Raster der Wahrnehmung. Man blendet aus, dass an den Brennpunkten des Drogenkriegs nicht nur offene Rechnungen zwischen den Drogenkartellen beglichen und mit harter Hand auf ein globales Problem unserer Zeit reagiert wird, sondern auch die großen, im zwanzigsten Jahrhundert unbewältigt gebliebenen gesellschaftlichen Konflikte Mexikos weiter wirksam sind.

Estela Angeles ist nur wenige Minuten vor mir in ihrem Büro eingetroffen. Sie kommt gerade aus Mexiko-Stadt zurück und hat noch nicht einmal ihre Tasche abgelegt. Sie macht den kleinen elektrischen Heizlüfter im Zimmer an und geht in die Küche, um Kaffee zu kochen. Und während sie in der Küche hantiert, einen Topf Wasser auf den Herd stellt, ein Tablett mit Tassen herrichtet und einen Löffel löslichen Kaffee in jede Tasse gibt, begleitet jede ihrer Bewegungen ein leises Klirren, das von den Armreifen herrührt, die sie über den langen Wollhandschuhen trägt, mit denen sie am Computer arbeitet.

Estela Angeles fällt auf. Sie ist eine zierliche Frau um die Fünfzig, in der traditionellen Kleidung der Raramuri-Frauen, die sie mit dem Ranchero-Stil des mexikanischen Nordens mischt. Sie trägt zu dem langen dunklen Rock praktische Cowboystiefel und unter der bestickten Bluse einen schwarzen Rolli. An ihrem Gürtel baumelt ein kleiner Beutel. Um den Hals Ketten. Ihre langer, dunkler Schal reicht fasst bis zum Rocksaum, und den kurzkrempeligen schwarzen Hut lässt sie auch im Büro auf. Die bunten Perlenketten der Raramuris und die Stickereien auf der Bluse sind die einzigen Farbtupfer. Sie trägt ihre Kleidung wie eine Schutzhülle. Estela Angeles zieht sich in ihre Kleidung wie hinter einen Schutzwall zurück.

Estela stellt das Tablett auf den kleinen Tisch in ihrem Büro und schiebt den Heizlüfter näher heran. Die Rechtsanwältin hat gerade einen historischen Rechtsstreit um Landtitel für die fünfhundert Familien der Raramuri-Gemeinschaft in Baqueachi, einem Ejido in der Sierra Tarahumara, gewonnen. Die ersten fünfzehn von insgesamt zweiundddreißig Klagen gegen Viehbesitzer, die seit Jahrzehnten illegal das Gemeindeland Baqueachis besetzt halten. Nun werden fünftausend Hektar an die Gemeinde zurückgegeben. Fünftausend von insgesamt knapp fünfundvierzigtausend Hektar Land, das der Gemeinde laut Regierungsbeschluss vom 1. März 1928 zusteht. Denn Baqueachi hält einen der wenigen schriftlich verbrieften Landtitel in der Geschichte der Raramuris.

Siebzehn Jahre hat Estela Angeles gemeinsam mit ihrem Mann Ernesto Martinez an dem Fall gearbeitet. Siebzehn Jahre war auch die Zeit, die sich die beiden kannten. Vom ersten Tag an kreiste ihr gemeinsames Leben um dieses Büro und Baqueachi. Ihr Mann stammte aus Torreon. Die Sierra Tarahumara hat er erst durch Estela kennengelernt. Als er gemerkt hat, wie gefährlich die Arbeit seiner Frau war, wich er nicht mehr von ihrer Seite. Den Sieg vor Gericht erlebte er nicht mehr. Am 1. März 2010, dem Jahrestag der historischen Landübergabe, wurde er umgebracht. »Ihn hat die Kugel getötet, die für mich bestimmt war«, sagt Estela Angeles.

An dem Tag, an dem er erschossen wurde, war er alleine im Büro. Er wollte einige Briefe schreiben und dann nach Hause fahren. Als er um neun Uhr abends immer noch nicht zu Hause war und nicht ans Telefon ging, wurde Estela nervös und fuhr ins Büro. Ihr Mann saß in dem Sessel ihres Besprechungszimmers, wo er immer saß, wenn er auf sie wartete und hielt ein kleines Kruzifix in der Hand. Er war tot.

Estela sitzt mit eingefallenen Schultern vor mir und senkt den Kopf. »Er hat die Kugel abbekommen, die mir gegolten hat«, wiederholt sie.

Die Drohungen, die sie von den Viehwirten, gegen die sie prozessierte, seit Jahren erhalten hatte, häuften sich, je wahrscheinlicher ein Erfolg vor Gericht für die Gemeinde Baqueachi wurde. Vor dem Agrargericht wurde sie als indianische Rassistin bezeichnet, die voller Hass gegen die Weißen sei. Ihr wurde nahegelegt, keinen Fuß mehr in die Gemeinde zu setzen, da man sie umbringen würde. Schließlich explodierte in ihrem Büro in Chihuahua ein Molotowcocktail.

Estela Angeles machte die Polizei vergeblich auf die Gefahr aufmerksam, der ihre ganze Familie durch ihre Arbeit ausgesetzt war.

Dann wurde ihre Tochter angeschossen. Die Polizei zog die Glaubwürdigkeit der Tochter in Zweifel und brachte den Anschlag mit dem organisierten Verbrechen in Verbindung. Nicht mit der Arbeit der Mutter.

»Als ich nicht mehr weiterwusste, sagte mein Mann, dass mir nichts passieren würde, dass er die Kugel, die mich treffen sollte, aufhalten würde. Er sei mein Schutzschild. Mein Mörder müsste erst einmal an ihm vorbei. We ga'ra rejoi – der gute Mensch. So haben ihn die Raramuris genannt.« Estela strafft ihren Rücken. Ihre Stimme wird fester: »Die Polizei hat ihn mit Mördern und Verbrechern in einen Topf geworfen. Sie behaupteten, dass auch sein Tod im Zusammenhang mit dem organisierten Verbrechen stünde. Mit Ermittlungen haben sie gar nicht erst begonnen.«

Ihr Mann saß an seinem Schreibtisch im Zimmer nebenan, als an die Tür geklopft wurde. Estela hat noch das Geräusch im Ohr, wenn ihr Mann im Zimmer nebenan beim Aufstehen den Schreibtischstuhl zurückschob und die Stuhlbeine über die Dielen schrappten. Immer war er es, der die Tür öffnete. Damit sie nicht ihre Arbeit unterbrechen müsse. Aber er wollte wohl auch sicher sein, dass nicht die falsche Person vor der Tür stand.

Sie hat das Bewegungsmuster der letzten halben Stunde im Leben ihres Mannes anhand der Blutspuren auf dem Boden und der blutigen Handabdrücke an Türrahmen, Wänden und Telefonhörer rekonstruiert. Sie steht auf und spielt es für mich durch: Es klopft. Ihr Mann geht zur Tür und macht auf. Die Person vor der Tür schießt von der Straße aus auf ihn. Zwei Schüsse. Die erste Kugel trifft ihn am Hals. Die zweite in die Brust. Ihr Mann schlägt die Tür zu und schleppt sich durch den Flur zurück in ihr Büro. Er hält sich am Türrahmen fest und hangelt sich an den Möbeln entlang zu ihrem Schreibtischstuhl. Er versucht, sie anzurufen. Dann nimmt er das kleine Kruzifix, das bei ihr auf dem Schreibtisch liegt und steht noch einmal auf. Mit letzter Anstrengung schafft er es ins Besprechungszimmer zu dem Sessel, in dem er immer saß, während er auf sie wartete. Immer saß er in dem Sessel, bei dem er das Fenster im Blick hatte. Damit sie, wenn sie sich unterhielten, das Fenster im Rücken hatte. Wegen ihrer Lichtempfindlichkeit, die auch der Grund ist, dass sie den Hut im Büro aufbehält. Bis in die letzten Minuten seines Lebens war er ihrem gemeinsamen Ritual treu geblieben. Er setzte sich in den gewohnten Sessel, um auf sie zu warten. Als sie eintraf, war er tot.

Estela hüllt sich fester in ihren Schal ein. Das vertraute Büro mit den Möbeln, die zur Seite gerückt werden, wenn die Raramuri-Gemeinschaft aus Baqueachi zu einem Gerichtstermin nach Chihuahua kommt und überall, in der Küche, in den Arbeitszimmern und im Innenhof Schlafmatten ausgebreitet werden – dieses Büro mit seinen vertrauten Möbeln liefert Geborgenheit nur noch in der Erinnerung an ihren Mann.

Im Besprechungszimmer steht der Monitor ihrer Videoüberwachungsanlage. In der Annahme, dass die Polizei das Sicherheitssystem installiert hat, mache ich eine Bemerkung darüber, dass es immer erst zur Tragödie kommen muss, bevor endlich reagiert wird. Estela folgt meinem Blick und sagt beinahe amüsiert, dass sie sich die Anlage selbst gekauft hat. Die Polizei hat ihr nur geraten, mit ihrem Büro in ein belebteres Stadtviertel zu ziehen. Sonst nichts? Doch. Sie haben ihr einen gelben Halteverbotsstreifen auf die Gehwegkante vor ihr Büro gepinselt, und jetzt erhält sie ständig Strafmandate. Und weiterhin Drohbriefe, in denen der Ton noch schärfer geworden ist. Triumphierender. Man würde ihr endgültig das Maul stopfen, wenn sie nicht endlich still wäre.

Baqueachi ist von Chihuahua in etwa so weit entfernt wie Creel, besitzt aber nicht die Infrastruktur des Touristenorts. Nach Baqueachi führt nur eine Schotterstraße. Vor dem Ortseingang wurde Estela Angeles bei ihrem letzten Besuch von einem Komitee der gegnerischen Partei erwartet, das ihr einen besonderen Empfang bereiten wollte und ihr mit einem quer stehenden Wagen die Weiterfahrt versperrte. Ihr Herz begann zu rasen. Sie dachte: Jetzt passiert es. Die Männer kamen bereits auf sie zu. Aber glücklicherweise war hinter ihnen eine große Staubwolke zu sehen, die schnell näher kam. Ein Auto raste heran. Es war das Auto von Gemeindemitgliedern, die ihr zu Hilfe eilten. Das Empfangskomitee zog ab. Nicht ohne ihr mit einer eindeutigen Geste zu verstehen zu geben, dass man sich wieder sehen würde.

Estela bringt mich zum Busbahnhof. Unterwegs wollen wir etwas essen. Wenn ich lieber ein Taxi nehmen möchte, könnte sie es verstehen.

Denn es müsste ein komisches Gefühl sein, bei ihr ins Auto einzusteigen. Man wüsste ja nie, was passiert.

Als wir aus dem Haus gehen, fegt ein Windstoß über den Gehweg und trägt Estelas Hut davon. Der Parkplatzwächter läuft von der anderen Straßenseite herüber und hilft mit, den Hut zu fangen. Der Wind klappt das enge Maschendrahtgitter vor der Tür auf und zu. In den Maschen sind die beiden Durchschusslöcher zu sehen.

Als wir mit dem Wagen um die Ecke biegen, hupt Estela dem Burrito-Verkäufer zu. Er winkt kurz zurück. »Das ist mein ganz persönlicher Sicherheitsschutz«, sagt Estela und macht eine ausladende Armbewegung. »Der Parkplatzwächter, der Burrito-Verkäufer, meine Nachbarn. Als die Molotowcocktails durch die Scheiben flogen, haben sie verhindert, dass Schlimmeres passiert. Wenn ich mein Büro woanders hin verlege, lande ich in der Anonymität.«

Der Kampf um Rechtsstaatlichkeit ist im Nordwesten Mexikos zu einer Frage auf Leben und Tod geworden. Mit dem Wissen um politische und personelle Verflechtungen, die Menschenrechtsaktivistinnen und Rechtsanwältinnen bei ihrer Arbeit gewinnen, wächst ihre Gefährdung. Den einen werden sie zu unbequem. Die anderen erhoffen sich Informationen. Damit rücken sie in den Fokus von Drogenkartellen, die ihnen Kooperation oder Tod anbieten. Ihr Leben hängt an einem seidenen Faden. Aber sie sind Getriebene. Sie haben in den menschlichen Abgrund geblickt und können nicht mehr zurück.

Im Lokal kramt Estela eine Patronenhülse aus dem kleinen Beutel heraus, der an ihrem Gürtel hängt. Sie hält sie mir auf der offenen Handfläche hin. Diese Hülse trage sie immer bei sich, um nicht zu vergessen, wofür sie das alles macht. Die Hülse stammt von den Patronen, mit denen die Cowboys, die in Baqueachi das Land besetzen, die kleinen Ziegenhirten zum Tanzen gebracht haben. Kleine Jungen, denen die Viehwirte zum Spaß von ihren Pferden herab vor die Füße schossen und vor sich her über die Weide trieben. Und wenn die Kinder in ihrer Todesangst, sobald sie die Schüsse hörten, von Panik gepackt in die Höhe sprangen, hörten die Männer gar nicht mehr auf zu lachen.

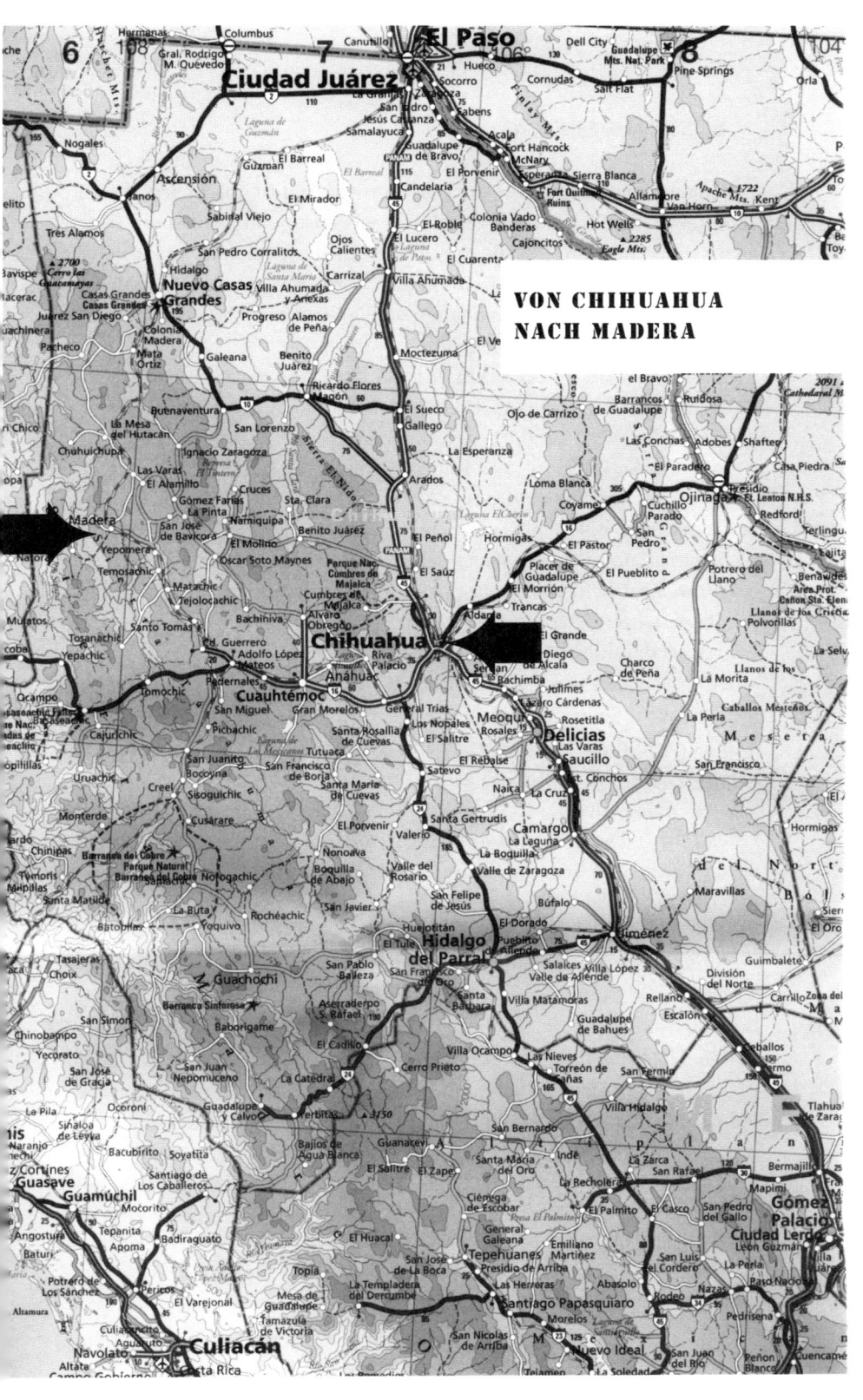

VON CHIHUAHUA
NACH MADERA

BUSPLAUDEREIEN

Cuauhtemoc liegt hinter uns und damit auch die Grasebenen, die seit Chihuahua die Fahrt begleiteten. Die vierspurige Schnellstraße führt jetzt schon eine ganze Weile durch winterliche Apfelplantagen, die wie Gespensterarmeen aussehen, mit kahlen Ästen und Zweigen, von denen zu Eis erstarrtes Wasser herabhängt, da die Bäume aus Frostschutzgründen nachts besprüht worden sind.

Busfahrten sind Blockbuster-Marathons. Ohne Pause laufen Actionfilme. Obwohl auch romantische Komödien und Familienfilme zur Auswahl stünden, wird auf die erst dann zurückgegriffen, wenn man mit allen Martial Arts, Kriegs- und Katastrophenfilmen durch ist. Da sich die Lautsprecher auf die Länge des Busses verteilen, ist dem Sog aus Maschinengewehrsalven, Explosionen, Schreien und spannungsgeladener Musik nicht zu entkommen. Nur nachts herrscht für ein paar Stunden Ruhe.

Einmal hat sich ein Fahrgast beim Busfahrer über die Brutalität eines Filmes beschwert. Der Film sei grässlich. Ob er keinen anderen hätte. Der Fahrer hat daraufhin *Schneewittchen* eingelegt.

Auf der Fahrt von Chihuahua nach Madera macht *Regeneration* aus der Universal Soldier-Reihe den Anfang. Aber noch bevor Jean-Claude Van Damme alias Luc Deveraux den ersten Terroristen erledigt hat, funken ihm auf der Carretera 16 gleich hinter der Mautstation die Mexican Soldiers dazwischen. Gepäckkontrolle. Alles aussteigen. Koffer und Taschen öffnen. Der Drogenspürhund, der im Bus herumschnüffelt, kratzt an die Rückwand des Kofferraumes. Der Drogendetektor, der zum Einsatz kommt, schlägt an der gleichen Stelle aus.

Der Kofferraum des Busses wird komplett zerlegt. Sämtliche Hohlräume aufgedeckt. Alle Verblendungen entfernt. Im hinteren Teil des Busses wird auch der Boden losgeschraubt. Doch dort, wo der Hund so beharrlich geschnüffelt hat, ist nichts. Nur Blech.

Die Unterbrechung hat fast zwei Stunden gekostet. Aber statt darüber seine gute Laune zu verlieren, kommt der Busfahrer, der sich schon seit Chihuahua mit den Fahrgästen in der ersten Reihe unterhalten hat, jetzt so richtig in Schwung. Vorhin, als wir auf dem Umgehungsring aus Chihuahua hinausfuhren, hat er die Geschichte der Unglücksraben aus Honduras und El Salvador zum Besten gegeben, die von ihrem Pollero, dem Schlepper, der sie durch Mexiko über die Grenze in die Vereinigten Staaten bringen sollte, auf dem Stadtring von Chihuahua ausgesetzt wurden. Der Schlepper behauptete, am Ziel der Reise in den Vereinigten Staaten zu sein. Und zeigte zum Beweis um sich auf die Reklametürme längs der Stadtautobahn, die ausschließlich Logos nordamerikanischer Firmen und Restaurantketten trugen: Walmart, Sams, KFC, Applebee's, Starbucks, Actinver, Cinemark.

Es sind Geschichten, die irgendwo aufgeschnappt und wieder weitergegeben werden, und, ohne dass sie unbedingt wahr sein müssen, ein paar schlichte Wahrheiten darüber enthalten, wie einem das Leben so mitspielen kann.

Der Busfahrer und einer der Fahrgäste haben gerade entdeckt, dass jeder von ihnen Bekannte hat, die in die gleiche furchtbare Hochzeitstragödie verwickelt waren, von der sowohl in Ciudad Juarez wie in Namiquipa tagelang gesprochen wurde, weil der Bräutigam aus Namiquipa kam und die Braut aus Juarez.

Wie ein Blitz aus heiterem Himmel sei die Gewalt zwischen die Brautleute gefahren und hätte aus der Hochzeit eine Trauerfeier gemacht. In dem Moment, in dem die frisch getrauten Brautleute aus der Kirche traten, noch bevor sie sich küssen konnten, wurde vor den Augen der versammelten Hochzeitsgesellschaft der Bräutigam entführt. Zusammen mit dem Bruder des Bräutigams und dessen Onkel. Drei Tage später fand man ihre Leichen auf einer Zufahrtsstraße.

Niemand hätte verstanden, warum die kirchliche Trauung ausgerechnet in Ciudad Juarez stattfinden musste, sagt der Fahrgast, der sich als Nachbar der Familie des Bräutigams vorstellt. »Der Vater der Braut ist ein Freund von mir«, ruft der Busfahrer aufgeregt. »Er wiederum hatte Angst, in Namiquipa zu feiern, weil man auch von dort so viel hört.«

Dann geben sich beide gegenseitig darin Recht, dass man sich in gefährlichen Zeiten eine Braut in der eigenen Stadt suchen und auf Experimente verzichten sollte, weil man dann immerhin nicht Gefahr laufe, dass an einem ein Exempel statuiert wird, nur weil man möglicherweise aus einer Stadt komme, wo die Anderen das Sagen hätten. »Die Anderen«, das feindliche Drogenkartell.

Zum Beispiel hätte ihm seine Tochter zum Geburtstag ein Armband geschenkt, sagt der Busfahrer. So ein geflochtenes Silberkettchen. Und als er mit dem Kettchen in Ciudad Juarez aus dem Bus stieg, nahmen ihn seine Arbeitskollegen zu Seite und fragten ihn flüsternd, für wen er denn neuerdings arbeite. Ob er nicht wüsste, dass dieses Armband ein Kennzeichen der Linea sei. »Das sind so die Details, die man kennen muss, sonst ist man verratzt«, sagt er und fügt hinzu, dass er gleich das Armband abgenommen hätte, weil er anschließend nach Madera weiterfuhr, wo Chapo Guzman das Sagen hätte.

»Nein, nein«, beruhigt ihn der Mann aus Namiquipa. »Dort ist immer noch La Linea.«

»Aber Chapo ist auf dem Vormarsch«, widerspricht ihm der Busfahrer. »Einige Municipios sind schon von ihm besetzt.«

»Ich habe gehört, dass inzwischen alle Municipios Chapo gehören«, mischt sich jetzt noch ein Fahrgast ins Gespräch, der direkt hinter dem Fahrer sitzt. »Alle mit Ausnahme von Namiquipa, Benito Juarez und Cuauhtemoc. Die sind noch La Linea.«

»Und warum ist der Bräutigam aus Namiquipa in Juarez umgebracht worden, wenn Namiquipa auch La Linea ist?«

»Weil Chapo in Juarez die Linea vertrieben hat. Er ist jetzt der Besitzer der Plaza, nicht mehr Carrillo Fuentes.«

»Nein, das glaube ich nicht«, sagt der Busfahrer skeptisch. »Warum ist dann noch Krieg in Juarez?«

»Ich habe gehört, dass inzwischen halb Chihuahua in den Händen der Zetas sein soll«, wagt sich die Frau vor, die neben dem Mann aus Namiquipa sitzt. Aber dieses Gerücht wird von den anderen vielstimmig dementiert.

Ich blinzle schläfrig aus dem Fenster, froh darüber, dass der Fahrer den Film anscheinend völlig vergessen hat und es ungewohnt ruhig im Bus ist, sodass ich mit einem Ohr zuhören und gleichzeitig vor mich hindösen kann.

An mehreren Fronten gleichzeitig wird längs der über dreitausend Kilometer langen Grenze zu den USA um Marktplätze und Handelswege gekämpft. Dass sich an diesem Krieg so viele rivalisierende Gruppen beteiligen, macht ihn so unübersichtlich. Verstärkt wird das Dilemma dadurch, dass sich Kartelle in neue verfeindete Gruppen aufspalten können, wie es beim Konflikt mit den Beltran Leyva-Brüdern passiert ist, die sich vom Kartell von Sinaloa abgespalten haben. Oder sich zu neuen Föderationen zusammenschließen können, was im Fall von La Familia geschehen ist, einer im Bundesstaat Michoacan angesiedelten Drogenorganisation. La Familia hat sich offiziell aufgelöst und lebt jetzt unter dem Dach von Guzmans Sinaloa-Föderation weiter.

Straßenzug um Straßenzug liefern sich die verfeindeten Drogenkartelle einen erbarmungslosen Kampf um Umschlagplätze und strategische Knotenpunkte. Die Bevölkerung ist gar nicht immer auf dem neuesten Stand, wer gerade welches Viertel beherrscht. Drogenkartelle teilen sich einen Vorrat an gemeinsamen Codes, der sie die Nachrichten und Botschaften, die sie sich über Internet, Medien und über die Körper der Toten zukommen lassen, problemlos entziffern lässt. Ihre menschenverachtende Sprache durchwebt ein feines Netz aus Symbolen und Zeichen. Wer auf der Landkarte des organisierten Verbrechens die Zeichen entziffern kann, erhöht seine Chancen, in Vierteln zu überleben, auf die mehrere Akteure Anspruch erheben.

Glaubt man den Geschichten, hat der Fahrer vorne schon ein paar Mal knapp überlebt. Und während die Situationen, die er aus seinen Erinnerungen kramt, immer gefährlicher werden und seine eigene Rolle darin immer heldenhafter, scheint er zu spüren, dass ihm inzwischen der ganze Bus zuhört und legt sich noch mehr ins Zeug.

Einmal hätte er fast ins Gras gebissen. Er fuhr zu früh los. Das heißt: fahrplanmäßig fuhr er auf die Minute pünktlich los. Aber er hätte den Geländewagen sehen müssen, der – wie ihm später die Kollegen von der Haltestelle erzählten – im letzten Moment herangebraust kam, gerade als er losfuhr.

Er war losgefahren, ohne zu wissen, dass sich bei ihm im Bus ein Passagier befand, der auf der Abschussliste stand. Wie hätte er ahnen können, dass er eine tickende Zeitbombe transportierte? Die Leute tragen ja keinen Stempel auf der Stirn.

Der Geländewagen hatte die Verfolgung aufgenommen, und die Typen im Wagen begannen, auf den Bus zu schießen. Dann überholten sie links und durchlöcherten die gesamte Seite des Busses. Passagiere krochen schreiend zwischen die Sitze und kauerten auf dem Boden. Er sei vor Schreck ins Schleudern gekommen und hätte dann panisch versucht, wieder die Kontrolle über den Bus zu bekommen. Als er aus dem Fenster blickte, sah er den Wagen links neben sich. Die Typen gestikulierten wie wild und gaben ihm zu verstehen, dass er anhalten soll. Er brachte den Bus zum Stehen. Sie stellten ihren Wagen quer davor, sprangen aus dem Auto, stürzten bewaffnet in den Bus, und durchsuchten die Reihen. Als sie den Mann, den sie suchten, fanden – er hatte sich in der hintersten Reihe verkrochen – zerrten sie ihn aus dem Bus, stießen ihn in ihren Wagen und brausten davon.

»Aaayyy!« In Erinnerung an das, was er sah, als das Auto mit den Sicarios weg war und er sich langsam umdrehte, fährt sich der Busfahrer mit der rechten Hand über sein Gesicht, als müsste er sich den Schweiß von der Stirn streichen. Er hätte sich umgedreht und da war Krieg. Zerborstene Scheiben. Überall Scherben. Blut. Fahrgäste, denen die Panik ins Gesicht geschrieben stand. Frauen mit zerzausten Haaren und aufgewühlten Gesichtern. Zitternde Kinder. Und zwei tote Passagiere, die am Fenster auf der Fahrerseite gesessen hatten, auf der Seite, die völlig durchlöchert wurde.

Um den Einen zu kriegen, auf den sie es abgesehen hatten, nahmen sie in Kauf, einen Bus voller unschuldiger Fahrgäste als Massengrab zu hinterlassen. Es war ihnen egal.

»So sind die Zeiten«, sagt die Frau, die neben dem Mann aus Namiquipa sitzt. »Früher haben sie Frauen und Kinder geachtet.«

Die anderen nicken.

Früher. Sie meint vermutlich die Zeit vor Calderons Offensive gegen die Drogenkartelle, die überall zu einer Zeit des Friedens und der Normalität verklärt wird. Während sich Regierung und Bevölkerung zunehmend auseinander leben und es nun sogar die Regierung selbst ist, die von den Bürgern als eigentliches Problem wahrgenommen wird, können sich die Kartellbosse als Friedensstifter gerieren.

Immer wieder fordern Drogenbosse die Regierung öffentlich mittels Botschaften, die über Brücken gespannt oder in regionalen Zeitungen geschaltet werden, zu einem Ende der Gewalt und einer Rückkehr zur Normalität auf. Sie missbrauchen die Sehnsucht der Mexikaner als Waffe gegen das politische Establishment. Denn die von ihnen propagierte Normalität als Beendigung des bewaffneten Konflikts ist in Wirklichkeit dessen ständige Begleitmusik. Ein Ende der Gewalt und eine Rückkehr zur Normalität werden selbstverständlich immer nur von den anderen Protagonisten des Krieges eingefordert: Von den konkurrierenden Drogenkar-

Im Dezember 2006 hat der mexikanische Präsident Felipe Calderon den
Drogenkartellen den Krieg erklärt. Seitdem gehören Soldaten im Norden
Mexikos zum Straßenbild. Ein Ende des Kriegs ist nicht in Sicht.

tellen und der Regierung. Die eigenen Verbrechen werden zu notwendi-
gen Übeln verklärt. So heißt es in den Botschaften unter anderem: »Wir
töten keine unschuldigen Leute. Nur solche, die es verdienen.«

Wie die Rückkehr zur Normalität tatsächlich aussehen könnte, nachdem der Krieg bereits Zehntausende das Leben gekostet und bei den
Überlebenden tiefe psychische Schäden hinterlassen hat, diese Frage
wurde bisher nicht öffentlich gestellt. Die Opferstatistiken des Drogenkriegs registrieren die Toten. Wer das Martyrium einer Entführung, Erpressung, Folter oder Schießerei überlebt hat, taucht darin nicht auf. Es
gibt kaum Stellen, an die sich die Überlebenden mit ihrer Trauer und ihren Problemen wenden könnten. Das mexikanische Gesundheitssystem
kommt bereits bei der Behandlung der körperlichen Schäden von Gewaltopfern an die Grenzen seiner Kapazität. Eine Therapie der psychischen
Schäden ist kaum möglich.

Eine zunehmend traumatisierte Bevölkerung schleppt sich durch den Drogenkrieg und greift auf Hausmittelchen zurück, wo professionelle Aufarbeitung nötig wäre. Sie doktert herum mit den Wundermitteln, billigen Psychopharmaka ambulanter Verkäufer und sucht Katharsis in Selbsttherapien, bei denen sie sich die Angst vor dem Teufel mit dem Beelzebub auszutreiben versuchen. Zum Beispiel mit Narco-Videos, jenen für den Homevideomarkt produzierten Billigstreifen, denen die Biografien von Mafiabossen und brutale Schlagzeilen aus dem Drogenkrieg – wie die vom sogenannten Suppenkoch, der über dreihundert Leichen in Säurebäder aufgelöst haben soll – als Vorlage dienen. In ihnen wird der reale Schrecken soweit banalisiert, bis er nur noch Unterhaltungswert hat.

Die Leute holen sich auch Hilfe bei ihren Schutzheiligen; bei Chango, Santa Muerte, Jesus Malverde und San Judas de Tadeo, dem Schutzpatron der schwierigen und hoffnungslosen Fälle, dem jeder achtundzwanzigste Tag des Monats gewidmet wird.

An ihn wendet man sich, wenn jede andere Hilfe versagt hat. Wenn kein Peso mehr in der Haushaltskasse ist, wenn man Arbeit braucht und die Lage aussichtslos ist oder man nur knapp mit dem Leben davongekommen ist. Dann hilft San Judas de Tadeo.

Auch auf der Strecke nach Madera steht unterwegs am Straßenrand vor Temosachic eine Kapelle, die ihm gewidmet ist. Als wir an ihr vorbeifahren, erzählt der Busfahrer, dass ein paar Kilometer weiter vorne in Yepomera eine Frau wohnt – manche sagen eine Hexe, andere sagen eine Heilerin –, die ebenfalls aus allen möglichen Gründen aufgesucht wird. Einige kommen wegen körperlicher Beschwerden zu ihr oder wegen Eheproblemen. Die meisten wollen jedoch ihren Rat und sind bereit, dafür tausend Dollar auf den Tisch zu blättern. »Tausend Dollar für einen Rat! Wer kann sich das wohl leisten?«, gibt er sich geheimnisvoll und natürlich weiß jeder, wer in der Lage ist, sich einen Rat derart viel kosten zu lassen.

»Kennst du die Geschichte?«, wispert eine weibliche Stimme eine Reihe hinter mir. »Die Alte ist so etwas wie das Orakel von Delphi für die Narcos«, flüstert die männliche Stimme daneben. »Sie pilgern zu ihr, bevor sie eine Ladung hinüberbringen. Sie sagt ihnen, an welchem Tag sie welche Strecke fahren sollen.«

»Was machen die mit ihr, wenn's schief geht?«

»Wenn's schief geht, dann können sie sich ja nicht mehr beschweren.«

Hinter mir wird leise gekichert. »Aber angeblich geht's ja nur für den schief, der sich die tausend Dollar sparen will.« Dann ist es wieder still und alle hören weiter dem Busfahrer zu, der diesen delikaten Teil der Geschichte übersprungen hat und mit seinen Anekdoten gerade bei einem Kollegen angekommen ist, der auf der Fahrt nach Madera einen unheimlichen Fahrgast gehabt hätte. Er sei in Madera totenbleich aus dem Bus gestiegen. Vor Angst hätten ihm Schweißperlen auf der Stirn gestanden. Irgendwo hier auf der Strecke war eine Alte zu ihm in den Bus gestiegen. Als er von ihr das Fahrgeld kassieren wollte, hätte sie ihn ignoriert und sei einfach an ihm vorbei nach hinten durchgegangen. Er hätte die ganze Zeit über wie ein Luchs aufgepasst, um sie nicht zu übersehen, falls sie irgendwo mit anderen Fahrgästen heimlich auszusteigen versuchte. Immer wieder hätte er in den Rückspiegel geschaut und sie gesehen. Aber an der Endstation in Madera war sie trotzdem nicht mehr im Bus. Sie hatte sich irgendwo unterwegs in Luft aufgelöst.

»Das war *sie*!«, ruft jemand im Bus.

»Wer?«

»Na, die Hexe aus Yepomera. Die mit dem Geld heilt.«

Alle lachen. Der Busfahrer nickt eifrig. Er freut sich sichtlich über den Erfolg, den er mit seinen Geschichten bei seinen Passagieren hat und fährt mit der Erzählung fort.

Sein Kollege hätte bei allem, was ihm heilig sei, geschworen, künftig keinen mehr in seinen Bus zu lassen, der nicht gleich bei Antritt der Fahrt zahlt. Haben sie bezahlt, könnten die Leute machen, was sie wollten. Unterwegs verschwinden, sich in Luft auflösen, sich gegenseitig abmurksen, das sei ihm dann egal. Aber bezahlen sollten sie ihre Fahrt.

Wir kommen in Madera an. Der Endstation. Als wir alle aussteigen, frage ich den Fahrer, ob es denn auf den Busstrecken in Chihuahua öfters zu Zwischenfällen mit bewaffneten Gruppen käme. Nein, nie! Er verneint kategorisch. Ich müsste mir keine Sorgen machen. Aber er hätte doch gerade erzählt… Er unterbricht mich. Das sei ihm in Sonora passiert. Er betont Sonora. Hier in Chihuahua – wieder betont er das Wort – seien die Fahrten sicher. Und die Busse auch.

Er will mir etwas zeigen und geht mit mir um den Bus. Hier könne man sehen, dass die gesamte Seite des Busses einen neuen Anstrich erhalten hat. An den Stellen, wo die Kugeln Durchschusslöcher verursacht haben, sei das Blech neu verschweißt worden und die Fenster wurden alle ausgewechselt. Der Bus sei wieder wie neu. Einwandfrei. Ganz sicher. So sicher wie jede Fahrt. Im Grunde passiere nie etwas. Das Ganze sei nur dumm gelaufen. Wie gesagt. Er war schon losgefahren. Wenn die Sicarios den Mann an der Bushaltestelle abgefangen hätten, wäre gar nichts passiert.

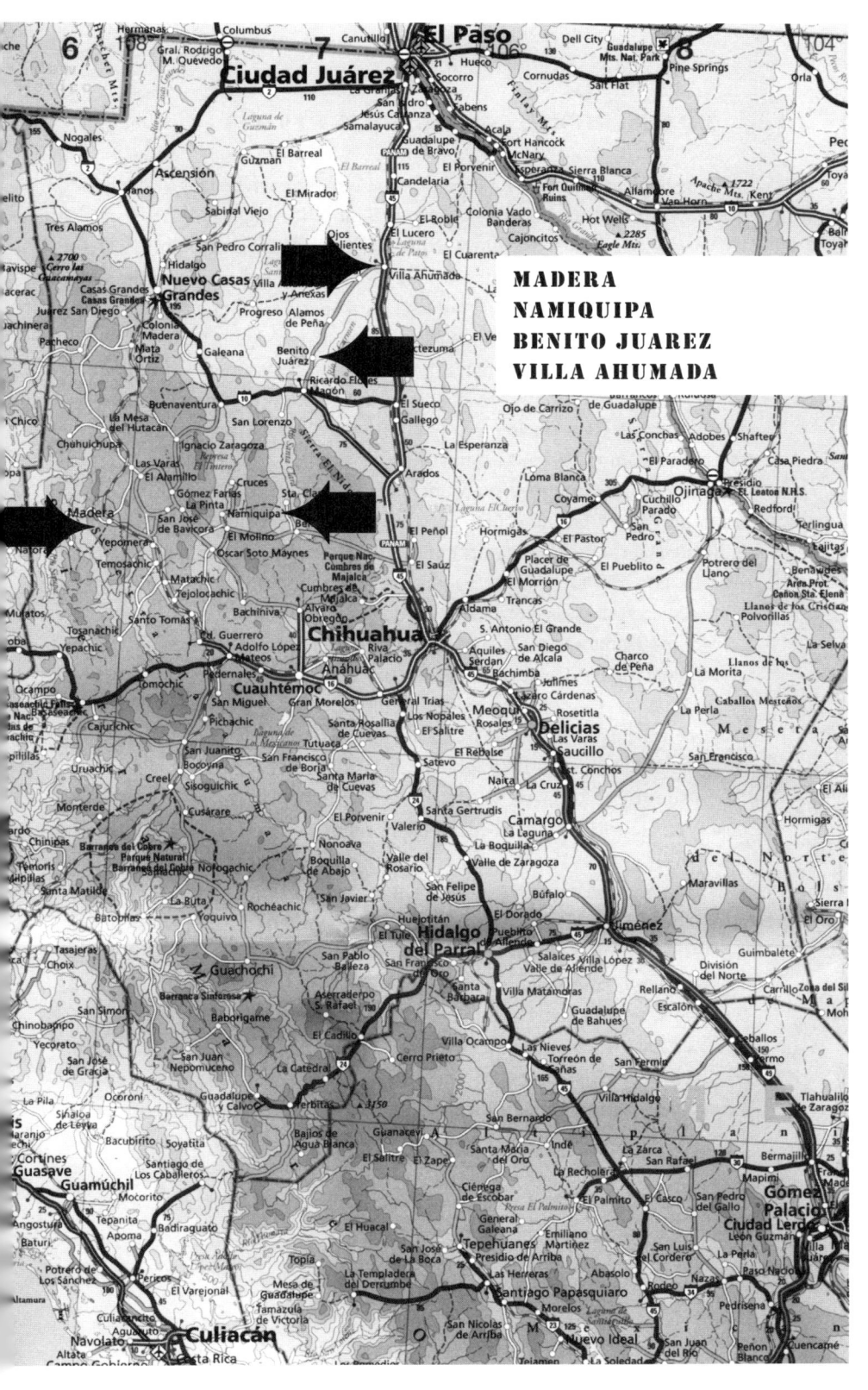

MADERA
NAMIQUIPA
BENITO JUAREZ
VILLA AHUMADA

WO GESCHICHTE AUF GEGENWART TRIFFT

Das Schlagwort vom Krieg gegen die Drogenkartelle trägt Züge eines Beschwörungszaubers, der von der mexikanischen Regierung gebetsmühlenartig wiederholt wird, um vor der Welt den Schein zu wahren. Denn wer sich aus der Ferne fassungslos fragt, wieso die Bekämpfung des Drogenschmuggels in Mexiko in endlosen Blutbädern eskaliert, dem erscheint die Erklärung durchaus plausibel, dass ein Land, das brutalen Drogenkartellen den Krieg erklärt hat, mit grausamen Reaktionen rechnen muss.

Doch dort, wo sich der Drogenterror wie eisiger Frost über ganze Regionen gelegt hat, ist es die Regierung selbst, die von der Bevölkerung mit bitterem Sarkasmus zu den Verschwundenen des Drogenkriegs hinzugezählt wird. Denn die Linie, die von Madera über Namiquipa, Benito Juarez, Galeana und Casas Grandes über die Grenze in die Vereinigten Staaten verläuft, markiert eine Grenze im Land. Auf der einen Seite regiert der Staat. Auf der anderen die Narcos. Es ist eine wirkliche Linie mit echten Orten. Verlorenen, verlassenen Ortschaften, denen auf der Landkarte des Drogenterrors die Namen von Geisterstädten anhaften, seit die Narcos mit ihren systematischen Vertreibungen begonnen haben. Die Barbarei wird ganz offen praktiziert. Es gibt niemanden, auf den sie Rücksicht nehmen müssten. Die öffentliche Sicherheit ist in diesen Orten längst zusammengebrochen. Bürgermeister wurden umgebracht. Dorfpolizisten haben aus Angst den Dienst quittiert, kooperieren mit der anderen Seite oder blicken zumindest weg. Häuser können niedergebrannt und Einwohner eingeschüchtert werden. Es gilt das Recht des Stärkeren. Denn was auf dem Land passiert, schafft es nicht in die Schlagzeilen. Die Aufmerksamkeit konzentriert sich auf Städte wie Ciudad Juarez, Morelia oder Monterrey. Städte des Geldes, der Wirtschaft, der Politik und der alten Familiennamen.

Von den Gemeinden, die längs des Drogenkorridors liegen, hat mittlerweile jede mindestens ein solches Geisterdorf. In Bocoyna bei Creel heißt es Las Agujas. Ein kleiner Ort, in dem hundertfünfzig Menschen lebten, bis ihn eines Tages ein bewaffnetes Kommando überrollte und alle Einwohner unmissverständlich zum Verlassen ihrer Häuser aufforderte. In der Gemeinde Namiquipa ist es La Escondida. Und in Madera sind es El Alamillo und Nicolas Bravo.

Letzteres eine Ortschaft mit fast zweitausend Einwohnern, wo sich jeder

Anwohner, der noch nicht geflohen ist, nun einem Generalverdacht ausgesetzt sieht. Einfach deshalb, weil er noch lebt. Ich frage David de la Rosa von der demokratischen Bauernunion, ob es denn möglich sei, nach Nicolas Bravo zu fahren. Wir sind auf dem Friedhof von Madera, der am Ortsrand auf einem Hügel liegt. Direkt unter uns ist die Straße, die nach Nicolas Bravo führt. David hat kein gutes Gefühl, will aber die Entscheidung davon abhängig machen, welchen Autos wir auf der Strecke begegnen. Nach zehn Minuten kehren wir um.»Heute besser nicht«, sagt er. Er hat jedes Auto unter die Lupe genommen. Nicht eines fuhr mit einem Kennzeichen.

David hat mir auf dem Friedhof von Madera das Gemeinschaftsgrab der Guerilleros gezeigt, die bei dem Überfall auf die Madera-Kaserne am 23. September 1965 ums Leben gekommen sind. So wie in Kuba der Überfall auf die Moncada-Kaserne den Beginn der kubanischen Revolution markiert, gilt die von elf Studenten und zwei Lehrern durchgeführte Aktion in Madera als Signal für alle nachfolgenden gesellschaftlichen Bewegungen Mexikos.

Trotz der mexikanischen Revolution und ihrer 1917 verfassungsrechtlich verankerten Agrarreform, deren Hauptziel eine Umverteilung des Landes war, überlebten in Chihuahua einige riesige Ländereien aus der Zeit des Porfiriats, der über dreißigjährigen Regierung des Diktators Porfirio Diaz, der die Ejidos – das traditionelle Gemeinschaftsland der Gemeinden – auflöste, die indianische Bevölkerung enteignete und das frei gewordene Land an mexikanische und ausländische Großgrundbesitzer verkaufte, während die Kleinbauern zu besitzlosen Landarbeitern verarmten und sich auf den Haziendas als Tagelöhner verdingten.

Einer der größten Grundbesitzer in Chihuahua wurde auf diese Weise George Hearst, US-amerikanischer Senator und Mitglied des Komitees für indianische Angelegenheiten. Er profitierte vom Ende des Apachenkrieges und von Porfirios Enteignungsgesetzen: den Kolonisations-, Vermarktungs- und Brachlandgesetzen. So konnte Senator Hearst in Mexiko 1887 riesige Landflächen zu günstigen Konditionen kaufen. Für ein Drittel der Fläche musste er bei Unterzeichnung des Kaufvertrags zahlen. Über zwei Drittel erhielt er das Vorkaufsrecht. Ende des neunzehnten Jahrhunderts erstreckte sich der Hearst'sche Besitz in Chihuahua über die Gemeinden Temosachic, Madera und Namiquipa bis nach Gomez Farias. Dreihundertsechzigtausend Hektar zusammenhängendes Land, auf dem ausschließlich Fleisch – Rinder, Pferde, Schafe – für den Export in die Vereinigten Staaten produziert wurden. »La Babicora« hieß die Hazienda, die William Hearst von seinem Vater erbte. Die mexikanische Revolution rührte den Besitz des Zeitungstycoons nicht an. Erst nach Hearsts Tod 1951 wurde La Babicora enteignet und wieder in Gemeindeland umgewandelt.

Caciques werden die mexikanischen Großgrundbesitzer des zwanzigsten Jahrhunderts genannt. Einer von ihnen war Eloy Vallina, ein Spanier, der 1925 nach Chihuahua kam und mehrere Banken gegründet hat. Mitte der Vierzigerjahre erwarb er außerdem die anglo-kanadische Mexico Northwestern Railway, die von Madera nach Ciudad Juarez führte. Ein paar Jahre später verkaufte er sie mit Gewinn an die Regierung Chihuahuas. Die Konzession für den Holzabbau, die er beim Kauf der Eisenbahn miterworben hatte, behielt er allerdings und gründete 1952 die Firma Bosques de Chihuahua, der Holz- und Papierfirmen sowie zweihundertsechzigtausend Hektar Wald um Madera gehörten. Wie eine Konzession für den Holzabbau über eine weitere Million Hektar Land, das sich über die Ländereien der ehemaligen Hazienda Babicora und das traditionelle Land der Raramuri-Indianer erstreckte.

Bosques de Chihuahua wurde zum Symbol für die extremen Besitzverhältnisse auf dem Land, obwohl es noch größere Latifundien gab. Den Besitz von Luis Terrazas zum Beispiel, einem Cacique, der auf die Frage, ob er aus Chihuahua sei, geantwortet hat: »Ich bin nicht *aus* Chihuahua. Ich *bin* Chihuahua!« Ihm gehörten in Chihuahua, das flächenmäßig größer als Großbritannien ist, zwei Millionen Hektar Land. Zwanzigtausend Quadratkilometer landwirtschaftlich nutzbarer Boden. Als Ende der Fünfzigerjahre auf dem Weltmarkt die Baumwolle durch Synthetik abgelöst wurde, stellten viele Agrarbetriebe in Chihuahua ihre Wirtschaft von Baumwolle auf Viehhaltung um. »Es war die Zeit, in der eine Kuh mehr Land besessen hat als ein Bauer«, sagt David. Auf eine Kuh kamen in den semiariden Bodenverhältnissen der Hochebene Chihuahuas sechzig Hektar Land. Die Kleinbauern besaßen im Durchschnitt fünf Hektar. Das Existenzminimum. Auch der 1962 an die Macht gekommene Gouverneur, ein ehemaliger General aus den Reihen Pancho Villas, suchte nicht nach sozial verträglichen Lösungen in der Landfrage, sondern kriminalisierte die bäuerliche Bewegung, die sich im Gegenzug radikalisierte.

Arturo Gamiz, ein Lehrer aus Dolores, einer Ortschaft in der Gemeinde Madera, wurde in dieser Zeit Vorsitzender der Arbeiter- und Bauernunion von Chihuahua. Seine Schüler waren Kinder von Landarbeitern und Bauern, die ihre Väter von klein auf zu Landbesetzungen und Protestmärschen begleitet haben. Aus dieser Bauern-, Schüler- und Lehrerbewegung ging schließlich die erste Guerillagruppe Mexikos hervor. Ein kleiner Kreis um Arturo Gamiz, der sich zum Überfall auf die Militärkaserne in Madera entschloss.

Der Überfall wurde zurückgeschlagen. Acht Guerilleros und fünf Soldaten starben. Während die Soldaten mit allen Ehren beerdigt wurden, ließ der Gouverneur von Chihuahua die Widerstandskämpfer in einem Gemeinschaftsgrab verscharren. Seine Worte: »Sie wollten Erde? Gebt ihnen Erde, bis sie genug haben!«

Sein Satz sollte sich, anders als beabsichtigt, erfüllen. Der mexikanische Präsident Luis Echeverria, der 1968 während der Olympischen Spiele in Mexiko das Massaker von Tlatelolco zu verantworten hatte, wollte mit dem Mythos von Bosques de Chihuahua aufräumen, um die ländliche Guerilla zu schwächen. Das Latifundium im Besitz der Firma Bosques de Chihuahua wurde enteignet, das Land 1971 an die Gemeinden verteilt. In Dolores, jener Ortschaft in der Gemeinde Madera, in der Arturo Gamiz unterrichtet hatte, entstand auf den ehemaligen Ländereien von Bosques de Chihuahua das Ejido Huizopa, das von drei Selbstversorger-Dörfern bewirtschaftet wird. David de la Rosa zeigt mir die Gedenktafel, die an den Jahrestag des Überfalls erinnert. Sie wurde auf einer Verkehrsinsel am Ortseingang von Madera an der Stelle angebracht, wo 1965 die Eisenbahnschienen endeten und die alte Kaserne stand.

Seit die Holzindustrie in der Krise ist und es nicht mehr viel gibt, worauf Madera stolz sein kann, ist es ausgerechnet die Erinnerung an die mutigen Männer der Bauernbewegung, die der Gemeinde neues Selbstbewusstsein gibt. Von Jahr zu Jahr versammeln sich am 23. September mehr Menschen auf dem Friedhof vor dem Gemeinschaftsgrab, um jener Männer zu gedenken, denen ein Corrido gewidmet ist:

Vuela, vuela palomita
Sin descansar un ratito
Vuela y dile a las muchachas

De la Normal de Saucillo
Que cayó Pablito Gómez
Su profesor más querido.

Luego reanuda tu vuelo
Entre los verdes nogales
Y ve y dile a los muchachos
De la Normal de Salaices
Que cayó Miguel Quiñones
Defendiendo sus ideales   .

Y cruzando por la Sierra
Y por todos los lugares
Que peleando por el pueblo
Con las armas en la mano
También cayó Arturo Gámiz

[Flieg, Täubchen, flieg,
ohne Pause,
flieg und sag den Mädchen
von der Oberschule in Saucillo,
dass Pablito Gomez gefallen ist,
ihr Lieblingslehrer.

Dann flieg weiter
zwischen den grünen Nussbäumen
und sag den Jungen
von der Oberschule in Salaices,
dass Miguel Quiñones gefallen ist,
während er seine Ideale verteidigte.

Und die Sierra durchwandernd,
durch alle Orte.
Für das Volk kämpfend,
mit den Waffen in der Hand
ist auch Arturo Gamiz gefallen.]

Mit der Landflucht und der Abwanderung in Arbeiterstädte wie Ciudad Juarez, wo die ersten Fabriken gebaut wurden, oder weiter über die Grenze in die Vereinigten Staaten, entspannte sich in den Siebzigerjahren die Lage auf dem Land. Aus den bäuerlichen Bewegungen, die in der ersten Hälfte des zwanzigsten Jahrhunderts für eine Umverteilung des Landes kämpften, wurden nun Organisationen, die wie die demokratische Bauernunion, der David angehört, und die Schuldnerorganisation El Barzon die Interessen der Bauern verteidigen. Der Druck auf den Boden ließ nach, aber die Konflikte blieben. Wie es das Beispiel des Ejidos Huizopa zeigt.

1994 erhielt das kanadische Bergbauunternehmen Minefinders von der mexikanischen Regierung eine Abbaugenehmigung über Land, auf dem das Ejido Huizopa liegt. Obwohl das Unternehmen noch im gleichen Jahr begonnen hat, das Land zu evaluieren, wurden erst Mitte 2000, als der Übertage-Goldabbau schon längst angelaufen war, erste Schritte eingeleitet, einen Pachtvertrag mit dem Ejido Huizopa auszuarbeiten.

Die Dorfgemeinschaft erkannte den Vertrag nicht an. Er wurde von ihren damaligen Sprechern ohne Rücksprache unterzeichnet und war damit ungültig. Darin waren Fragen des Umweltschutzes und der unternehmerischen Verantwortung ausgeklammert worden. Unterdessen fraß sich die Mine immer weiter ins Gemeindeland, vergiftete Viehweiden und Grundwasser und kam den Häusern im Ortskern von Dolores gefährlich nah. Die Minenverwaltung forderte die Anwohner auf, ihre Häuser aufzugeben und in die Siedlung zu ziehen, die sie ihnen außerhalb des Minenareals gebaut hatte.

Dolores aufgeben? Die Schule, an der Arturo Gamiz unterrichtet hat? Den Ort, in dem die Bauernkämpfe der Sechzigerjahre begonnen haben? Nach so vielen Kämpfen einfach aufgeben?

Die Ejido-Bewohner weigerten sich. Der Konflikt verhärtete sich. Im Sommer des Jahres 2008 beschloss die Dorfgemeinschaft, einen Posten vor der Minenzufahrt zu errichten, um gegen die Ausbeutung ihres Landes zu protestieren. Sie forderten von den Minenbetreibern ein Programm zur nachhaltigen Gemeindeentwicklung und die Zahlung einer angemessenen Pachtgebühr für die dreitausendfünfhundert Hektar, auf die das Minenareal zwischenzeitlich auf dem Gemeindeland angewachsen war.

Die Minengesellschaft reagierte nach dem Motto: teile und herrsche. Sie versprach Stipendien und finanzielle Unterstützung denjenigen, die sich nicht an den Protesten beteiligten. Und sie kriminalisierte die anderen, die es taten. Minenarbeiter wurden in Bussen nach Chihuahua transportiert, wo sie vor dem Gouverneurspalast gegen die linken Aktivisten und Aufwiegler protestierten und ein Eingreifen der Regierung forderten.

Zwischen dem Juarez-Kartell und dem Sinaloa-Kartell eskalierte der Krieg und führte zu dem grausamen Gemetzel, bei dem in Creel ein Killerkommando der Drogenmafia dreizehn Menschen massakrieren konnte, weil die öffentliche Sicherheit außer Kraft gesetzt und die Polizei verschwunden war. Am gleichen Tag wurden hundertfünfzig Kilometer weiter nördlich bei der Mine in Huizopa hundertzwanzig Dorfbewohner von hundertfünfzehn Bundespolizisten und Soldaten schwerer bewacht als Joaquin Guzman in dem Hochsicherheitsgefängnis, aus dem ihm die Flucht gelang.

Und während Polizei und Militär mit dem Bewachen friedlich protestierender Anwohner beschäftigt waren, wurde im Gemeindezentrum von Madera dem Grundschullehrer Dante Valdez Jimenez an seinem Arbeitsplatz ein Überraschungsbesuch abgestattet, von dem er sich nicht so schnell erholte. Denn Dante Valdez Jimenez wurde von dreißig Männern des Sicherheitsdienstes der Mine SEPROM brutal zusammengeschlagen und erhielt die Drohung, dass man ihn das nächste Mal töten würde, wenn er sich noch einmal in Dinge einmische, die ihn nichts angingen. Sein Verbrechen: Er hat als Umweltaktivist auf die Umweltschäden durch den Betrieb der Übertage-Mine aufmerksam gemacht und sich an der Besetzung beteiligt.

Madera liegt auf der Drogentransitstrecke durch die Sierra Madre. Mit der regionalen Besonderheit, dass hier der Drogengewalt jahrzehntelange gesellschaftliche Konflikte vorangegangen waren. Mit dem Phänomen der Rechtlosigkeit ist die Bevölkerung also historisch vertraut. Die Guardias Blancas – wie die bewaffneten Schutztrupps der Caciques hießen – bereiteten sie auf die Gewalt des organisierten Verbrechens gewissermaßen psychologisch vor.

Die Geschichte wiederholt sich: Socorro Rivera, ein populärer Bauernführer, wurde 1938 von der Guardia Blanca der Babicora-Hazienda ermordet.

Unter den ersten Toten der Operation »Conjunto Chihuahua« – Calderons Offensive in Chihuahua gegen die Drogenkartelle, die im März 2008 begann – war wieder ein populärer Bauernführer. Armando Villarreal Martha, ein Streikorganisator mit landesweitem Einfluss, der die Bauern der Region dazu brachte, die Zahlung der überteuerten Stromkosten für die Bewässerung ihrer Obstplantagen zu verweigern. Dann wurden der Reihe nach die Anwälte dieser Bauern umgebracht: Oswaldo Bouché, Christian Bañuelos und schließlich Jaime Ruiz Morales.

Es ist diese gehäufte Tötung von engagierten Rechtsanwälten und sozialen Aktivisten, die in Mexiko Stimmen laut werden lässt, die militärische Offensive trage alle Anzeichen einer sozialen Säuberung.

Aber auch diejenigen, die ihrer Regierung nicht soviel Zynismus zutrauen, fragen sich, weshalb ihr Präsident einen Krieg gegen die Drogenkartelle riskiert hat, durch den das ganze Land mit in den Abgrund gerissen wird. Wollte er damit seine Regierung legitimieren, nachdem er durch einen knappen Wahlsieg an die Macht gekommen war, der von der Hälfte aller Wähler nicht anerkannt wurde? Oder brachte ihn Druck aus den USA dazu, sich die militärische Uniform überzustreifen, um als erste Amtshandlung siebentausend Soldaten und Polizisten nach Michoacan zu entsenden, nachdem ausgerechnet in seinem Heimatstaat bis 2006 die Hälfte aller im Zusammenhang mit dem Drogensektor begangenen Morde verzeichnet worden waren? Aber warum setzte er in seiner Offensive gegen das organisierte Verbrechen von Anfang an ausschließlich auf eine militärische Lösung? Wo doch ausgerechnet die Armee im gleichen Zeitraum, in dem in Michoacan die Rate der Drogenmorde nach oben schnellte, knapp hunderttausend Deserteure zu verzeichnen hatte. Soldaten, die die Seiten wechselten und erheblich zum Aufstieg einer besonders brutal agierenden Mafiaorganisation beitrugen – den Zetas.

»Statt als große gesellschaftliche Klammer alle Mexikaner zu vereinen, ist der Kampf gegen die Drogenkartelle zur Zerreißprobe für den Staat geworden, da die Kernprojekte des zwanzigsten Jahrhunderts – Demokratisierung und Menschenrechte – in Mexiko nie abgeschlossen wurden«, sagt der mexikanische Historiker Jesus Vargas.

DEN PLATZ AUFHEIZEN

Zwischen Madera, Namiquipa und Benito Juarez verdichtet sich der mexikanische Drogenkorridor zu einer Route, die zum Synonym für die Narco-Wirklichkeit geworden ist: Einer ihrer Poesie beraubten Landschaft. Namiquipa besteht aus rechtwinkligen Straßen und einem kleinen Stadtpark mit dem üblichen Musikpavillon. Die Gemeinde liegt eingebettet zwischen Mais-, Weizen- und Bohnenfeldern, Nuss- und Apfelplantagen. Vor hundert Jahren hatte Namiquipa seinen größten Auftritt in der mexikanischen Geschichte. Im November 1910, als von hier aus die mexikanische Revolution ihren Anfang nahm. Und dann noch einmal 1916, als Namiquipa im Rahmen der sogenannten Strafexpedition, der militärischen Reaktion der Vereinigten Staaten auf Pancho Villas Überfall auf die Stadt Columbus in New Mexiko, für drei Monate von General Pershings Soldaten besetzt wurde.

Es dauerte fast hundert Jahre, bis Namiquipa wieder in die landesweiten Schlagzeilen geriet: 2010 muss die Stadt die Feierlichkeiten zum zweihundertsten Jahrestag der mexikanischen Unabhängigkeit ausfallen lassen, da sie seit der Ermordung des Bürgermeisters, des Schatzmeisters, des Polizeichefs und des Sekretärs für öffentliche Sicherheit nicht mehr von einem Stadtparlament, sondern vom Terror regiert wird.

Der Terror dringt in Bauernhöfe ein, macht Frauen zu Witwen und Kinder zu Waisen, erschießt Bauern bei der Arbeit auf den Feldern, holt sich willkürlich seine Opfer aus Autos heraus. »Calentar la plaza« heißt diese Terrorstrategie im Narco-Jargon: den Platz aufheizen, die Front am Köcheln halten, um einen strategisch wertvollen Platz, der vom Feind erobert wurde, nicht räumen zu müssen. Mit der Bevölkerung als Pfand, darauf spekulierend, dass dann bald Verstärkung von dritter Seite kommen wird. In Gestalt von Bundespolizisten und militärischen Streitkräften. Dann beginnt ein Katz und Maus-Spiel, bei dem *ein* Verlierer bereits von vornherein feststeht: der Staat. Denn während sich militärisch verlorenes Terrain zurück erobern lässt, gilt dies nicht für den öffentlichen Raum. Die Angst vor der Gewalt ist immer größer als das Vertrauen in den Staat, dessen vordergründige Präsenz sich in Hundertschaften von Soldaten und Bundespolizisten erschöpft, was die Bewohner ihre Lage in den Konfliktregionen letztlich nur noch bedrohlicher erleben lässt.

Die Soldaten, die in Namiquipa stationiert sind, kommen aus Chiapas, aus dem Süden des Landes. Es sind ganz junge Soldaten, denen anzumerken ist, dass sie frieren, wenn sie nachts an strategischen Posten – nur spärlich durch Sandsäcke geschützt – die Stadt vor Übergriffen der Narcos zu schützen versuchen.

Die Nachbarschaft würde sie gerne mit heißem Tee oder einem warmen Essen versorgen. Die jungen Soldaten könnten die eigenen Söhne sein. Aber niemand traut sich, sich ihnen zu nähern, weil sie sich durch diese menschliche Geste selbst verdächtig machen, Position beziehen, zum Feind bekennen, ins Fadenkreuz geraten und ermordet würden.

Allerdings kämen Bürger, die Zeuge eines Mordes geworden oder bei einem Überfall knapp mit dem Leben davongekommen sind, auch nicht auf die Idee, zur Polizei zu gehen und sich als Zeuge zur Verfügung zu stellen oder Anzeige zu erstatten. Es könnte sein, dass der Polizist, dem der Mord gemeldet wird, in Wirklichkeit für denjenigen arbeitet, der den Mord in Auftrag gegeben hat. Es könnte sein, dass hinter dem Überfall auf den Laden, bei dem drei Menschen ums Leben kamen, keine kriminellen Banden stecken, sondern Soldaten, die ihren Sold aufbessern wollen.

Und kein städtischer Polizist ist so lebensmüde, seine Identität preiszugeben und einem bedrängten Bürger zu Hilfe zu eilen. Es könnte sein, dass es sich bei dem angeblichen Überfall um eine Falle handelt und er in eine Auseinandersetzung zwischen verfeindeten Parteien hineingezogen wird, wofür nicht nur er persönlich, sondern auch seine Familie mit dem Leben haftet. Die Aufklärung von Verbrechen wird der Bundespolizei überlassen. Aber der Umstand, dass aus Sicherheitsgründen für den Dienst vor Ort Bundespolizisten aus weit entfernten Landesteilen eingesetzt werden, die ebenso vermummt in der Öffentlichkeit auftreten wie die Mitglieder der Drogenbanden, weckt nicht gerade Vertrauen.

Während Destabilisierung und Terror den Interessen der Drogenkartelle dienen, die sich nach jedem scheinbaren Rückschlag wieder erholen, zerstören Angst und Misstrauen die jungen Triebe möglicher Bündnisse zwischen Regierung und Bevölkerung. Was einen Anfang hatte, muss auch irgendwann einmal zu einem Ende kommen. Mit solchen Durchhalteparolen machen sich die Einwohner in Namiquipa Mut.

Der Beginn des Terrors ist datierbar. Er fing am 1. Februar 2009 an. An einem Sonntag um siebzehn Uhr, während eines Pferderennens in El

Terrero. Als im letzten Rennen wie aus dem Nichts heraus fünf weiße Nissans hinter den Pferden auftauchten, auf deren offenen Ladeflächen vermummte Männer gezielt in Richtung Tribüne schossen, wo das Team der Rennleitung stand. Als handelte es sich um Schießfiguren am Schießstand, fielen zwei Männer in der Gruppe um, während die übrigen plötzlich ebenfalls Gewehre hervorzauberten und das Feuer erwiderten.

Zwanzig Minuten dauerte die Schießerei auf der Rennbahn, dann setzten sich zwei Autokolonnen in Bewegung, und nunmehr wurde aus den fahrenden Autos heraus geschossen. Noch im fünzig Kilometer entfernten Benito Juarez ging an diesem Tag die Schießerei weiter.

»Nur drei Tote in Namiquipa!«, titelte eine Zeitung am nächsten Tag. Von den dreihundert Besuchern des Pferderennens soll niemand verletzt oder getötet worden sein. Anscheinend hätten die Angreifer genau gewusst, wen sie kriegen wollten. Und andere im Ort ahnten, dass sie die nächsten sein würden.

An dem Tag, an dem Joaquin Guzman seinen Anspruch auf Namiquipa anmeldete, verschwanden die Maizenas aus der Stadt. Die Maizenas waren neun Geschwister, die als Kinder zu arm zum Träumen waren und sich deshalb als Erwachsene, nachdem sie sich von Kaugummiverkäufern zu Drogenmillionären hochgearbeitet hatten, alle verpassten Kinderträume gönnten. Sie bauten sich ein rosarotes Schloss mit Löwengehege, Pferdegestüt und Kutscherhaus und lebten darin das Märchen vom freundlichen Mafiaclan, der die Menschen im Dorf mit Arbeit beglückt und Seite an Seite friedlich mit ihnen lebt, bis sie am ersten Februar 2009 die dunkle und schäbige Kehrseite des Märchens einholte und zur Flucht aus ihrem Neverland trieb, das noch am gleichen Tag niedergebrannt wurde.

Ein versöhnliches Ende halten die Narco-Märchen keinem ihrer Figuren bereit. Auch denen nicht, die darin nur eine klitzekleine Rolle spielen. Sogar der Löwenpfleger der Maizenas, der im Dorf geblieben war, entkam der Rache der Gegner nicht. Er wurde von Schüssen durchsiebt aufgefunden.

Die Maizenas waren beliebt. Alle betonen, wie nett die neun Geschwister waren. Trotzdem fragte niemand nach, was mit diesen netten Nachbarn, mit denen man gemeinsam aufgewachsen war, passiert sein könnte? Man stellt keine Fragen. Prinzipiell nicht. Das Gespräch verstummt deshalb nicht, aber es sucht hinter ritualisierten Formen des Umgangs und der Höflichkeit Deckung.

Freundlich und höflich. So war man immer miteinander umgegangen. Es gab keinen Grund, wegzublicken, wenn einer von den Maizenas vorbeiging. Es waren Narcos. Jeder wusste, womit sie ihr Geld verdienten. Aber im Dorf traten sie weiterhin bescheiden auf. Und jetzt, wo die Maizenas weg waren, ging das Leben eben weiter, als hätte es sie nie gegeben. Das ist der Preis, den sie zahlen mussten. Im Grunde hatten sie ja auch nie so richtig dazugehört. Erst die Ärmsten im Ort, dann Narcos. Keiner zwang sie dazu, sich auf das Spiel mit den Drogen einzulassen. Sie waren irgendwann erwachsen. Jeder Erwachsene hat eine Option. Entscheidet er sich für die Drogenwelt, muss er bereit sein, die Konsequenzen zu tragen. Wer umgebracht wird, war darin verwickelt. Unschuldige werden nicht umgebracht.

In Namiquipa höre ich das Argument der Regierung zum ersten Mal aus dem Mund von jungen Leuten, die sich in einem Umfeld, in dem die bürgerlichen Werte nicht mehr viel wert sind, ihre eigene kleine heile Welt eingerichtet haben. Ich lerne diese jungen Familien, die sich einmal die Woche treffen, um gemeinsam im Kirchenchor zu singen, über meinen Gastgeber in Namiquipa kennen, einem Mitglied von El Barzon.

Er ist mit mir bereits den ganzen Tag durch die Dörfer der Umgebung gekurvt und hat mir Familien vorgestellt, von denen nur noch die Frauen am Leben sind. Frauen, die oft am gleichen Tag ihre Männer und ihre Söhne verloren haben und nicht einmal die Zeit zu trauern hatten, weil ebenfalls noch am gleichen Tag die Kühe gemolken, die Äpfel geerntet und die Weiden gemäht werden mussten. Sie unterhalten sich mit uns über das Wetter, über den Traktor, dessen Motor nicht anspringt, über die Töchter, die mit der Schule aufgehört und ihre eigenen Träume beerdigt haben, damit sie ihren Müttern auf dem Hof helfen können. Über die nächste Apfelernte. Ob die Kälte die Apfelblüte fördert oder ob sie ihr eher schaden wird und ob die Preise für Äpfel weiter fallen werden. Und wenn diese Themen erschöpft sind und es im Raum still wird, richten sie sich im Schweigen ein, bis sie wieder etwas tun müssen. Küche putzen, Holz hereinholen, den Traktor richten, das Auto zur Werkstatt bringen, einkaufen gehen oder Essen kochen. All diese Alltagshandlungen kreisen um die Anstrengung, den Gedanken an ihre Männer und Söhne zu entfliehen.

Sie will nicht an ihren Sohn denken, sagt eine Frau. Sie will vergessen, was mit ihm passiert ist. Um nicht verrückt zu werden. Nur so sei der

Schmerz zu ertragen. Ihre Küche ist blitzblank. Sie putzt die Herdplatte, die sie gar nicht benutzt hat, schon zum zweiten Mal, während wir bei ihr sind. Sie hat eine Liste im Kopf, die sie gemeinsam mit ihrer Tochter abarbeitet. Sie hangelt sich an dieser Liste durch die Tage und verdrängt alles, was nicht drauf steht.

Im Dorf nebenan ist eine Witwe bei den Zeugen Jehovas gelandet. Die Schmerzen sind bei ihr zu einer Glaubensprüfung geworden. Die Gewalt zum Werk Satans. Die Welt zum Ort des Bösen. Der Narco zu einer Schachfigur des Teufels. So versucht sie den Morden an ihrem Mann und an ihrem Sohn einen Sinn zu geben. Mit einer Betschwester, die sie täglich besuchen kommt, geht sie die Bibel Wort für Wort durch. Statt einen Psychologen aufzusuchen, macht sie eine Ferndiagnose bei Gott. Sie legt die Hand auf das Buch der Bücher, schließt die Augen und streckt die geballte Faust der anderen Hand in Höhe. »Gott führt mich«, sagt sie wispernd und taucht in den monotonen Singsang ihrer Betschwester ein, aus dem sie einzelne Worte fischt und ekstatisch wiederholt, während ihr ausgemergelter, erschöpfter Körper aus dem religiösen Fanatismus die Kraft schöpft, die er alleine nicht mehr aufbringen kann.

Ich bin erleichtert, als wir aufbrechen und nach Namiquipa zurückfahren, da es bereits zu dämmern beginnt, und ich nicht in der Dunkelheit auf einer abgelegenen Landstraße unterwegs sein möchte. Tagsüber sei dies kein Problem, wird mir von allen Seiten versichert. Tagsüber wird eine Normalität simuliert, die gespenstisch ist, weil sie nur von Sonnenaufgang bis Sonnenuntergang gilt. Danach gehören die Straßen den Narcos. Denn dann rollen ihre Drogenkonvois durchs Land.

Aber mein Gastgeber hat es gar nicht so eilig, nach Hause zu fahren. Es ist Mittwoch. Chorabend. Der Abend, auf den er sich die ganze Woche über gefreut hat und den er nur ungern verpasst. Er selbst singt nicht. Er sitzt nur da und hört zu. Der Kreis, der sich zum Singen trifft, ist wesentlich jünger als er. Junge Ehepaare mit kleinen Kindern.

Es täte gut, zu sehen, wie aufmerksam alle miteinander umgingen und was für eine unverdorbene Sprache sie sprechen. Es sind angenehme Menschen, die Redlichkeit ausstrahlen. Wenn er eine Weile zugehört hat, wie sie gemeinsam singen und sich unterhalten, fühle er sich danach immer etwas feierlich gestimmt. Optimistischer eben!

In dieser Woche fällt die Chorprobe aus. Seine Freunde, zwei Schwestern und ihre Ehemänner, wollen im kleinen Kreis zuhause singen. Sie warten noch auf einen weiteren Freund, der am Vormittag nach Chihuahua gefahren ist und sie von unterwegs aus angerufen hat, um sie wissen zu lassen, dass er zwischen neun und zehn Uhr abends wieder zurück sein würde. Ich mache große Augen. Er ist um diese Uhrzeit noch im Auto unterwegs? Meine Stimme klingt offenbar vorwurfsvoll.

Sie sehen mich etwas ratlos an und zucken die Achseln. Ihr Freund pendelt seit Jahren regelmäßig zwischen Chihuahua und Namiquipa. Er besitzt ein Restaurant und kauft in Chihuahua frische Waren ein. Die Narcos kennen sein Auto. Mit einem neuen Auto wäre es riskant, so spät noch unterwegs zu sein. Denn ein Auto, das noch nicht registriert ist, weckt Misstrauen. Und wenn es das Auto von jemandem ist, der nicht aus der Gegend kommt, dann hat diese Person ein Problem. Aber ihr Freund ist die Strecke mit seinem Auto schon so oft gefahren, dass er den Posten der Narcos bekannt sein dürfte.

Fahrten durch Regionen, deren Lage sie nicht einschätzen können, würden sie allerdings alle meiden. Das unbekannte Terrain fängt möglicherweise schon gleich in der Nachbarschaft an. Zum Beispiel fährt von ihnen keiner mehr an den Tintero-Stausee, seit dort die Leichen von Leuten aus dem Wasser gefischt wurden, die hier in der Gegend als vermisst gemeldet waren.

Nach der Schießerei auf der Rennbahn hätten sie auch um die Ortschaft El Terrero einen großen Bogen gemacht, bis sich die Lage beruhigt hatte. Offiziell sei nur von drei Toten die Rede gewesen. Aber es machten Gerüchte die Runde, dass die Sicarios an dem Tag mindestens zwanzig Personen erschossen hätten, deren Leichen sie auf den Ladeflächen ihrer Pick-ups verstaut und mitgenommen hätten, um keinen Skandal zu verursachen.

Die Polizei versuche stets, eine Sache klein zu halten. Je weniger Tote, desto weniger Schlagzeilen. Umso üppiger blühen die Gerüchte. Der eine will dies gehört, der andere jenes gesehen haben. Und ein Dritter kennt jemanden, der selbst dabei gewesen sein und alles mit eigenen Augen beobachtet haben will. Purer Kaffeeklatsch, den niemand nachprüfen kann.

»Wir rechnen mit dem Schlimmsten und trauen niemandem. Hier regiert der Wilde Westen. Daran können wir nichts ändern. Also halten wir uns aus allem heraus. Wir sehen nichts, wir hören nichts, wir sagen nichts.

Wir ziehen eine Grenze zwischen dem, was um uns herum passiert und unserem Leben. Denn unsere Kinder sollen gut von böse, und richtig von falsch unterscheiden lernen. Kinder brauchen Vorbilder. Eine intakte Familie ist ein Vorbild. Eine Familie, die die Kultur der Illegalität vorlebt, ist es nicht. Narcocorridos bekommt man bei uns nicht zu hören!«

Keine Narcocorridos also. Aber Gospellieder und Boleros, Musicals und Evergreens. Als der Freund gegen zehn Uhr eintrifft, beginnen sie mit dem Programm. Ganz professionell mit Musikanlage und Halbplayback. Die Musik ist im Keyboard gespeichert. Den Gesang steuern sie live hinzu. *Besame mucho, Banana Boat* und *The Lion sleeps tonight*.

Ob ich mir einen Narco vorstellen könne, der *The Lion sleeps tonight* singt?, fragt mich mein Gastgeber, als wir zwei Stunden später aufbrechen. Bei dieser Vorstellung muss er herzhaft lachen. Das sei etwas, das einfach nicht zusammenpasse. Und deshalb könne er sich bei seinen Freunden so entspannen. Dort sei ein garantiert narcofreier Raum.

Am nächsten Morgen trinke ich den Frühstückskaffee vor einem großen Panoramafenster mit Blick auf ein Feld junger Apfelbäume und wärme mir an der Kaffeetasse die Hände. Es ist absolut still. Die dicken Fensterscheiben verschlucken jedes Geräusch von draußen. Ein Arbeiter bestreicht die Stämme der Bäume mit Kalk. Sein Atem ist zu sehen. Die Wachhunde der Ranch laufen zwischen den Bäumen herum. Das Grundstück ist eingefriedet, aber das Tor war die ganze Nacht über offen. Es sei immer offen. Die Hunde würden anschlagen, wenn sich jemand dem Haus nähere. Wirklich beruhigend ist das nicht. Die Ranch meines Gastgebers liegt außerhalb des Ortskerns und ist von Feldern umgeben.

Die Nachrichten und Bilder des Drogenkrieges zeigen Großeinsätze der Drogenfahnder. Militärkonvois und Polizisten in schwerer Ausrüstung. Militärische Straßenblockaden und polizeilich abgesperrte Zufahrten. In den Nachrichten über den Drogenkrieg laufen stets viele Menschen durchs Bild. Es herrscht Lärm, Sirenen heulen, Einsatzwagen mit flackerndem Blaulicht tauchen die Szene in kaltes Licht.

In der Stille der Landschaft zwischen Madera, Namiquipa und Benito Juarez, die bezeichnenderweise Bermudadreieck genannt wird, verschwinden die Menschen lautlos und tauchen nie wieder auf.

DIE NEUEN CACIQUES

Wir sind bis jetzt tatsächlich noch keinem einzigen Auto begegnet. Von Flores Magon, wo mich Cesar abgeholt hat, bis Benito Juarez sind es dreißig Kilometer. Und auf diesen dreißig Kilometern waren wir die ganze Zeit über die einzigen Reisenden. Es ist also nicht übertrieben, wenn ich schreibe, dass auf den knapp hundert Kilometern zwischen Flores Magon und Villa Ahumada keine Menschenseele mehr unterwegs ist, seit La Linea diese Straße als Rückzugskorridor nutzt, sobald es an einem der umliegenden Verkehrsknotenpunkte der Drogentransitstrecke – in Ciudad Juarez, Ahumada oder Casas Grandes – zu verstärkten Einsätzen militärischer Streitkräfte kommt.

Der mit zwölftausend Einwohnern größte Ort auf dieser Strecke ist Benito Juarez. Als eine der reichsten bäuerlichen Gemeinschaften Mexikos, die eine der besten Baumwollen der Welt produzierte, war das Ejido in den Siebzigerjahren so bedeutend, dass sich Politiker aus der Hauptstadt auf den weiten Weg hierher machten, sobald in Benito Juarez politische Entscheidungen anstanden.

Mit Inkrafttreten des NAFTA-Freihandelsabkommens im Jahr 1994, mit dem die Zölle auf landwirtschaftliche Produkte abgeschafft wurden, begann der wirtschaftliche Niedergang dieses Ejidos, dessen Produkte – neben Baumwolle auch Weizen, Chili, Mais und Melonen – plötzlich nicht mehr konkurrenzfähig waren.

Über Nacht waren aus produktiven Vorzeigebauern hoch verschuldete Verlierer der Marktöffnung geworden, die ihre landwirtschaftlichen Kredite nicht mehr zurückzahlen konnten. Doch als die Banken ihre Anwälte schickten, um den Besitz zu beschlagnahmen, rebellierten die Bauern. Dieser Protest von Benito Juarez bildete im Jahr 1996 die Keimzelle von El Barzon.

Fünfzehn Jahre später wird die Wiege der modernen Bauernbewegung Chihuahuas von La Linea als strategisches Rückzugsgebiet genutzt. »Sie streichen ihren Zaun an. Wir streichen unseren Zaun an«, stellt Cesar klar. »Es gibt keine Berührungspunkte.«

Doch der Tod von Armando Villarreal Martha, dem populären Bauernführer aus der Region, gleich in den ersten Tagen der militärischen Regierungsoffensive im März 2008 und die Ermordung jener Anwälte, die ihn und andere Bauern verteidigten, zeigt, dass sich die gesellschaftlichen Auseinandersetzungen auf dem Land nicht vom Drogenkonflikt trennen lassen.

Die Verwischung der Unterschiede wird von den Strategen der Kriegsparteien bewusst praktiziert. Von den Drogenkartellen, die organisierte Gemeinschaften wie Benito Juarez als Schutzschild benutzen. Und von der Regierung, die mit der räumlichen Nähe der Drogenkartelle ihre Kriminalisierungspolitik gegenüber der bäuerlichen Bewegung rechtfertigt.

In Benito Juarez köchelt eine der typischen Fronten des Drogenkriegs und hat den Ort auf der Landkarte isoliert. Aber es ist einer der wenigen Brennpunkte, an dem geschlossen Widerstand geleistet wird. Als im Juni 2008 der örtliche Leiter von El Barzon von einer Polizeisondereinheit in einer Aktion, die mehr einer Verschleppung als einer Verhaftung glich, festgenommen werden sollte, kamen ihm Minuten später achtzig Bauern zu Hilfe, die seine Festnahme verhinderten.

Die in Zivil gekleideten Polizisten wollten den Barzonista ohne Vorlage ihres Dienstausweises oder eines Haftbefehls in einem Wagen ohne Nummernschild mitnehmen. Was sie den aufgebrachten Gemeindemitgliedern schließlich präsentierten, war die Strafanzeige einer Bank, die seit sechs Jahren nicht mehr existierte, über Gemeindeschulden, die per Regierungsbeschluss dem Ejido längst erlassen worden waren.

»Die Fronten sind nicht mehr zu unterscheiden«, sagt Cesar. Die Bundespolizisten sind aus Sicherheitsgründen ebenso vermummt wie die Sicarios. Und die Sicarios tragen oft Camouflage. Aber er frage sich, warum ihnen die Polizei überhaupt misstraut und so tut, als handele es sich bei ihnen um potentielle Verbrecher?

»Der Skandal der Regierungsoffensive gegen das organisierte Verbrechen liegt in der Arroganz der politischen Elite«, sagt der Journalist, Soziologe und Politiker Victor Quintana dazu, den ich in Chihuahua interviewen konnte. »Die politische Elite sorgt sich nicht um das gesellschaftliche Wohlergehen der Bevölkerung, sondern um die unternehmerischen Investitionen im Land. Für die Bevölkerung ist darin die Rolle der Konsumenten vorgesehen, nicht die von ernst zu nehmenden Bürgern. Letztlich fühlt sich diese Elite durch Teile der Bevölkerung, die sich zu kritischen Konsumenten wandeln, provozierter als durch unternehmerisch ausgerichtete Drogenkartelle. Und wo sie wie im Fall der bäuerlichen Bewegungen selbst zu gesellschaftspolitischen Akteuren werden, verwechselt sie gar die gegnerischen Fronten in diesem Krieg. Sie riskiert Menschenrechtsverletzungen und Machtmissbrauch. Und unterdessen wachsen Macht und Einfluss der Narcos, die zu den neuen Caciques aufsteigen.«

Seit wir in Flores Magon in die Straße nach Villa Ahumada abgebogen sind und über die leicht mit Schnee bedeckte Hochebene fahren, fühle ich mich wie im Grimm'schen Märchen vom gestiefelten Kater. Ich frage Cesar, wem all die Felder auf beiden Seiten der Straße gehören, und er antwortet: »Den Narcos.« Ich frage ihn, wem die Rinderweiden gehören. Und wieder antwortet Cesar: »Den Narcos.«

»Und die verwilderten Baumwollfelder links und rechts?«

»Den Narcos.«

»Denen scheint ja das ganze Land von Flores Magon bis Villa Ahumada zu gehören.«

»Nicht ganz«, lacht Cesar. »Dazwischen liegen die Felder der Ejido-Mitglieder.«

»Wie kommen die Narcos an das Land?«

»Über Strohmänner. Die brachliegenden Baumwollfelder könnten Narcos gehören, die untergetaucht sind. Oder verhaftet wurden. Oder auch ermordet. Wie die einzelnen Besitzer heißen, weiß niemand. Die sind ständig dabei, Landbesitz untereinander zu tauschen. Wie bei einem Hütchenspiel. Um die Herkunft des Geldes zu verwischen.«

Drei Kilometer vor Benito Juarez biegen wir links in eine kleine Straße ein, die zu einem Weiler mit einem Dutzend Häusern führt, der Colonia Hernandez y Hernandez. Als wir näher kommen, ist zu erkennen, dass die Häuser ausgebrannt sind.

»Was ist hier passiert?«

»Die alten Besitzer mussten ihre Häuser an die Narcos verkaufen, ob sie wollten oder nicht. La Linea hat den Ort beschlagnahmt. Sobald es in Juarez oder Ahumada zu heiß wurde, sind sie hierher. Von hier aus organisierten sie ihre Drogentransporte. Über ein Netz kleiner Straßen, die alle in Richtung Grenze führen. Nach Nogales, Ciudad Juarez, dem Valle de Juarez und Ojinaga. Vor einem Jahr wurde das Nest ausgeräuchert. Nachdem in der Nähe die Leichen von drei Bundespolizisten gefunden wurden.«

Der verlassene Weiler grenzt an den Friedhof von Benito Juarez. Ein unasphaltierter Schleichweg führt parallel zur Hauptstraße an einem Kanal entlang ins Dorf hinab. Vor ein paar Jahren hielten auf dieser abgelegenen Straße die Liebespärchen ihre Schäferstunden ab. Dann hatte La Linea auch hier oben dafür gesorgt, dass der magische Realismus dem tragischen Realismus weichen musste und hatte bewaffnete Wachposten aufgestellt. Seit Hernandez y Hernandez nur noch sporadisch als Rückzugsort genutzt wird, wurde der Wachposten wieder abgezogen. Aber die Angst ist geblieben. Und Angst schafft nicht gerade die ideale Stimmungslage für Liebesabenteuer.

Die Autoheizung funktioniert nicht. Cesar sitzt mit Motorradhandschuhen hinter dem Steuer und trägt die Kapuze seines Sweaters über der Baseballkappe. Von seinem Schnauzbart hängen kleine Eistropfen herab. Es ist klirrend kalt.

Cesar hat sich den Geländewagen von einem Freund geliehen, der ursprünglich mit uns zusammen nach Ahumada fahren wollte, wie wir es in Namiquipa vereinbart hatten. Der Freund hat abgesagt. Ihm ist etwas dazwischen gekommen. Cesar grinst: »Er hätte schon Zeit gehabt«, sagt er. »Aber er hat…« Statt den Satz zu Ende zu führen, macht er die typische Handbewegung mit den schnappenden Fingern, was mit den Handschuhen nur andeutungsweise geht. »Es war ihm einfach zu riskant.«

Es war nicht geplant, dass ich nach Benito Juarez komme. Zu gefährlich, entschied mein Gastgeber in Namiquipa. Er meinte dies nicht nur in Bezug auf mich. Ich sollte mich mit den Leuten aus Benito Juarez bei ihm auf der Ranch in Namiquipa treffen und mich dort mit ihnen unterhalten. Aber wie kann ich über einen Ort schreiben, den ich nicht gesehen habe? Mein Gastgeber bestand darauf. Ich sollte mir erst einmal anhören, was die beiden von meiner Idee halten.

Wie denn die Lage im Moment in Benito Juarez sei, fragte ich irgendwann im Verlauf unseres Gesprächs in Namiquipa. »Eigentlich ganz ruhig«, meinte Cesar. Was sie dazu sagen würden, wenn ich den Bus nach Flores Magon nehme und dann mit ihnen über Benito Juarez nach Villa Ahumada fahren würde?

Die beiden sagten nichts.

Ich würde nicht in Benito Juarez bleiben. Ich würde mit niemandem sprechen. Ich würde keine Fragen stellen. Nur einmal kurz durch den Ort … und dann gleich weiter nach Ahumada.

Cesar blickte seinen Freund fragend an. Der gab zu verstehen, dass er keine Einwände hätte, und ich schlug vor, dass ich mich einen Tag vorher noch einmal bei ihnen melden würde, falls sie doch Bedenken bekommen sollten.

»Wahrscheinlich fehlt Kühlwasser«, murmelt nun Cesar und hält, als wir in Benito Juarez ankommen, vor einer Reifenwerkstatt. Er steigt aus und öffnet die Motorhaube. Der Besitzer der Werkstatt grüßt ihn und wirft einen kurzen Blick zu mir hin. Während Cesar Kühlwasser nachfüllt, setzt er sich ins Auto, nickt mir kurz zu, dreht die Heizung testweise voll auf und fragt mich wie nebenbei, woher ich käme. Ich lächle freundlich, mache eine vage Handbewegung in die Richtung, wo ich die USA vermute, und sage nur: Von dort. Der etwas finster blickende Mann hält die Hand vor das Gebläse, ruft laut, dass die Heizung warm wird, nickt mir wieder kurz zu und steigt aus.

»Ist ok«, sagt Cesar, als wir weiter fahren. »Eduardo repariert die Reifen der landwirtschaftlichen Fuhrparks. Früher war er mal ein Wilder, aber heute tut er keiner Fliege mehr was zuleide.«

Es wird allmählich warm im Auto. Wir fahren langsam alle Straßen im Ort ab. Cesar weist mich auf die gelben, grünen und rosafarbenen Häuser der Narcos hin, die zwischen den unverputzten Häusern der Bauern hervorstechen. Und dann auf ein besonders großes, orangefarbenes Haus mit Ziergittern vor den Fenstern. Es ist offensichtlich das prächtigste Haus im Ort und es gehört dem örtlichen Polizeikommandanten, der gleichzeitig der Kopf der Bande ist.

»Hast du *El Infierno* gesehen?«, fragt mich Cesar. »Dann weißt du ja, wie du ihn dir vorstellen musst. Er sorgt für Ordnung. Er führt die Anweisungen von La Linea aus. Nach neun Uhr abends müssen alle Dorfbewohner in ihren Häusern sein. Denn dann gehören die Straßen den Drogenschmugglern. Zwei Ausnahmen werden allerdings gemacht: Die beiden Bierausschänke mit angeschlossenem Puff, von denen niemand weiß, wem sie gehören, dürfen auch nach neun Uhr abends aufgesucht werden. Und dass, obwohl in einem Ejido der Alkoholverkauf verboten ist.«

Wir fahren an einigen Häusern vorbei, deren Fassaden mit aufwändig gearbeiteten Holzabschlussleisten unter dem Dach deshalb auffallen, weil sie geschmackvoller gestaltet sind als der bunte Narco-Kitsch. Es sind Häuser aus der guten alten Zeit in Benito Juarez, die von vergangenem Wohlstand zeugen.

»Gibt es außer der Landwirtschaft noch andere Arbeit im Ort?«

»Einen kleinen Betrieb, der Pferdegeschirr herstellt. Und eine Mine.«

»Was produziert sie?«

»Das weiß niemand von den Ejidistas. Die Minenleitung gibt aus Gründen der Sicherheit keine Informationen heraus. Keine Ahnung, was in der Mine abgebaut wird oder wie hoch der Gewinn ist. Zumindest haben zweihundert Personen Arbeit.«

Ansonsten bleibt nur La Linea.

»Die Regierung schickt Sondereinheiten der Polizei und das Militär hierher. Aber sie schafft keine Perspektiven für die Jugend. Es gibt überhaupt keine Ausbildungsmöglichkeit bei uns. Eduardo beschäftigt in seiner Reifenwerkstatt hin und wieder ein paar Jungs, die ansonsten für La Linea arbeiten. Die meisten Jungs, die für die Narcos arbeiten, sind nämlich erst sechzehn Jahre und noch jünger. Sie arbeiten in Zweiwochenschichten als Straßenposten, und melden sofort, wenn Bundespolizisten vorbeifahren. Dafür werden sie in Form von ein paar Gramm Kokain bezahlt und erhalten ein Taschengeld von tausend Pesos. Die Jungs sind alle drogenabhängig. Eduardo versucht sie davon zu überzeugen, dass es mit sechzehn Jahren noch nicht zu spät sei, das Leben zu ändern.«

»Ist es denn dann nicht wirklich schon viel zu spät?«, rutscht mir heraus.

David de la Rosa hat mir in Madera erzählt, dass er auf seinen Fahrten in die Sierra von Kindern im Grundschulalter angesprochen wird, ob er Sicario sei. Aber nein, meinten dann die Knirpse verächtlich, für einen Sicario fahre er eine viel zu alte Schrottkiste. Und auf den Märkten würde er Szenen erleben, in denen dreizehnjährige Kinder ihre Jahresernte Marihuana verkaufen und für zweihundert Kilogramm zweihunderttausend Pesos – rund zwölftausend Euro – erhalten. Sie wedeln mit ihren Bankbündeln, halten sie den Bauern unter die Nase, die ihre Bohnen und ihr Gemüse zu verkaufen versuchen, und fragen provozierend: »Na, sag schon, wieviel hast du für dein Gemüse bekommen?«

Es sei nie zu spät, sagt Cesar irritiert und blickt zu mir hinüber. Es kämen ja immer wieder neue Generationen nach. Und dann macht er mich auf ein kleines, weißes, unscheinbares Haus aufmerksam, das den Schmugglern als Drogendepot dient.

Vor einigen Jahren noch wurden die Drogen im auffälligsten Haus am

Ort deponiert. Aber die Narcos hätten gelernt. Heute bevorzugen sie unauffällige Häuser, die nur angemietet werden, damit ihnen die Drogenfahnder und die Konkurrenz nicht auf die Spur kommen. Die Geheimniskrämerei sei inzwischen so groß, dass die Gruppen zum Teil selbst gar nicht immer wüssten, wer zu ihnen gehört und wer zum Feind. Es gäbe nämlich kaum noch Ortschaften, die in der Hand von nur einer Gruppe sind. Das mache die Sache so kompliziert und die Leute extrem nervös. Deshalb würde jeder Fremde misstrauisch beäugt und jedes Auto genau unter die Lupe genommen.

Bis nach Ahumada sind es von Benito Juarez aus knapp siebzig Kilometer. Die Straße zieht ihre Gerade durch die eintönige Weite der Hochebene. Sie führt an Nussplantagen und Weideland vorbei. Dazwischen plötzlich eine Milchfabrik. Und schließlich der Schauplatz der Schlacht von El Carrizal. Höhepunkt des Vorstoßes von General John Pershings Strafexpedition im Jahr 1916.

Keine Touristeninformation am Straßenrand weist darauf hin, wie geschichtsträchtig dieser unscheinbare Ort ist. Keine Souvenirverkäufer pflastern den Weg zum Museum. Kein Willkommensschild begrüßt internationale Besucher. El Carrizal besteht nur aus einer Handvoll Häuser, einer Kirche und einem kleinen Zapata-Museum, zu dem Lilly den Schlüssel hat.

Lilly wohnt fünfzig Meter vom Museum entfernt. Sie ist zuhause, öffnet einen Spalt breit die Tür und steckt den Kopf heraus. Donnerstags sei das Museum geschlossen. Und da gelten in El Carrizal die gleichen Regeln wie im Museo Nacional de Arte in Mexiko-Stadt. Man muss am nächsten Tag wiederkommen. Nach dieser Auskunft zieht Lilly ihren Kopf zurück und schlägt uns die Tür vor der Nase zu. Ihr ist es wahrscheinlich einfach zu kalt. Also hat die Vergangenheit Ruhetag. Die Schlachten der Gegenwart bringen keine nationalen Helden hervor. Nur fassungsloses Entsetzen.

Cesar registriert die Veränderungen. Die sicherheitstechnisch aufgerüstete Trutzburg mit vier Meter hohen Mauern, Lichtanlage und Videoüberwachung direkt an der Hauptstraße, war vor einem Jahr noch eine romantische Hazienda mit einem schönen Einfahrtstor und einem einsichtbaren Grundstück.

Je weiter wir uns von Benito Juarez entfernen, desto konzentrierter sitzt er hinter dem Steuer. In den Fahrzeugen, die an den Straßenkreuzungen stehen, sitzen Männer in dicken Jacken, die jede Menge Zeit zu haben scheinen.

Bis 2008 war Ahumada ein beliebter Zwischenstopp auf halbem Weg zwischen Ciudad Juarez und Chihuahua. Vor allem bekannt für seine Burritos. In den Imbissbuden und Straßenküchen bei der Bushaltestelle an der Hauptstraße herrschte immer Hochbetrieb. Jeder deckte sich mit Burritos ein, als gäbe es die nächsten tausend Kilometer nichts mehr zu essen.

Seit die Druckwelle der Gewalt im Mai 2008 Ahumada erreicht hat und dort mehrmals in Folge mit zerstörerischer Wucht aufschlug, passiert auch in Ahumada das, was überall dort passiert, wo sich Drogenbanden eine Plaza streitig machen: der Platz wird aufgeheizt und am Köcheln gehalten. In Ahumada hat sich der Platz mehrmals überhitzt.

Im Mai 2008 versuchte sich Joaquin Guzman das Machtvakuum zunutze zu machen, das nach der Festnahme von Pedro Sanchez Arras alias »Der Tiger«, dem Drogenboss von Ahumada und dritten Mann im Juarez-Kartell, entstanden war.

Guzmans Killer von der Gente Nueva zogen eine ganze Nacht lang Polizisten mordend durch die Straßen von Ahumada. Die wenigen Polizisten, die den folgenden Tag erlebten, flohen panisch aus der Stadt.

Im Februar 2009 wurden neun Einwohner von Joaquin Guzmans Bande entführt. Die Befreiungsaktion der Streitkräfte haben nur drei überlebt. Bei dem anschließenden Schusswechsel wurden zwanzig Personen getötet. Die Stadt blutete aus.

Nach Ahumada laufen die Schmuggelwege aus der Sierra wie Venen zum Herzen hin und führen wie Arterien weg über die Grenze in die USA. Die Hauptarterie zieht sich hundertdreißig Kilometer nach Ciudad Juarez, wo der Sitz des Kartells von Vicente Carrillo Fuentes ist. Einen solchen Platz gibt man nicht auf. Carrillo Fuentes verschärfte den Konflikt und ging 2008 das Bündnis mit den Beltran Leyva-Brüdern ein.

Ahumada liefert heute das deprimierende Bild einer Stadt, die den Narcos überlassen worden ist und erinnert an die trostlose Landschaft der Mad Max-Filme. Durch die menschenleeren Straßen gleiten schwere Geländewagen mit abgedunkelten Scheiben. Sie fahren Straße für Straße ab. Der sandfarbene Ford vor uns, der eine Straße früher als wir abgebogen war, ist, als wir die Parallelstraße zurückfahren, plötzlich wieder hinter uns. Wir biegen wieder ab. Er fährt geradeaus weiter. Wie im Formationstanz.

Nur ein Mann, der auf den Bus wartet, oder ein Straßenposten der Narcos?

Viele Häuser sehen verlassen aus. Die Vorgärten sind verwahrlost. Die Gartentüren stehen offen. Zwischen ärmlichen Aluminiumdach-Bungalows stehen wie üblich die protzigen Narco-Villen. Rosa und gelbe Tulpen als Zierde im gusseisernen Gartenzaun. Das gleiche aufwändige Motiv an der Haustür. Bonbonfarbene Außenfassaden. Einige obligatorische Narco-Kuppeln. Überall spießige Erker und Säulen. Nach dem Motto: Hier bin ich Mensch, hier darf ich's sein. Wenn ich nicht gerade morde, entführe, erpresse oder schmuggle.

Bis zu dem Moment, in dem ich die zwei Schulkinder sehe, die in die Seitenstraße einbiegen, habe ich überhaupt nicht daran gedacht, dass dies eine Stadt ist, in der Familien mit Kindern leben. Aber plötzlich sehe ich Spuren von Alltagsleben. Das Spielzeug vor der Eingangstür. Die Wäsche an der Leine hinter dem Haus. Das an die Hausmauer gelehnte Kinderfahrrad. Der kleine Junge, der von seinem Vater auf den Beifahrersitz des Jeeps gesetzt wird. Wie will man wissen, wer von all den Familienvätern »in die Sache« verwickelt und wer in die innere Emigration gegangen ist?

»Ahumada ist kein Ejido, sondern eine Stadt. Man kennt sich hier nicht so gut«, sagt Cesar. »Niemand weiß, wer zu welcher Seite gehört.«

Wir essen Burritos de Chile Relleno. Wo bis vor ein paar Monaten der Andrang der Gäste so groß war, dass man bei der Bestellung sofort zahlen musste, sind wir die einzigen Gäste inmitten einer Armada aus Kellnerinnen, Köchen, Gehilfen und Kassiererinnen.

Die Busse halten nur kurz. Kaum einer der Passagiere steigt aus.

Später im Bus erlebe ich die erste Gepäckrevision seit einer Woche.

Wie feine Äderchen ziehen sich die Landstraßen vom goldenen Dreieck und von den Pazifikhäfen in Matazlan und Topolobampo durch die Sierra. Aber die Verkehrskontrollen des Militärs beschränken sich auf die großen Bundesstraßen, die von Süden nach Norden laufen und den Westen mit dem Osten verbinden. Die Panamericana. Die Interamericana. Straßen, auf denen Touristen reisen. Auf großen Tafeln entschuldigt man sich auf Englisch für die Unannehmlichkeiten und gibt eine Telefonnummer an, an die man sich bei Beschwerden wenden kann.

Was für eine Show, denke ich. Oder wie der trockene Kommentar eines Mexikaners dazu wäre: Pure Simulation.

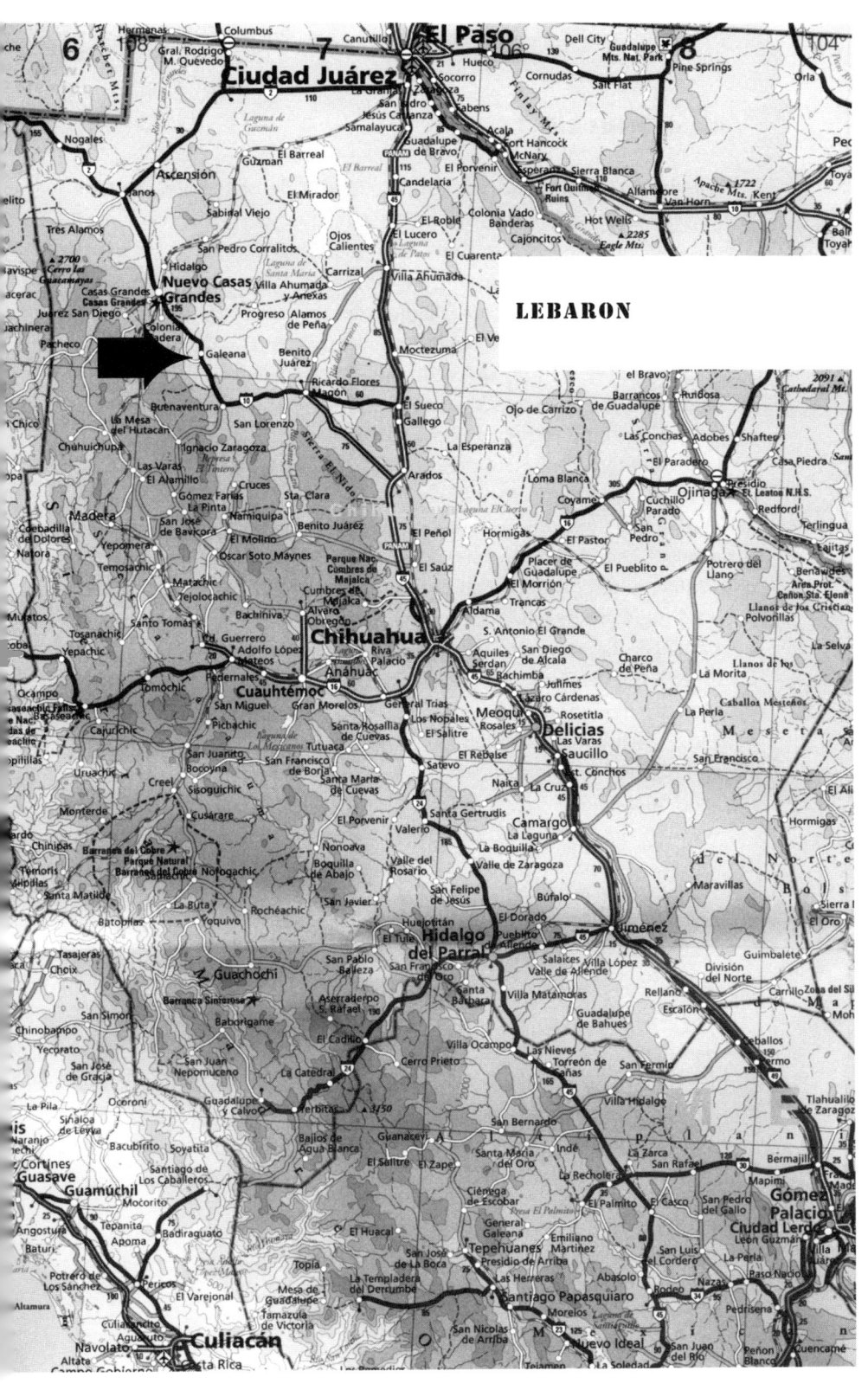

LEBARON

s.o.s. CHIHUAHUA

Die Expertise, die Calderons militärischer Offensive gegen die Drogenkartelle ausgestellt wird, ist niederschmetternd: Weder Plan noch Strategie seien zu erkennen. Statt dem 2006 angekündigten Ende mit Schrecken mache die Bevölkerung seit Jahren einen Schrecken ohne Ende durch. Die angekündigte Zerschlagung des organisierten Verbrechens, mit der Calderon seiner Präsidentschaft nach einem zweifelhaften Wahlsieg mit einem Paukenschlag Legitimation verschaffen wollte, hätte das Ausmaß der Verstrickung des Staates mit jenen mafiosen Strukturen, die eigentlich bekämpft werden sollten, aufgedeckt. Aber statt mit der Korruption in Politik und Staatsorganen aufzuräumen und die Zivilgesellschaft zu stärken, um den Einfluss der Drogenmafia zurückzudrängen, verlasse sich die Regierung weiter einseitig auf ihre bisherigen machtpolitischen Partner – Unternehmer und Militär – und riskiere es, dass sich eine immer jüngere Bevölkerungsgruppe gesellschaftlich gänzlich abkoppelt und mit den scheinbar unvermeidbaren Fakten arrangiert. Mit Drogenkartellen, die zu ihren Arbeitgebern werden, weil es keine anderen Perspektiven gibt. Denn der illegale Markt hat neben dem Drogenhandel inzwischen eine ganze Palette weiterer Tätigkeiten zu bieten: Entführungen, Frauenhandel, Waffen- und Menschenschmuggel, Geldwäsche, Erpressung und Produktpiraterie – so der mexikanische Drogenexperte Edgardo Buscaglia.

Wie weit der staatliche Kontrollverlust bereits fortgeschritten ist, zeigt der Fall der Mormonengemeinschaft in Lebaron, einem kleinen Ort im Gemeindebezirk Galeana, im Drogenkorridor auf halber Strecke zwischen Madera und Ciudad Juarez, für deren Sicherheit der Staat nicht einmal dann garantieren konnte, als die Gefahrenlage im Ort einzuschätzen und die kommende Tragödie abzusehen war.

Steigt man auf dem Parkplatz vor dem Comercial Lebaron aus dem Bus, ist man mitten in einem Kindergewusel und hört überall Englisch. Kinder spielen auf dem Parkplatz, während ihre Mütter einkaufen. Wie die Orgelpfeifen sitzen sie auf den Rückbänken der Pickups. Eine Reihe wippender Pferdeschwänze neben Jungen mit Cowboyhüten. Alle sind blond und heißen Lebaron. Sie wechseln zwischen zwei Sätzen vom Englischen ins Spanische über.

Julian Lebaron und seine Frau.

Ich werde gefragt, wohin ich möchte. Eine junge Mutter mit einem kleinen Knirps in Cowboystiefeln und Windeln fährt mich in ihrem Auto zum Haus von Julian Lebaron. Der Kleine sitzt auf ihrem Schoß.

An der Hauptstraße steht ein Denkmal von Joel Lebaron, dem Kirchengründer, mit einem seiner Söhne, Joel Jr., dem Vater von zwölf Kindern, unter ihnen Julian, Eric und Benjamin – den Protagonisten eines Dramas, in dessen Verlauf Eric entführt, Benjamin ermordet und Julian zum Specher einer Bewegung wurde. Ein Schild grüßt: »Willkommen in Lebaron, dem Dorf, in dem die Sonne mit dem Licht der Hoffnung und der Liebe strahlt.«

Die Zufahrtsstraßen ins Dorf sind zum Teil durch Schikanen versperrt. Das Straßennetz ist ein Labyrinth. Wer sich nicht auskennt, landet in einer Sackgasse.

Wir fahren einen großen Bogen. Vorbei an Häusern mit großen Verandas und breiten Garageneinfahrten. Auf den Dächern stehen Satellitenschüsseln. Hinter den Zäunen wachsen Rosenhecken. In den Gärten sieht man unter Pekannussbäumen und Scheinzypressen Kinderschaukeln, Sandkästen und Dreiräder.

»Wir leben in einer Kriegszone, aber in einer Kriegszone, in der Kinder spielen«, erklärt Julian Lebaron den Journalisten, die zum ersten Mal hierher kommen und völlig verblüfft über die friedliche Atmosphäre sind, die das Dorf ausstrahlt. Die Probleme Mexikos scheinen weit weg zu sein. Auf der Wiese zwischen den Häusern toben Julians Kinder. Die Größeren passen auf die Kleinen auf. Kein Erwachsener muss dabei sein, weil die gesamte Nachbarschaft ein Auge auf die Kinder hat.

Julians Frau ist Mexikanerin, von Beruf Maschinenbau-Ingenieurin. Sie kommt aus der Nachbargemeinde Ascencion und hat sich nach ihrem Studium für ein Leben in Lebaron entschieden. Als Hausfrau und Mutter in der Mormonengemeinschaft führe sie ein sinnvolleres Leben mit mehr Freiheiten und Möglichkeiten, als sie es als hochqualifizierte Ingenieurin in einer Autofabrik in Ciudad Juarez getan hätte. Als Billiglohnkraft des Weltmarktes wäre sie bei der ersten rauen Brise entlassen worden. Vor ein paar Jahren war Maschinenbau der Beruf der Stunde. Jetzt gäbe es in Mexiko eine ganze Generation Maschinenbau-Ingenieure, die bereit seien, die Automotoren der nordamerikanischen und japanischen Weltmarktfirmen zusammenzubauen. Aber es gibt seit der Krise keine Arbeit. Der Beruf der Stunde hieße jetzt: Weltraumtechnik. Nordamerikanische Weltraumfirmen planten den Bau von Fabriken in Mexiko und Mexiko liefere im Gegenzug den Rohstoff des einundzwanzigsten Jahrhunderts: Billigarbeitskräfte. Keinen Moment bedauere sie den Entschluss, ein Leben als Mormonin zu führen, sagt die dreiunddreißigjährige Mutter, die gerade ihr fünftes Kind erwartet. In Lebaron könne sie ihre Kinder zu freien Menschen erziehen, nicht zu Marionetten. Konsum würde mit Fortschritt verwechselt. Bildung tauche in der Politik nicht auf. »Damit ein paar Leute Macht ausüben können, werden wir alle dumm gehalten«, sagt sie.

Julian Lebaron ist seit Benjamins Tod mit sechsunddreißig Jahren der älteste der Brüder. Wie jeder im Ort antwortet er auf die Frage, was er beruflich mache, dass er Bauer sei. Aber wie viele im Ort arbeitet er seit Jahren in den Vereinigten Staaten. Als Allrounder baut er Hotel- und Wohnanlagen. Denn erst, wer ausreichend Land gekauft hat, kann davon mit seiner großen Familie leben. Er hatte sich schon auf diese Zeit gefreut. Sie schien zum Greifen nah.

In Lebaron fängt man früh zu arbeiten an. Die Familien sind kinderreich. Handwerkliche Berufe überwiegen. Nur wenige im Ort studieren.

Julian besitzt eine Nussplantage. Die Pekannüsse sind das Markenzeichen der Gemeinde Lebaron.

Benjamin, der unter den Brüdern das größte kaufmännische Talent besaß, war dabei, mit der Firma Ferrero über die Abnahme der kompletten Pekannussernten zu verhandeln. Eine Abnahmegarantie des internationalen Süßwarenkonzerns hätte den Ort wirtschaftlich für die nächsten Jahre abgesichert. Sie waren kurz davor, den Vertrag abzuschließen, als Benjamin ermordet wurde.

Es fing mit der Entführung ihres jüngeren Bruders Eric an. Es war nicht die erste Entführung im Ort, aber diejenige, die das Fass zum Überlaufen brachte. Im Mai 2009 wurde Eric von der Ranch seines Vaters verschleppt. Er war zum Zeitpunkt der Entführung sechzehn Jahre alt. Die Entführer verlangten eine Million Dollar Lösegeld. Die Lebarons einigten sich darauf, sich nicht auf die Forderungen der Verbrecher einzulassen. Sie wollten sich nicht zu Geiseln von Erpressern machen lassen, sonst hätten sie künftigen Entführungen Schleusen geöffnet. Sie reagierten unerwartet und setzten ihrerseits die Entführer unter Druck. Denn sie nahmen die Tat zum Anlass, die Regierung an ihre Schutzpflicht zu erinnern.

Am Tag nach der Entführung fuhr das ganze Dorf geschlossen nach Chihuahua und stellte sich vor den Regierungspalast, um vom Gouverneur die Befreiung des jungen Lebaron einzufordern.

Hunderte weiß gekleideter Menschen standen auf der Straße und hielten Schilder in die Luft: »An die Regierung: Freiheit für Eric!« Eine von zahllosen Entführungen führte zu einem im ganzen Land gehörten Protest. Denn zum ersten Mal regte sich auf der Straße offener Widerstand gegen das Gesetz des Stärkeren, das weite Landstriche Chihuahuas terrorisierte. Benjamin Lebaron wurde der Wortführer dieses Protests.

Als das Wunder geschah und Erics Entführer nach einer Woche aufgaben und den Jungen freiließen, schöpften die Menschen Hoffnung und Mut. Ihre Zivilcourage zeigte tatsächlich Wirkung.

Die Gemeinden um Galeana, wo wöchentlich drei Entführungen verzeichnet wurden, erwachten aus der Lethargie. Dem Protestmarsch, den Benjamin Lebaron am 2. Juli 2009 organisierte, schlossen sich zweitausend Menschen an. Unter dem Motto »s.o.s. Chihuahua« forderten sie von ihrer Regierung, den Entführungen und Erpressungen endlich ein Ende zu bereiten. Gleichzeitig signalisierten sie, dass sie mit den Behörden kooperieren wollten. Den Vertrauensvorschuss demonstrierten sie öffentlich. Die Schilder, die sie vor der Behörde für öffentliche Sicherheit in die Höhe hielten, trugen Aufschriften wie: »Wir wollen keine Selbstjustiz.« »Wir unterstützen die Regierung!« »Schützt Zeugenaussagen und Anzeigen!« »Wir wünschen euch Erfolg.« »Wir sind auf eurer Seite!«

Der Gouverneur hielt eine Rede, spekulierte laut über die Idee, Bürger in Schnellkursen zu Polizisten auszubilden und mit Waffen auszustatten und nutzte den Rahmen dieser Bürgerversammlung, um die erfolgreiche Festnahme eines Erpresserrings in Nicolas Bravo bekannt zu geben. Damit wurde ein Zusammenhang zwischen der Festnahme von fünfundzwanzig Kriminellen und s.o.s. Chihuahua hergestellt, aber es wurden keinerlei besondere Vorkehrungen getroffen, den Wortführer dieser Bewegung unter Schutz zu stellen – was einem Todesurteil für Benjamin Lebaron gleichkam.

Die Antwort des organisierten Verbrechens erfolgte postwendend. Die Mörder kamen nachts. Zwei Dutzend maskierte Männer drangen in Benjamin Lebarons Haus ein, misshandelten seine Frau vor den Augen ihrer fünf kleinen Kinder, zerrten ihn nach draußen und verschleppten ihn gemeinsam mit Luis Widmar, einem Schwager und Nachbarn, der ihm zu Hilfe kommen wollte. Ihre toten Körper fand man am nächsten Tag in einem Straßengraben. Die Leichen waren mit einer Botschaft versehen: »Für alle in Lebaron, die nicht glauben wollten, damit sie es nun tun. Das ist für die Männer aus Nicolas Bravo.«

Sie hatten ein Exempel statuiert. Der letzte Anlass, dass noch einmal zweitausend Menschen zusammenkommen sollten, war die Beerdigung von Benjamin Lebaron und Luis Widmar.

Die Mormonengemeinde wurde nicht zum ersten Mal in ihrer Geschichte Schauplatz eines Verbrechens.

Als Alma Dayer Lebaron 1923 das Dorf gründete, schwebte ihm eine Vision von Frieden und Wohlstand für seine zahlreiche Nachkommenschaft vor, die sich nicht zu erfüllen schien. Das vor ihm liegende trockene Tal wurde in den nächsten Jahrzehnten zwar in einen fruchtbaren Pekannusshain verwandelt, aber die religiös motivierte Gewalt, die mit ein Grund für die Migration aus den Vereinigten Staaten gewesen ist, schien seine Nachkommen auch jenseits der Grenze wieder einzuholen. Alma

Dayer Lebaron gehörte dem fundamentalistischen Zweig der Mormonen-kirche an, von denen viele Mitglieder nach dem 1890 erlassenen Verbot der Polygamie die Vereinigten Staaten verlassen und sich in Mexiko an-gesiedelt haben.

Alma Dayer Lebarons Sohn Joel gründete nach dem Tod des Vaters eine eigene Kirche, über die er mit seinem Bruder Ervil, der den Füh-rungsanspruch anmeldete, in einen Streit geriet. 1971 eskalierte der Streit zwischen den Brüdern. Joel schloss Ervil aus der Kirche aus, der da-raufhin in San Diego eine eigene Sekte gründete und alle übrigen funda-mentalistischen Splittergruppen der Mormonen gewaltsam unter sich zu vereinigen versuchte, indem er ihre Wortführer von seinen eigenen An-hängern umbringen ließ. Das erste Opfer war sein Bruder Joel. Der Mord-versuch an dessen Nachfolger, dem jüngsten der Brüder, scheiterte.

Jahrelang schwebte der Name Ervil Lebarons wie ein Damoklesschwert über der Gemeinde, die nach seinem Tod 1981 noch weitere Sühnemorde von Seiten seiner Anhänger fürchtete und sich gleichzeitig des Verdachts erwehren musste, mit der Mördersekte des Bruders ihres Kirchengrün-ders in Verbindung zu stehen.

Bevor die Mormonengemeinde durch den Mord an Benjamin Lebaron landesweit in die Schlagzeilen geriet, bestand also ihr ganzer Ehrgeiz da-rin, nach einer turbulenten und gewaltvollen Geschichte als fundamen-talistische Splittergruppe der Mormonenkirche, ein unauffälliges und ru-higes Leben als Landwirte und Handwerker zu führen. Ohne Angst vor Verfolgung und in friedlicher Koexistenz mit ihren mexikanischen Nach-barn. Für deren Anerkennung als »Güeros«, den Blonden aus dem Nor-den, arbeitete die auf tausend Mitglieder angewachsene Gemeinde hart. Sie passten sich ihrem Umfeld an.

Die Polygamie, die vor hundert Jahren der Grund für die Auswan-derung nach Mexiko war, würde mittlerweile – so die Auskunft – kaum noch praktiziert. Aus Furcht, wieder mit dem Thema in Verbindung ge-bracht zu werden, verhinderte die Gemeinde vor einigen Jahren sogar, dass Mitglieder einer polygamen Sekte, die in Texas aufgelöst wurde, bei ihnen Zuflucht fanden.

Die Lebarons besitzen die doppelte Staatsangehörigkeit. Sie haben eine Alternative. Insofern sind sie privilegiert. Sie pendeln zum Arbeiten in die USA. Ihre Pekannüsse finden Abnehmer in der Süsswarenindustrie.

Ihr Chili exportieren sie in die USA. Von ihrem Wohlstand partizipiert die Region. Doch gerade der Wohlstand sollte sich nun in doppelter Hinsicht als Bumerang erweisen. Er deckte die Unterschiede zu den mexikanischen Nachbarn auf und erhöhte die Kriminalität im Ort, die vollen Kassen zu guten Erntezeiten ziehen Diebe magisch an.

Im Motel El Viejo Rey wurde der Rezeptionist in der vergangenen Nacht von drei Jugendlichen mit einem Messer attackiert. Er wehrte sich mit Fußtritten und verletzte einen der Jugendlichen so sehr, dass sie die Flucht ergriffen. Er zeigt Julian Lebaron die Schnittwunde am Hals. Julian Lebaron sieht sich die Wunde an und sagt lapidar: »Glück gehabt.« Wenn die Ernte in diesem Jahr gut ausfiele, müssten sie sich darauf einstellen, dass so etwas noch häufiger vorkäme.

Julian Lebaron steht inzwischen auf der Abschussliste der Narcos. Er muss bestimmte Regionen in der Sierra meiden. Er kann seine hochschwangere Frau nicht begleiten, wenn sie zu ihren Eltern nach Ascencion fährt. Es wäre zu gefährlich. Es sei ein Mythos, dass die Narcos auf schwangere Frauen und Kinder Rücksicht nähmen. Dass er noch lebt, liege vermutlich daran, dass er nicht den Einfluss seines Bruders hat, der die ganze Region mobilisieren konnte.

Sein Bruder Benjamin hat gewusst, welchen Gefahren er sich durch sein öffentliches Engagement aussetzt. Als die Morddrohungen gegen ihn einsetzten, verfasste er sein Testament und bat seinen Bruder Julian, im Fall seines Todes das fortzuführen, was er begonnen hat. Er sei kein großer Redner wie sein Bruder, sagt Julian. Aber er sei Mexikaner und als solcher bereit, Verantwortung zu übernehmen. Das ließ er in einem offenen Brief, der in der überregionalen Presse veröffentlicht wurde, den Präsidenten persönlich wissen: »Der Präsident sagte vor kurzem: ›Ich habe den Willen, aber die Menschen machen nicht mit.‹ Ich möchte dem Präsidenten antworten: Hier in Chihuahua ist ein Mann, der sein Land liebt und mit dem Sie rechnen können.«

Anscheinend rechneten auch Benjamins Mörder damit, dass der nächste der Lebaron-Brüder den Staffelstab übernehmen würde. Noch am Tag der Ermordung von Benjamin drang ein Vermummter in das Haus seiner Eltern ein, wo Julian vermutet wurde. Aber nur die Mutter, Ramona Ray Lebaron, und eine Haushaltshilfe befanden sich zu diesem Zeitpunkt im Haus. Die Mutter telefonierte im Schlafzimmer mit Journalisten. Die

Haushaltshilfe brachte gerade die Küchenabfälle zum Kompost. Als sie zum Haus zurückging, sah sie die dunkel gekleidete, vermummte Person, die sich durch die Küchentür ins Haus schlich und holte die Nachbarin.

Die Nachbarin klopfte ans Fenster des Schlafzimmers und gab Ramona Zeichen, dass sie auf der Stelle das Gespräch beenden und das Haus verlassen sollte. Die Mutter kletterte durch das Fenster. Die Frauen verließen das Grundstück. Bis sie mit Verstärkung zurückkamen, war der Mann verschwunden.

Ramona Ray Lebaron wurde aufgrund ihrer doppelten Staatsbürgerschaft bei der Entführung ihres Sohnes Eric die logistische Hilfe des FBI angeboten. Sie hatte abgelehnt: »Wenn wir das Recht reklamieren, Mexikaner zu sein, dann müssen mexikanische Behörden unsere Probleme lösen.« Als sie nach dem Mord an Benjamin und dem Zwischenfall im Haus bei der Staatsanwaltschaft Polizeischutz beantragte, wurde ihr Antrag mit der Begründung abgelehnt, dass dafür weder Personal noch Budget vorhanden seien.

Erst als Julian Druck machte und öffentlich die Frage formulierte, warum sich Dörfer nicht selbst schützen dürften, wenn die Regierung dazu nicht in der Lage sei, erhielten sie den beantragten Schutz. Allerdings waren es zunächst keine Polizisten, die der Gouverneur nach Lebaron entsandte, sondern Leute eines Sicherheitsdienstes, die keinen besonders vertrauenerweckenden Eindruck machten.

Kein anderer Industriezweig befindet sich in Mexiko derart im Wachstum wie die Sicherheitsindustrie. Die Konzession über eine Sicherheitsfirma sei wesentlich einfacher zu erhalten als die Erlaubnis, als Bürger eine Waffe tragen zu dürfen, sagt Julian. Deshalb herrsche allgemein ein gesundes Misstrauen gegenüber den Dienstleistern im Sicherheitsbereich. Es sei doch eigentlich naheliegend, dass die Mafia über den Sektor der Sicherheitsdienste ihr Geld in die legale Wirtschaft zu schleusen versucht, wo doch das Geschäft mit dem Schutzgeld ihr Spezialgebiet ist.

Die Lebarons fingen an, ihre Leibwächter zu bewachen. Jede Nacht verbrachten die drei älteren Söhne die Nächte auf dem elterlichen Hausdach. Die Mutter hatte eine Notfalltasche gepackt und einen Fluchtweg vorbereitet. In der Nacht, in der Benjamin und Luis Widmar verschleppt wurden, haben Nachbarn in der Straße einige der Entführer erkannt. Es waren die üblichen Verdächtigen aus der Gegend. Allerorts bekannte

Handlanger der Narcos. Es ist in der Gegend ein offenes Geheimnis, womit diese Männer ihr Geld verdienen. Aber da sich die Zuständigkeitsbereiche der Behörden überschneiden und zwischen diesen die Fälle hin- und hergeschoben werden, verlaufen die Ermittlungen stets im Sande und die Täter bleiben auf freiem Fuß.

»Bei der Beerdigung meines Bruders versprach der Gouverneur vor der versammelten Presse, dass die staatlichen Ermittler solange in Galeana bleiben würden, bis sämtliche Mörder hinter Schloss und Riegel säßen«, sagt Julian. »Aber bereits einen Tag später fühlte sich in Chihuahua niemand mehr für uns zuständig. Die damalige Staatsanwältin Patricia Gonzalez ließ uns ausrichten, die bisherigen Ermittlungen hätten ergeben, dass die Tat vom organisierten Verbrechen durchgeführt worden sei. Deshalb hätte sie den Fall an die Bundesbehörde weitergeleitet.«

Die Lebarons kooperierten mit der Behörde. Sie stellten sich als Zeugen zu Verfügung und lieferten Informationen, durch die wenigstens einer der Mörder gefasst werden konnte. Seitdem erhält die Familie wieder Morddrohungen. Vor das Tor zur Ranch des Vaters wurde ein Trauerkranz niedergelegt.

Inzwischen bewacht eine Patrouille der Bundespolizei das Elternhaus. Denn durch Julians öffentliche Wortmeldungen und Presseartikel hat der Fall Lebaron landesweit zu hohe Wellen geschlagen, um ihn ignorieren zu können. Aus Julian Lebaron ist in der öffentlichen Wahrnehmung der neue Wortführer der Mormonen geworden. In einem offenen Brief zum Bicentenario, der Zweihundertjahrfeier zur mexikanischen Unabhängigkeit, der in der überregionalen Presse veröffentlicht wurde, lieferte Julian eine kleine Chronik der Verbrechen in Galeana und Umgebung:

»In Gomez Farias, einem kleinen Ort in der Sierra, informierte Raul Rason, der Leiter des Kommissariats und ein Onkel von mir, im August 2008 die staatlichen Autoritäten über das drückende Ausmaß der Kriminalität in seiner Gemeinde. Ein paar Tage später wurde er aus seinem Haus entführt. Wir haben ihn nie wieder gesehen.

In Galeana weigerte sich der Sekretär der öffentlichen Sicherheit, Miguel Angel Mota, ein guter Freund der Familie, für das organisierte Verbrechen zu arbeiten. Im November 2008 wurde er von einem bewaffneten Kommando, das in Uniformen der Polizeisondereinheit AFI auftrat, aus seinem Haus verschleppt und einen halben Kilometer außerhalb der

Lebaron – das Mormonendorf in der Gemeinde Galeana.
Bundespolizisten bewachen Julian Lebarons Elternhaus.

Ortschaft mit siebzehn Kugeln im Kopf im Straßengraben gefunden. Der Staat Chihuahua fand weder Worte der Anerkennung noch nahm er Ermittlungen auf.

In Ascension verschwand der Bruder meiner Frau, Alfredo Apodaca, weil der örtliche Boss des organisierten Verbrechens Gefallen an dessen Freundin gefunden hatte. Man hat seinen Wagen angezündet, um alle Spuren zu beseitigen. Wir haben nie wieder etwas von ihm gehört.

In Zaragoza, einem kleinen Ort nahe Galeana, wurde ich selbst von bis zu den Zähnen bewaffneten und vermummten Sicarios im Auto bei hoher Geschwindigkeit verfolgt und schließlich zum Anhalten gezwungen. Sie schlugen mich mit den Gewehrkolben und drohten ein paar Mal, mich zu entführen, während meine Kinder und meine Frau, die im Wagen saßen und alles mitbekamen, außer sich vor Angst und Schrecken schrien. Der Vorfall geschah am helllichten Tag, mitten in einer Ortschaft, vor vielen Zeugen. Die Sicarios genossen es, uns grundlos zu erniedrigen und zu erschrecken.

Am 2. Mai 2009 wurde mein kleiner Bruder Eric Lebaron entführt. Seine Entführer verlangten eine Million Dollar dafür, damit sie ihn nicht in kleine Stücke zerhackten. Wir haben nicht gezahlt! Am 7. Juli 2009 wurde mein bester Freund und älterer Bruder Benjamin Lebaron entführt und umgebracht, zusammen mit meinem anderen guten Freund Luis Widmar. Sie ließen zwei Frauen als Witwen zurück, zehn Kinder als Halbwaisen und eine nicht zu schließende Lücke in der Gemeinschaft.«

Daraufhin schlägt die andere Seite zurück: Die Mafia lanciert Gerüchte, die Lebarons würden für den US-amerikanischen Geheimdienst arbeiten, sie seien Ausländer, keine Mexikaner. Die Regierung statte sie mit Waffen aus. Ob es nicht eigenartig sei, dass eine US-amerikanische Mormonengemeinschaft von der mexikanischen Regierung eine Vorzugsbehandlung erhielte, während die Morde an tausenden von Mexikanern unaufgeklärt blieben?

Die religiösen Sühnemorde werden ausgegraben, die Polygamie in Erinnerung gebracht. Die Stimmung kippt: »Mormonengemeinde mit krimineller Vergangenheit«, titelt eine Reporterin ihren Bericht. Und fragt: »Wen stattet die PRI-Regierung in Chihuahua mit Waffen aus? Es hieß, dass es sich bei der Mormonengemeinschaft in Galeana um normale Bürger handelt. Niemand hat uns gesagt, dass das tatsächlich eine Sekte mit einer kriminellen Vergangenheit ist. Ausgerechnet die Unterstützung dieser Sekte sucht sich die Regierung für die Bekämpfung des organisierten Verbrechens aus und verschweigt, dass die religiöse Gruppe der Lebarons selbst Morde begannen hat. (…) Von der dunklen Seite der Gemeinde hat Gouverneur Reyes Baeza nie gesprochen und nun fragt man sich, warum? Welches Interesse verfolgt er? Geht es wirklich darum, zu schützen oder soll (in Lebaron) eine paramilitärische Zelle ausgebildet werden?«

Das Gerücht, dass die Lebarons von der Regierung mit Waffen ausgestattet worden seien, hält sich hartnäckig. In die Welt gesetzt wurde es vom Gouverneur selbst bei seiner Rede während der Demonstration von S.O.S. Chihuahua, fünf Tage vor Benjamins Ermordung, als er laut darüber spekulierte, Bürger in Schnellkursen zu Polizisten auszubilden. Dabei bedachte er jedoch nicht die Folgen solch brisanter Bemerkungen. Außerdem ging so in der öffentlichen Wahrnehmung unter, dass S.O.S. Chihuahua genau das Gegenteil von den Staatsorganen forderte. Sie sollten endlich ihrer Aufgabe der Aufrechterhaltung der öffentlichen Sicherheit nachkommen, statt sie an die Bürger zu delegieren.

Die Bewohner, die täglich Entführungen erlebten, hatten jedoch berechtigterweise das Gefühl, dass sich ihre Regierung das Ausmaß der Alltagsnormalität der Gewalt gar nicht vorstellen konnte, weil ihnen die Wirklichkeit in vielen Landstrichen längst entglitten war.

»Wir wollen keine Selbstjustiz«, sagten die Bewohner Ascensions noch im Juli 2009 auf der Kundgebung in Chihuahua. Im September 2010 wird die Gemeinde mit der Nachricht in die internationalen Schlagzeilen katapultiert, dass mehrere Dutzend Bewohner zwei mutmaßliche Kidnapper, die verdächtigt wurden, eine siebzehnjährige aus der Stadt entführt zu haben, zu Tode geprügelt hätten. Auf den Schildern stand dieses Mal: »Wir haben genug von Entführungen.«

Als die Bundespolizei die verletzten jungen Männer, die nicht viel älter als das Mädchen waren, das sie zu entführen versuchten, vor der aufgebrachten Menge schützen wollte und sie zum Polizeiwagen brachte, verhinderten die Anwesenden, dass der Wagen losfahren konnte. Die beiden erlagen noch am Ort ihren Verletzungen.

»Die Polizei schützt die Entführer. Aber wer schützt uns vor den Entführern?«, riefen die Dorfbewohner. Angeblich waren die Entführer zu fünft. Und die drei Überlebenden hätten bereits damit gedroht, wiederzukommen und sich zu rächen.

»Gebt uns Waffen«, rief ein Mann wutentbrannt. »Damit wir uns verteidigen können. Denn die Politik verteidigt uns nicht.« Die Instrumente des Rechtsstaats, die in der Vergangenheit immer versagt hätten, würden nun die Falschen schützen.

Je mehr der Respekt vor dem Rechtsstaat sinkt, desto größer wird er vor den Narcos, die nicht in der fernen Landeshauptstadt in abgeschirmten Reichenvierteln leben, sondern in den gleichen Orten, meist auch in den gleichen Straßen und sogar im gleichen Haus wie sie selbst, die einfachen Leute, die sich von der Politik als bereits abgeschrieben sehen. »Wir müssen mit den Narcos paktieren«, bekomme ich einmal zu hören, »damit sie uns wenigstens das Leben lassen.«

An die Stelle der Unterscheidung von Recht und Unrecht rückt die Empörung. Und die Empörung ist ein Gefühl, das allen frei steht, denn sie ist nicht automatisch an Moral gekoppelt, auch wenn sie von einigen dafür gehalten wird. Deshalb ist sie nicht vor der Gefahr geschützt, letztlich auch zu einer Karikatur von Moral und gesellschaftlichem Anstand zu werden.

Als einer der Mörder ihres Sohnes verhaftet wurde, erhielt Ramona Ray Besuch aus Buenaventura, dem Heimatort des verhafteten Täters, dessen Beteiligung an der nächtlichen Verschleppung sich nachweisen ließ.

Nach dem Vorbild der Gemeinde Lebaron, die nach Erics Entführung in einer langen Autokarawane von Galeana nach Chihuahua fuhr, hielt nun eine Karawane von etwa zwanzig Autos vor dem Elternhaus.

Nachbarn und Freunde des Verhafteten wollten mit Benjamins Mutter sprechen und an ihr Herz, ihre Mitmenschlichkeit und ihr Mitleid mit dem Mörder ihres Sohnes appellieren. Nicht jeder genieße Privilegien. Nicht immer könne man sich seine Arbeit aussuchen. Sie zeigten ihr die Fotos von drei kleinen Kindern, die nun ohne Vater aufwachsen müssten.

Julian erzählt: »Sie versuchten, meiner Mutter einzureden, dass der Mörder ihres Sohnes ein liebenswerter Familienvater sei, der es nicht so gut im Leben gehabt hätte wie wir. Wir hätten deshalb die moralische Verpflichtung, dafür zu sorgen, dass er wieder freigelassen wird. Sonst wären wir schlechte Menschen und bräuchten uns gar nicht zu wundern, dass unsere Angehörigen umgebracht würden.«

Die Lebaron-Gemeinde ist vorsichtig geworden. Sie möchte nicht, dass man ihnen vorwirft, sie kritisierten die mexikanische Regierung, obwohl sie als Mormonen in Mexiko ihren Traum von Freiheit verwirklichen konnten, für den sie in den USA verfolgt wurden.

»Wir wollen niemanden bekehren«, sagt Julian. »Wir maßen uns nicht an, dass wir die Lösungen für das Land haben. Wir wollen nur Frieden wie Millionen anderer Mexikaner auch. Meine Frau ist Mexikanerin. Meine Kinder sind Mexikaner. Das ist unser Land. Aber wie die meisten Chihuahuensen habe ich das Vertrauen in unsere Regierungsvertreter verloren. Bei den Ermittlungen sind ihnen so viele Fehler unterlaufen. Hier passieren Dinge, die unglaublich sind. Als der Bruder meiner Frau verschwunden ist und man drei Tage später seinen ausgebrannten Wagen entdeckt hat, wollte die Polizei der Familie meiner Frau einreden, dass Alfredo im Gefängnis von Ciudad Juarez säße, weil er in Drogengeschäfte verwickelt gewesen sei. Später entwickelten sie die Theorie, dass ihn die Narcos umgebracht hätten, weil er homosexuell sei. Während die Ermittlungen seines Falls andauerten, hat der Polizeichef von Ascencion neun Mal gewechselt. Wie soll unter solchen Umständen Vertrauen aufgebaut werden?«

Das organisierte Verbrechen will sie zwingen, an das Gesetz des Stärkeren zu glauben, der sich nehmen kann, was ihm nicht gehört: Leben, Eigentum, Freiheit.

Die Freiheit des Individuums und seine gesellschaftliche Verantwortung ist Julians Lieblingsthema. Sein Glaubenssatz lautet: Freiheit durch Trennung von Religion, Wirtschaft und Politik. Die Welt könnte viel friedlicher sein, wenn die Politik nicht ständig die Freiheit der Menschen beschneiden, sondern sich darauf beschränken würde, die Voraussetzungen für sie zu schaffen, sagt er. Und: »Franklin Delano Roosevelt war ein Präsident mit gesundem Menschenverstand. Der populärste Präsident Amerikas, dessen populärste Entscheidung die Aufhebung der Prohibition war. Er gab den Amerikanern ihr Bier zurück und hat damit die Ära der Gewalt beendet. Der mexikanische Präsident, der Marihuana legalisieren wird, wird ebenso populär sein. Moral ist nicht etwas, das von der Politik per Gesetz reglementiert werden kann. Moral funktioniert wie der gesunde Menschenverstand. Je mehr Eigenverantwortung der Mensch besitzt, desto moralischer wird sein Handeln.«

Julians Moralbegriff setzt Raum voraus. Viel Raum. Auf der Hochebene zwischen den beiden Kordilleren der Sierra Madre wäre genügend Raum, um jeden nach seiner Façon glücklich werden zu lassen.

In Julian Lebarons Leben hat sich seit dem Mord an seinem Bruder Benjamin vieles verändert. Er pendelt immer noch in die Vereinigten Staaten und nach Kanada. Aber nicht mehr so oft wie früher. Früher kreiste sein Leben ausschließlich um seine Familie. Jetzt bezieht er öffentlich Stellung. Früher hatte er sich immer wie befreit gefühlt, wenn er aus den Vereinigten Staaten nach Hause fahren konnte. Wenn er die Grenze hinter sich gelassen hat und in Chihuahua war. Jetzt ist es ihm zum ersten Mal in umgekehrter Richtung so gegangen. Als er über die Grenze fuhr und in den Vereinigten Staaten war, fielen Anspannung und Angst von ihm ab.

Aber Julian ist trotzdem optimistisch. Zum ersten Mal würden sie nicht wegen ihrer Religion verfolgt, sondern teilten sich mit Millionen anderer Mexikaner das gleiche Problem, sagt er. Sie hätten viel zu verlieren, wenn sie sich nicht wehrten. Das, was er für einen Kerngedanken des Mormonentums hält: die Freiheit.

»Die Mexikaner haben die politische Klasse abgeschrieben«, sagt er. »Vielleicht ist jetzt die Zeit reif für eine echte Zivilgesellschaft.«

Das Gebäude der städtischen Polizei sieht aus wie eine Fabrikhalle. Ein weißer Flachbau ohne Fenster. Auf der Wand an der Straßenfront steht nur die Notfallnummer.

Ob sie diese Nummer schon einmal gewählt hätte, frage ich die Ticketverkäuferin in dem Laden auf der gegenüberliegenden Straßenseite. Sie zieht die Augenbrauen hoch und sieht mich vielsagend an. Kein Mensch käme auf die Idee, diese Nummer anzurufen. Von allen Problemen, die es hier im Ort gäbe, sei die Polizei das größte. Kein Mensch wüsste, was sie eigentlich macht. Und wenn sie ehrlich ist, möchte sie es gar nicht so genau wissen. Je weniger sie mit ihnen zu tun hätte, desto besser.

Die Meinung, die der Ort von seinen Polizisten hat, ist nicht sehr hoch. Als ich den Portier im Motel gefragt habe, warum er den nächtlichen Überfall nicht angezeigt hat, warf er mir ähnlich vielsagende Blicke zu wie eben die Frau.

Julian hatte auf den Hügel gezeigt, der hinter seinem Haus liegt. Dort oben würden jede Nacht zwei Dorfbewohner Wache halten. Einmal konnten sie beobachten, wie ein Transporter vor einem Haus hielt, Leute ausstiegen und Möbel aus dem Haus trugen. Sie wurden offensichtlich Zeuge eines Einbruchs und riefen die Polizei an, die Minuten später bei dem Haus war. Aber statt die Diebe festzunehmen, hätte sie ihnen dabei geholfen, die Möbel aus dem Haus zu tragen.

Ich stehe in dem kleinen Laden an der Bushaltestelle und warte wieder einmal auf den Bus, der laut Fahrplan in fünfzehn Minuten kommen soll. Das Land mag im Drogenchaos versinken, die Überlandbusse sind meist auf die Minute pünktlich. Die Tür geht auf und zwei Mädchen huschen an mir vorbei. Sie steuern auf das Regal mit den Lollis zu. Die ältere der beiden – vielleicht sieben Jahre alt – trägt einen kleinen Jungen im Arm.

»Noch einen Lutscher. Bitte, Mama«, betteln die Mädchen. Sie wählen sich die buntesten Lutscher aus und vergleichen die Farben. Dann rennen sie kichernd aus dem Laden und verschwinden mit ihrem kleinen Bruder im Haus nebenan, das direkt an der vierspurigen Bundesstraße steht.

Die Frau macht einen traurigen Eindruck. Ihre Augen wirken müde, was aber auch an den starken Brillengläsern liegen kann, hinter denen sie

Die Ticketverkäuferin in Lebaron hatte die Wahl:
Kooperation mit den Narcos oder Verzicht auf Geschäftseinnahmen.
Sie hat die Wahl getroffen und ihren Laden leergeräumt.

kaum noch zu sehen sind. Ihre Haare waren einmal blond und durchge-
stuft. Aber jetzt sind die Stufen und der Blondton fast ganz herausgewach-
sen. Sie hat sie nach hinten gekämmt.

»Die Lebarons sind gute Menschen«, sagt sie plötzlich unvermittelt.
»Sehr korrekt.« Sie kenne Julians Vater Joel. Sie unterhalte sich manchmal
mit ihm. Er täte ihr leid. Was mit seinem Sohn passiert ist, sei schrecklich.
Ob ich davon gehört hätte? Sie wüsste, wie er sich fühle. Sie sei vor drei
Jahren Witwe geworden. Ihr Mann wurde ebenfalls umgebracht. Er war
Verwalter auf einer der Plantagen und wurde von einem Mann erstochen,
den er nicht einstellen wollte. Es sei deshalb zum Streit gekommen und
der Mann hätte zugestochen.

Wurde er gefasst?

Sie schüttelt den Kopf. Die Polizei hätte ihr nur empfohlen, mit den
Kindern wegzuziehen. Das sei der übliche Rat der Polizei: Den Ort ver-
lassen. Weggehen. Als ob das so einfach ginge. Sie sei damals mit ihren
Kindern – der Junge war noch nicht einmal auf der Welt – zu ihrer Mutter

gezogen und hätte bei »Omnibuses de México« zu arbeiten angefangen. Was sie als Ticketverkäuferin verdiente, sei zum Leben zu wenig und zum Sterben zu viel, sagt sie und seufzt.

Der Laden ist leer. In den Regalen stehen nur ein paar Tüten mit Knabberzeug. Auf dem Boden ein paar Kisten mit Cola, Wasser und Fruchtsäften. Es gibt Kaugummis und Lutscher. Sonst nichts. Nicht einmal kleine Snacks. Dabei gäbe es sogar eine kleine Küche im Hinterraum, die allerdings nicht so aussieht, als ob sie benützt würde.

Sie hätte Essen verkauft, erklärt die Frau die leeren Regale und die unbenützte Küche. Zusammen mit dem Getränkeverkauf hätte das neunzig Prozent ihrer Monatseinnahmen ausgemacht. Aber vor einem Jahr tauchten vier bewaffnete Männer im Laden auf, bestellten sich Essen, lobten, wie gut sie gekocht hätte, sahen sich im Laden um und lungerten anschließend noch ein paar Stunden auf der Straße herum. Sie sei froh gewesen, als sie endlich weg waren. Aber dann begannen die Anrufe. Sie wüssten, dass sie Hilfe bräuchte, dass ihr Mann tot sei und dass sie drei kleine Kinder zu ernähren hätte. Sie könnte ein besseres Leben führen. Sie bräuchte nur mit ihnen zusammenzuarbeiten.

Deshalb hätte sie den Laden leer geräumt und ihre Küche geschlossen. Sie hatte Angst. Sie wollte nichts mit diesen Männern zu tun haben. Lieber verzichtete sie auf neunzig Prozent ihrer Einnahmen. Lieber sei sie arm, als abhängig von Kriminellen.

Sie lächelt mich an. Plötzlich sieht sie gar nicht mehr müde und verhärmt aus, sondern strahlt wie eine junge Frau, die sie ja ist.

»Gleich kommt der Bus«, sagt sie. Sollte es mich wieder einmal nach Galeana verschlagen, so würde sie sich freuen, wenn sie mich zum Essen einladen dürfte. Sie hätte so viele Fragen. Und Besuch bringe immer etwas Abwechslung.

CIUDAD JUAREZ

WIE HOCH IST DIE QUOTE?

»Wir mussten die Hühner ins Haus bringen«, sagt Betty. »Sie hätten die Kälte draußen im Stall nicht überlebt.«

Im Schlafraum stehen drei große Kartons auf dem Boden, in die Betty die fiependen Hühner gesetzt hat. Zusätzlich hat sie die Notbehausung ihrer Hühner in dicke Wolldecken gewickelt. Ihre Sorge ist nicht übertrieben. Seit ein paar Tagen ist es in Ciudad Juarez so kalt, dass in der Stadt tatsächlich alle Hühner erfrieren und die Kakteen wie luftleere Schläuche in sich zusammenfallen. Juarez glitzert wie ein Swarovski-Kristall. Die Naturgesetze spielen verrückt. Es hat geschneit, es gibt kein Wasser, Leitungsrohre platzen, viele Stadtteile sind ohne Strom, Ampeln fallen aus, Autos drehen Pirouetten, wenn sie überhaupt anspringen.

Am 2. Februar, Mariä Lichtmess, wird ein historischer Kälterekord gemessen. Auch wenn die Temperaturanzeige bei minus zwanzig Grad stehenbleibt, fühlt es sich noch einmal zehn Grad kälter an. Als Windchill bezeichnen die Meteorologen dieses Phänomen. Als Sinnbild ihrer sozialen Katastrophe die Juarenses. Und selbst bei diesen sibirischen Temperaturen, bei denen es den Hunden zum Bellen und den Behörden zum Arbeiten zu kalt ist, geht eine Berufsgruppe unbeirrt ihrer Tätigkeit nach. Vier Morde melden die Zeitungen am nächsten Tag.

Seit sie hier leben, sei es noch nie so kalt gewesen, sagt Betty und schiebt ihre Füsse unter das Fell ihrer Hündin Marita, die sich vor dem Sofa eingerollt hat. Ich habe den Eindruck, dass sie nicht nur die Wetterkapriolen meint.

Mit sechsundsiebzig Jahren sieht Betty Campbell, die dem Orden der Barmherzigen Schwestern angehört, noch sehr tatkräftig aus. Die Hausbesuche, zu denen sie in Jeans, Rollkragenpullover und Fleecejacke immer noch täglich aufbricht, um in der einen Familie für ein Neugeborenes zu beten und sich in einer anderen Familie um einen Kranken zu kümmern, scheinen sie fit zu halten. Ihr Wind und Wetter gebräuntes Gesicht unter dem silberfarbenen Haar hat sich die Wachheit aktiver Menschen bewahrt.

Betty Campbell gehört zu den Menschen, die sich selbst nicht zu wichtig nehmen und die noch den widrigsten Umständen etwas Gutes abgewinnen können. Doch jetzt gerade ist von ihrer gewohnten Zuversicht nicht viel zu spüren. Die Morde an Marisela Escobedo und Susana Chavez haben sie erschüttert. »Es ist zu viel«, sagt sie. Jeder Funke Hoffnung würde zerstört. Ob ich von dem Fußballtrainer gehört hätte?

Der junge Trainer aus ihrem Viertel ist im vergangenen November bei einem bewaffneten Raubüberfall erschossen worden. Drei Männer mit Halloween-Masken überfielen den Lebensmittelladen, in dem er arbeitete, und drohten, wieder zu kommen, falls es zur Anzeige käme. Der Besitzer des Ladens ließ sich nicht einschüchtern. Die Männer machten ihre Drohung wahr. Sie kehrten zurück, stürmten den Laden – dieses Mal ohne Masken – und schossen auf jeden, der hinter der Ladentheke stand. Der junge Verkäufer war sofort tot.

Der Trauerzug, der seinen Sarg von der Kirche zum Friedhof geleitete, bezeugte recht eindrucksvoll, was für ein großer Verlust sein Tod für das Viertel war. »Er war der Lieblingstrainer der Jungen und hatte nichts mit Drogen zu tun.« Betty ist immer noch sichtlich beeindruckt vom Trauergottesdienst, von der Demonstration der Verbundenheit mit dem jungen Mann, die frei von den üblichen Ritualen war, die immer öfters die Beerdigungen populärer Figuren markieren. Es wurden weder Narcocorridos gespielt noch Whiskey auf das Grab geschüttet. Stattdessen spielte die Musikkapelle des Viertels, und hinter dem Sarg gingen die Kinder, die er trainiert hatte. »Wir werden mit einer furchtbaren Krise konfrontiert«, sagt Betty. »Umso eindrucksvoller ist ein solcher Moment, in dem die Leute zum Ausdruck bringen, dass sich die Arbeit des Verstorbenen gelohnt hat. Dass sie zu schätzen wissen, was er für ihre Kinder getan hat.«

Bei einem früheren Aufenthalt in Ciudad Juarez wohnte ich in dem Zimmer, in dem jetzt die Hühner ihr Notquartier bezogen haben. Es ist der Schlafraum der Frauen. Er geht zum Garten hinaus. Im hinteren Teil des Gartens befindet sich ein überdachter Bereich mit der Gedächtniswand, die den Toten von Juarez gewidmet ist und von Betty laufend aktualisiert wird. Zuletzt hat sie die Namen von Marisela Escobedo und Susana Chavez hinzugefügt. Neben dem Patio befindet sich der Hühnerstall – Bettys ganzer Stolz – und ein Meditationsgarten, der vom übrigen Garten abgetrennt wurde und öffentlich zugänglich ist.

Hin und wieder nutzen Jugendliche aus der Nachbarschaft das Angebot und ziehen sich hierher zurück. Sie probieren das Bodenlabyrinth aus oder setzen sich auf die Gartenbank und unterhalten sich leise. Der Meditationsgarten der Casa Tabor ist das Miniaturmodell eines Parks. Der bunt bemalte Hühnerstall und das Mandala an der Mauer bringen Farbe in ein Viertel, das auf Wüstensand gebaut ist.

Pater Peter Hinde kommt zu uns in die Wohnküche, um sich aufzuwärmen. In seinem Zimmer haben sich auf der Innenseite des Fensters Eiskristalle gebildet. Aber er will gleich noch einmal zum Schreibtisch zurück, um die E-Mail-Korrespondenz zu erledigen, solange noch Strom da ist. Wer weiß, wie lange sie keinen Strom haben werden, wenn die Versorgung erst einmal ganz zusammengebrochen ist.

Er fragt nach meiner Reise. Ich erzähle ihm, dass in Cusarere das traditionelle Lichtmess-Fest am 2. Februar, mit dem die indianischen Feste des Osterzyklus' eingeleitet werden, dieses Jahr wie ein Geheimtreffen abgehalten wird. Normalerweise geben die Bewohner im Radio durch, in welchen Dörfern gefeiert wird. Das Lichtmess-Fest ist eine große Sache, bei dem der Morogapteri ernannt wird, der traditionelle Patron über den Festzyklus, der erst am Ostersamstag endet. Aus Angst, die falschen Besucher anzulocken, hat Cusarere in diesem Jahr auf die Radiodurchsagen verzichtet. Peter Hinde schweigt nachdenklich. Was momentan passiert, sprengt die Erfahrungen, die der Karmeliterpater mit Gewalt gemacht hat.

1923 in Ohio geboren, meldete sich Peter Hinde nach Ausbruch des Zweiten Weltkrieges bei der Luftwaffe und wurde für Aufklärungsflüge auf einer Insel vor Japan stationiert. Nur wenige Tage nach dem Atombombenabwurf sah er das völlig zerstörte Nagasaki unter sich.

Dieses prägende Kriegserlebnis war jedoch nicht der unmittelbare Auslöser, Priester zu werden. Diese Entscheidung fällte er erst 1952. Drei Jahre lang besuchte er ein Priesterseminar in einem österreichischen Karmeliterkloster. Was anschließend folgte, war kein Rückzug aus der Welt, sondern eine konzentrierte Annäherung an jene ihrer Aspekte, die ihn immer stärker zu interessieren begannen: Gesellschaft, Politik und die Frage der Menschenwürde. Die nächsten Jahrzehnte verbrachte er als Armenpriester in den verschiedenen Krisenregionen Lateinamerikas, wo ihm Gewalt in den unterschiedlichsten Formen begegnete. Immer ging diese Gewalt von Teilen der Gesellschaft aus, die mit der Staatsmacht paktierten. Selbst ein Unrechtsstaat muss sich an bestimmte Spielregeln halten und wird dadurch fassbar. Denn staatliches Unrecht lässt sich nach internationalen Menschenrechtsnormen anklagen. Wer jedoch ist für die Gewalt in Ciudad Juarez juristisch haftbar zu machen?

In einem Alter, in dem sich andere zur Ruhe setzen, gründete Peter Hinde zusammen mit der Ordensschwester Betty Campbell die »Casa Tabor« in einem Armenviertel im nordwestlichen Stadtbezirk von Juarez, wo sie seit 1995 Besuchergruppen empfangen, die von US-amerikanischen Universitäten und Pfarrgemeinden kommen und die Lebensrealität auf der anderen Seite der Grenze kennenlernen wollen.

Ciudad Juarez war eine Stadt mit allen Problemen der Dritten Welt an der Grenze zur Ersten Welt. Bei der Gründung der Casa Tabor stand der Vermittlungsgedanke im Zentrum. Erst Jahre später wurde aus Ciudad Juarez der Brennpunkt eines Drogenkonflikts. Seit 2008 bleiben die großen Besuchergruppen aus. Kaum einer überquert mitten im Drogenkrieg die Grenze in Richtung Juarez.

Der Pater unterstützt die pastorale Arbeit der Diözese und hält dort Gottesdienste, wo man ihn braucht. Er arbeitet in der Menschenrechtsgruppe der Pastoral Obrera und ist immer noch in der Bewegung »Christen für den Frieden« in El Salvador aktiv. Betty Campbell hat einen Gesprächskreis für Frauen aus dem Viertel ins Leben gerufen. Ihre seelsorgerische Hilfe wird gerne angenommen. Mit einer unbekannten Psychologin würden die Frauen nicht so vertraulich sprechen. Aber Hermana Betty, die das Leben der einfachen Frauen teilt, die Wäsche am Waschstein hinter dem Haus wäscht, die öffentlichen Busse benutzt und Kleidung trägt, die sie auf den Gebrauchtwarenmärkten gekauft hat, ist für sie wirklich da. Abends leuchtet die Jungfrau von Guadalupe auf der Fassade der Casa Tabor wie eine helle Kerze für jeden im Viertel. Morgens nehmen Hermana Betty und Padre Peter ihre Nachbarn in ihr tägliches Gebet mit auf.

Das religiöse Zentrum ist der ruhige und friedliche Pol in einem Viertel, das zu den am stärksten von der Gewalt betroffenen Stadtteilen in Ciudad Juarez gehört. Wenn Padre Peter morgens mit der Seelenruhe eines Bürgers, der sich in seiner Nachbarschaft sicher fühlt, durch die Straßen seines Viertels joggt, und Hermana Betty abends mit der gleichen Selbstverständlichkeit wie die Hundebesitzer in US-amerikanischen Vororten mit Marita eine Runde durch ihr Viertel dreht, wird ein Stück Normalität am Leben gehalten. Die beiden fühlen sich dort, wo sie leben, wohl.

Vom ersten Tag an haben sie mir zu verstehen gegeben, dass man sich in dieser komplizierten Stadt so unkompliziert wie möglich bewegen sollte, um die Sache nicht unnötig noch vertrackter zu machen. Vermutlich haben Pater Peter und Schwester Betty noch nie das Taxi oder ein Privatauto benutzt, wenn sie am Wochenende zur Brücke fahren und die Grenze passieren, um am Friedensgottesdienst in El Paso teilzunehmen. Sie nehmen den Bus und gehen zu Fuß.

Bei meinem ersten Besuch in der Stadt hatte ich eine Wegbeschreibung des Paters in der Tasche: »Achte darauf, dass du tagsüber in Juarez ankommst. Am Busbahnhof kannst du praktisch jeden städtischen Bus nehmen, der ins Zentrum fährt. Bei der Kathedrale steigst du um in den Sur-Poniente. Falls du mit dem Flieger kommst, kannst du schon am Flughafen in den Sur-Poniente einsteigen. Aber nimm auch in diesem Fall einen Flieger, der tagsüber ankommt.«

Und eine Mail von Schwester Betty: »Hi Jeanette. An dem Tag, an dem du ankommen willst, findet in der Universität um drei Uhr ein Treffen statt, bei dem es um die Frauen geht, deren Körper auf dem Baumwollfeld gefunden wurden. Es wird ein Update zum Stand der Ermittlungen und der Gerichtsverhandlung geben. An dem Treffen nehmen Frauen teil, die du sicherlich kennenlernen möchtest. Ich schreib dir das nur, damit du deine Reise so planen kannst, dass du rechtzeitig in Juarez bist. Peter hat dir ja bereits geschrieben, dass praktisch jeder Bus ins Zentrum fährt. Eine Fahrt kostet sechs Pesos. Halte Kleingeld bereit.«

Ich landete morgens in Ciudad Juarez und besuchte nachmittags das Treffen in der Universität. Dazwischen lagen ein Mittagessen, während dem in der Nachbarschaft ein Schuss fiel, und eine Busfahrt, die nicht nach Fahrplan verlief, weil eine Straße wegen zweier Toter gesperrt war.

Aber das eigentlich Beklemmende war die Tatsache, dass die sichtbare Dimension des Krieges im Prinzip dem gleichen Zufallsgenerator unterliegt wie die Zollkontrolle am Flughafen, wo man auf einen Knopf drücken muss und die Farbe des aufleuchtenden Lämpchens darüber entscheidet, ob man kontrolliert wird oder den Zoll passieren kann. Man weiß, in Ciudad Juarez leuchtet jeden Tag die Lampe mehrmals rot auf. Man weiß nie, ob es einen selber treffen wird. Mit dreihundertfünfzig Toten hat Ciudad Juarez im Oktober 2010 den blutigsten Monat seiner Geschichte erlebt. Nicht mehr die Gewalt ist die Ausnahme, sondern die Zahl der Stunden, in der sie Pause macht. Noch vor dem Drogenkrieg wurde die Stadt in der Wüste durch die Frauenmorde in Serie in der inter-

Kreuze erinnern an die Körper der toten Frauen, die 2001 auf dem Baumwollfeld in Ciudad Juarez gefunden wurden. Hier soll ein Mahnmal entstehen. Im Hintergrund das Hotel Consulado Inn.

nationalen Berichterstattung zum Archetypus eines unheimlichen und grausamen Ortes und als solcher auch von Roberto Bolaño in seinem Roman »2666« in eine literarische Metapher verwandelt.

Inzwischen steht Ciudad Juarez als Schauplatz eines Drogenkriegs im Fokus der internationalen Aufmerksamkeit, in dem die Mehrzahl der Toten männlich ist. Dabei geht unter, dass auch die Frauenmorde seit Ausbruch der militärischen Offensive überproportional zugenommen haben. Während für die Zeit von 1993 bis 2007 in Ciudad Juarez etwa siebenhundert Morde dem Feminizid zugerechnet werden, sind es allein für die Jahre von 2008 bis 2010 achthundert Tote.

Im November 2001 wurden in einem verwilderten Baumwollfeld in Ciudad Juarez die Körper von acht Frauen gefunden. Das jüngste Opfer war vierzehn Jahre alt. In drei der Fälle wurden die Verbrechen von den Müttern der Opfer vor dem Interamerikanischen Gerichtshof für Menschenrechte zur Anzeige gebracht. 2009 hat das Gericht den mexikanischen Staat in diesen drei Fällen der Menschenrechtsverletzung für schuldig befunden und unter anderem dazu verurteilt, binnen eines Jahres eine Feminizid-Gedenkstätte zu errichten. Einen solchen Ort des Gedenkens an die Verbrechen, die an den Frauen begangen werden, gibt es in Ciudad Juarez nämlich bis heute nicht.

Die Aufarbeitung der Frauenmorde ist rein akademischer Art. Der Beitrag der städtischen Politik beschränkt sich bisher darauf, die Fundorte der Leichen als Bauland freizugeben. So stehen heute dort, wo in den Neunziger- und Zweitausenderjahren die massakrierten Frauen gefunden wurden, öffentliche Gebäude wie die Technische Universität, Fabriken wie Elektrolux und Hotels wie das Consulado Inn auf dem Baumwollfeld, das im Urteil des interamerikanischen Gerichtshofs die zentrale Rolle spielt. Im Consulado Inn übernachten bevorzugt Mexikaner, die im benachbarten US-Konsulat ein Visum für die Vereinigten Staaten beantragen. Auf dem noch unbebauten Teil des Baumwollfelds soll die geplante Gedenkstätte errichtet werden. Ein Jahr nach der Urteilsverkündung ist allerdings noch nicht einmal der erste Spatenstich erfolgt. Nur ein paar rosa Holzkreuze erinnern an das Verbrechen.

Dass Ciudad Juarez wie eine Stadt ohne Geschichte wirkt, hat nicht nur mit dem eskalierenden Drogenkrieg zu tun, der alles Leben im Zentrum vernichtet, sondern auch mit der Bodenspekulation, deren wichtigste Verbündete die Abrissbirne ist, die von den Metamorphosen, die Juarez im zwanzigsten Jahrhundert durchlebt hat, nur Schuttberge übrig ließ.

Wenn man die Stadt von Osten nach Westen durchquert, schweift der Blick von Juarez aus ständig nach El Paso auf der anderen Seite des Rio Bravo. Aber wie bei einer Fata Morgana lässt sich die Silhouette am Horizont nicht fassen. Die Grenze liegt dazwischen. Zweihundert Jahre lang war Paso del Norte – so der frühere Name – eine ungeteilte Stadt. Als Mexiko nach seiner Niederlage im mexikanisch-amerikanischen Krieg die Hälfte seines Staatsgebiets 1848 an die Vereinigten Staaten abtreten musste, wurde die im Vertrag von Hidalgo festgelegte Grenze längs des Flusses gezogen. Seitdem teilt der Rio Bravo die Stadt und zwei Länder.

Den heutigen Namen Juarez zu Ehren des mexikanischen Präsidenten Benito Juarez trägt Paso del Norte seit 1888. Sein Ruf als Schmuggelzentrum ist älter. 1865 wurde durch Paso del Norte ein Teil jener Gewehre über die Grenze geschmuggelt, die im Kampf gegen die französische Intervention zum Einsatz kamen. Erst nach dem Ende des US-amerikanischen Sezessionskriegs wurde 1866 das US-Waffenembargo gegen die republikanischen Truppen Mexikos aufgehoben.

Eine erste Blüte erlebte Ciudad Juarez mit der Prohibition. Die Zahl der jährlichen Besucher aus den Vereinigten Staaten stieg von fünfzehntausend auf vierhunderttausend an. Lange bevor die ersten Drogentunnel gegraben wurden, gelangte auf dem gleichen Weg Alkohol in die Vereinigten Staaten. Stampft man in der Cucaracha, einer Traditionsbar direkt beim Grenzübergang, auf den Boden, klingt es dort, wo sich der Eingang zum Tunnel befand, hohl.

San Juana Ramirez kam als eines von sechsundzwanzig Kindern einige Jahre zu spät auf die Welt, um in den Reihen der Revolutionäre, denen sie als Kind Orangen verkauft hatte, als Adelita – wie die Soldatinnen genannt wurden – kämpfen zu können. Ihre Zeit kam, als sie zur Schmuggelkönigin von Ciudad Juarez aufstieg und im eigenen Auto Alkohol in die Staaten brachte. Hilfreich war der umtriebigen Geschäftsfrau dabei, dass ihr künftiger Mann beim Zoll arbeitete. San Juana Ramirez investierte das Geld, das sie mit dem Schmuggel verdiente, in die boomende Stadt und eröffnete 1920 den Kentucky Club, die legendäre Bar von Ciudad Juarez, die den Margarita erfunden und die Namen von James Dean, Marylin Monroe, John Wayne, Elisabeth Taylor und Richard Burton auf ihrer historischen Gästeliste hat.

Das Kentucky, die Cucaracha und das Noa Noa, wo der mexikanische Sänger Juan Gabriel mit fünfzehn Jahren seine Karriere begann, waren die Fixpunkte der Grenzbesucher auf der Avenida Juarez, die vom Grenzübergang in die Innenstadt führt. Der Cucaracha-Bar wurde die Alkohollizenz entzogen, das Noa Noa abgerissen und dem Kentucky, der ältesten Bar von Juarez, nützt auch das Staraufgebot seiner historischen Gästeliste nichts, um von einer Stadt als erinnerungswürdig erachtet zu werden, die sogar die palastähnlichen Landhäuser der Baumwollära für Parkplätze, Oxxa-Supermärkte und Banken geopfert hat.

In der Zone westlich der Avenida Juarez um das ehemalige Rotlichtviertel an der Mariscal-Straße, das emblematisch für das Juarez der Achtzigerjahre stand, wurden 2007 dreizehn Straßenzüge abgerissen. Die kleinen Läden, Frisörsalons, Tanzschuppen, Table-Dance- und Stripteasebars, Kaschemmen, Bordelle und Hinterhofpensionen mussten Platz für den Fortschritt und für eine Zukunft machen, die dem Big Business reserviert ist. Die Modernisierung eines Viertels, in dem an jeder Ecke Sex angeboten und deshalb von der konservativen Elite für Amoralität, Illegalität und Kriminalität verantwortlich gemacht wurde, wird ohne seine bisherigen Bewohner geplant.

Die alten Besitzer der Grundstücke und Ladenlokale wurden mit fünfzig bis hundertfünfzig Dollar pro Quadratmeter abgefunden. Abfindungen, die bei vielen Geschäftsinhabern in die Entschädigungszahlungen für ihre Angestellten flossen. Am Ende blieben von der Mariscal nur Schutt- und Schuldenberge übrig. Die Anwohner verloren ihre Existenzen und wurden noch mehr in die Armut und Illegalität abgedrängt. Nur ist diese nicht mehr im Zentrum sichtbar, sondern an der Peripherie.

Die letzten, noch verbliebenen Anwohner organisieren sich seit vier Jahren zwischen Ruinen und Schuttbergen. Vom Dauerprovisorium profitiert die Supermarktkette Extra der Corona Extra Gruppe, die sich auf kleine Supermärkte spezialisiert hat und nun die Bau- und Versorgungslücken füllt, die nach dem Abriss der unabhängigen Ladengeschäfte entstanden sind.

Seit im Viertel um die Calle Mariscal die Kneipenmusik verstummt ist und die Nachtschwärmer ausbleiben, suchen sich einige Musiker ihr Publikum weit draußen außerhalb der Stadt auf dem Friedhof San Rafael, wo Beerdigungen wie am Fließband stattfinden und die Bagger laufend neue Gräber ausheben. Jeden Nachmittag sind dort Rogelio, Manuel und Jesus anzutreffen, ein Trio, das schon in der Altstadt aufgetreten ist und nun in der Wüste für die Toten singt.

Es liegen Welten zwischen dem historischen Zentrum und dieser Mondlandschaft mit Erdhügeln aus Sand und Steinen und bunten Plastikblumengestecken, die der neue Arbeitsplatz des Trios geworden ist, das früher romantische Corridos für Liebespärchen sang und heute immer wieder *El Centenario* von den Tucanes de Tijuana den Toten als letzten Corrido mitgeben soll:

Si eres pobre te humilla la gente
Si eres rico te tratan muy bien
Un amigo se metió a la mafia
Porque pobre ya no quiso ser (...)

Por la mafia se gana dinero
Pero se necesita valor
Porque aquí no hay ningún parentesco
No se permite ningún error
Siempre te andas rifando el pellejo
Con las leyes o con el patrón

[Wenn du arm bist, erniedrigen dich die Leute.
Wenn du reich bist, behandeln sie dich sehr gut.
Ein Freund hat sich auf die Mafia eingelassen,
weil er nicht mehr arm sein wollte.

Mit der Mafia verdient man Geld,
aber man braucht Mut,
denn hier zählt Verwandtschaft nicht.
Man lässt keinen Fehler durchgehen.
Immer liegst du mit jemandem im Clinch,
mit den Gesetzen oder mit dem Boss.]

Wer seine Toten in San Rafael begraben lässt, kann sich eine Beerdigung auf einem der privaten Friedhöfe der Stadt nicht leisten. »Die Leute
haben kein Geld«, flüstern mir die Musiker zu. »Es ist einfacher mit Be-
trunkenen sein Geld zu verdienen als mit Toten.«
  Die letzten Nostalgiker des alten Juarez, die sich weder an die neuen
Zeiten gewöhnen noch aus ihrem alten Leben verbannen lassen wollen,
sind in die innere Emigration gegangen und haben sich in das Café La
Nueva Central auf der Straße des 16. September gesetzt. Es ist das letzte Reservat des alten Juarez, in dem sie vor bösen Überraschungen sicher
sind. Alles ist hier noch so, wie es am Tag seiner Eröffnung im Jahr 1958
war: die Menükarte, die Namen der Serviererinnen, die Dessertauswahl,
die Gäste. Der diskrete Herr im grauen Anzug, der an der Theke der großen Halle mit dem chinesischen Deckenstuck schweigend seine Enchilada
isst, war der letzte Life-Animateur der Striptease-Bar, in der »Samantha
– die Schöne der Nacht« ihren Auftritt hatte, und von ihm in vibrieren-
dem Timbre angekündigt wurde. »Und jetzt, Señores: Der Höhepunkt der
Show! Saaaamanthaaa! Die Schöne der Nacht! Im Evakostüm – wie Gott

sie schuf!« Seine Life-Ansagen wurden durch eine Stimme vom Band ersetzt. Der Abriss seines ehemaligen Arbeitsplatzes war nur noch die Besieglung einer Zeit, die für ihn schon vorher zu Ende gegangen war.

»Wie hoch ist die Quote?«, erkundigt sich ein Geschäftsmann, der einen Laden eröffnen will, bei den Ladeninhabern in der Nachbarschaft.

Die Ladenbesitzer werden per Flugblätter über die Höhe der festgelegten Quote in ihrem Viertel informiert. Boten überbringen ihnen eine Visitenkarte mit einer Mobilfunknummer, die sie anrufen sollen, um die Details auszuhandeln. Ist die Forderung zu hoch, wird wie auf dem Basar um Nachlass gefeilscht. Einigt man sich, zahlt der Laden- oder Restaurantbesitzer seine Steuern künftig an die Mafia, die im Gegenzug dafür sorgt, dass sich bei ihren Schutzbefohlenen die staatliche Gängelei in Grenzen hält. Rauchverbote in Lokalen gelten fortan nicht mehr, Nachtclubs können von Minderjährigen besucht werden, Alkoholausschank an sie inklusive; Polizisten dürfen sich mit Minderjährigen amüsieren und der Begriff der Sperrstunde wird dehnbar. Einigt man sich nicht, müssen die Inhaber kurze Zeit später ihre Läden schließen.

Ladenbesitzer vermeiden alles, was den Eindruck erwecken könnte, ihre Geschäfte liefen gut. Sie verzichten auf Werbung und drucken keine Visitenkarten. Sie locken nicht mit Angeboten vor ihren Geschäften, weil das nach Umsatz aussehen könnte. »Ich schenk denen meinen Laden! Sollen die sich doch den ganzen Tag hinter die Theke stellen«, schimpft ein Ladenbesitzer erregt, »ich komm dann und hol mir das Geld ab.«

Viele Läden, die geöffnet sind, wirken als seien sie zu. Wie die Ledergerbereien und Spezialläden für Schuhmacher, die in den Straßen um die Mariscal zwischen abgerissenen Häusern und Schuttbergen immer noch ihren Betrieb aufrechterhalten. Hierher kommen die Schuhmacher, um Absätze, vorgeschnittenes Leder, Schuhsohlen, Stoffe, Nägel, Nieten und Innenfutter zu kaufen. Unter ihnen ist auch Roberto, ein Schuhmacher, der früher seine Werkstatt in der Mariscal hatte, nun aber weit außerhalb wohnt. Einer seiner Stammkunden hat ein Paar Stiefel bei ihm bestellt. Im Versace-Stil, mit gekappten Stiefelspitzen und aus Straußenleder. Zusammen mit weichem Kalbsleder ist Straußenleder momentan das angesagteste Material. Manta-, Rochen-, Leguan- und Krokodilleder sind Ladenhüter. Genauso wie abgerundete Westernreitstiefel. Bestellt werden entweder

Immer häufiger kommt es vor, dass seine Kunden sterben oder fliehen, bevor die Bestellung fertig ist. Der Schuhmacher Roberto mit zwei Paar Frauenstiefeln, die nie abgeholt wurden.

Schuhe im Versace-Stil oder extrem spitz zulaufende Cowboystiefel. Las-Vegas-Karikaturen mit auffallenden Motiven. Ed Hardy-Imitate, zu denen es die farblich passenden Straußenledergürtel im Versace-Stil gibt.

Wenn er Kasse gemacht hat, gibt sein Kunde ein halbes Dutzend Paar Stiefel in Auftrag. Zwölftausend Pesos sind ihm die handgearbeiteten Statussymbole wert, von denen ein Paar mehr kostet als ein Arbeiter im Monat verdient. Einem Arbeiterlohn entspricht auch die Summe, die Roberto am Ende übrigbleibt, wenn er sämtliche Materialkosten abgezogen hat. Denn selbst ein dicker Fisch wie sein Stammkunde gibt höchstens zweimal im Jahr eine Großbestellung in Auftrag. Ansonsten lebt Roberto von Kleinaufträgen. Außerdem muss er immer häufiger damit rechnen, dass die Kunden sterben, bevor sie ihre Stiefel abgeholt haben.

Zwei Paar Frauenstiefel stehen seit Monaten abholbereit im Regal. Aber deren Besitzerinnen sind spurlos verschwunden. Die eine ist vermutlich tot. Die andere vermutlich aus der Stadt geflohen. Ihr Mann war Busunternehmer und wurde wegen einer Schutzgeldsache erschossen.

Die Frau brachte Roberto die grünschwarzen Straußenlederstiefel, die ihr Mann trug, als ihn die Kugel erwischte. Sie wollte, dass Roberto sie umarbeitet, damit sie die Stiefel weiter tragen konnte. Roberto durfte das Blut ihres Mannes nicht entfernen, das auf dem Leder eingetrocknet ist. Dass sie die fertigen Stiefel nicht abholt, ist für Roberto das Indiz, dass die Mörder ihres Mannes nun von ihr das Schutzgeld haben wollen.

Und wenn ihre Trauer um ihren Mann in der Zwischenzeit einfach verflogen war? Roberto wiegt fachmännisch den Kopf. Auf die Idee mit den Stiefeln müsse man erst einmal kommen. Wäre ihre Trauer nicht echt gewesen, hätte sie sich nicht so viele Gedanken gemacht.

Auf Busunternehmen haben Schutzgelderpresser ein besonderes Augenmerk. Obwohl im Südosten der Stadt die Busspur für den sogenannten »Semimasivo«, einen städtischen Bus, mit dem das veraltete Transportsystem modernisiert werden soll, fertiggestellt ist, bleibt sie ungenutzt. Der Stadt fehlt das Geld für den weiteren Ausbau und für den Kauf der Busse. Es geht um vierzehn Millionen Euro. Die Drogenmafia dürfte bereits ein Vielfaches dieser Summe von den privaten Busunternehmen erpresst haben.

Sie bedrohen nicht nur die Besitzer, sondern auch die Angestellten. Von einem Mechaniker, der die Busse eines Unternehmens regelmäßig wartete, verlangten sie ein Schutzgeld in Höhe von hunderttausend Pesos für die Busse, die vor seinem Haus parkten. Als der Mann verzweifelt den Irrtum aufzuklären versuchte, forderten sie, dass er das Geld dann eben von seinem Boss verlangen solle. In einer Woche kämen sie wieder.

Dieser schrie ihn an: Ob er denn wahnsinnig sei, ihn in die Sache mit hineinzuziehen. Er hätte Frau und zwei Kinder. Wie er auf die Idee komme, dass er ihm helfen könne. Hunderttausend Pesos! Das sei eine Angelegenheit, die er alleine lösen müsse. Schließlich stünden die Busse vor *seiner* Tür. Sein Boss weigerte sich, die Busse abzuholen. Er selbst traute sich nicht, sie wegzufahren. Dem Mann blieb nichts anderes übrig, als vor Ablauf der Wochenfrist mit seiner Familie unterzutauchen.

Das Schönste an Ciudad Juarez ist jetzt El Paso. Bitterer als in diesem Satz lässt sich die Gefühlslage der Juarenses nicht zusammenfassen.

Das schläfrige El Paso ist wie Dornröschen zu neuem Leben erwacht, seit die Geschäftsleute aus Ciudad Juarez über die Grenze fliehen und auf der anderen Seite des Rio Bravo ihre Läden wieder eröffnen. Seit 2008 haben in Ciudad Juarez fünftausend Betriebe und Geschäfte geschlossen. Im gleichen Zeitraum ist in El Paso die Zahl der Betriebsanmeldungen rasant gestiegen. Zweihunderttausend Menschen sollen Ciudad Juarez bereits verlassen haben. Mehr als hunderttausend Häuser stehen leer.

Die Gewalteskalation überlappt sich mit der Wirtschaftskrise, die zu Massenentlassungen in den Fabriken von Ciudad Juarez führt, den sogenannten Maquiladoras oder Weltmarkt-Fabriken, in denen im Auftrag internationaler Firmen aus importierten Einzelteilen Fertigteile für den Export zusammengesetzt werden.

Seit dem Bau der ersten Maquiladoras Anfang der Siebzigerjahre folgte die Stadtentwicklung stets der Richtung, die ihr die Industrie vorgegeben hat. Zweihundertzweiundsechzigtausend Einwohner zählte die Stadt im Jahr 1960. Auf dem Höhepunkt ihrer Produktivität war das allein die Zahl der Arbeiter, die in mehr als vierhundert Fabriken der Automobil-, Pharmazie-, Elektronik-, Computer-, Kriegs- und Weltraumindustrie beschäftigt war.

Zunächst dehnte sich die Stadt in nordöstlicher und nordwestlicher Richtung aus, wobei von Anfang an der Nordosten der wohlhabenden Mittelschicht und einer gut integrierten städtischen Arbeiter- und Angestelltenschicht reserviert war, während sich im Nordwesten der Stadt die Ärmsten ansiedelten: Familien ohne Einkommen, Neuankömmlinge, die noch nicht im Arbeitsmarkt integriert waren. Sich selbst überlassen, bauten sie sich erste, provisorische Behausungen. Obwohl diese Hütten aus Paletten, Kartonagen und Plastikfolien keinem Regenguss standhielten, schossen sie wie Pilze aus dem Boden. In den Siebzigerjahren kam es im Südwesten der Stadt aufgrund der akuten Wohnungsnot zu den ersten großen Landbesetzungen auf privatem Grund, aus denen später viele Arbeiterwohnviertel hervorgingen. Denn die Stadt kaufte und parzellierte das besetzte Land und machte die Familien zu rechtmäßigen Eigentümern.

Mit dem Boom der Maquiladora-Industrie schob sich Ciudad Juarez schließlich immer weiter in südlicher Richtung in die Wüste vor. Seit 1994, dem Jahr der Unterzeichnung des Freihandelsvertrags, hat sich die Bevölkerungszahl verdoppelt und ist bis zum Jahr 2008 auf eine Million dreihunderttausend Einwohner angewachsen. Das 1972 gegründete städtische Wohnungsbauprogramm schaffte es ab den Neunzigerjahren

Das Viertel Insurgentes Sur im Nordwesten von Ciudad Juarez.
Während die nordwestlichen Stadtviertel »wild« besiedelt wurden ...

nicht mehr, mit dem Zuzug der Menschen Schritt zu halten. Allein aus
Veracruz im Süden des Landes kamen hunderttausend. Sie hatten den
Arbeitsvermittlern geglaubt, die sie in ihren Dörfern mit Aussicht auf gut
bezahlte Arbeit und günstige Unterkünfte angeworben haben. Nachdem
man sie mit ihren geschnürten Bündeln, Säcken und Koffern im Zentrum
von Juarez abgesetzt hatte, begriffen sie allerdings schnell, dass es die versprochenen Unterkünfte nicht gab. Es gab nur Fabriken. Und dazwischen
staubiges Brachland, verwilderte Baumwollfelder und kargen Sandboden.
Die Politik löste das Problem erneut durch Landvergabe. Dieses Mal im
Südosten der Stadt. Aus einer solchen organisierten Landbesetzung sind
zum Beispiel die Viertel Los Morelos, Heroes de la Revolucion und Torres
del PRI hervorgegangen, die – anders als die Viertel im Nordosten – ausschließlich von Fabrikarbeiterfamilien bewohnt wurden.

In Torres del PRI ist Leobardo Alvarado aufgewachsen. Wie alle in seiner Familie hat auch er als Jugendlicher in der Fabrik gearbeitet. Aber
noch während er am Fließband stand, begann er, sich mit den sozialen
Problemen seiner Stadt zu beschäftigen. Heute arbeitet er in der Universität von Ciudad Juarez und gibt eine Netzzeitung zur gesellschaftlichen Debatte in der Stadt heraus. Er gehört der Generation an, aus der die aktuelle

... entstanden die Viertel im Südosten der Stadt am Reißbrett.

gesellschaftspolitisch engagierte Bürgerschaft von Ciudad Juarez hervorgegangen ist. Ihre Herkunft aus den Vierteln, die heute im Brennpunkt des
Drogenkriegs stehen, verbindet sie. Als Sozialarbeiterinnen, Menschenrechtsaktivisten, Soziologen, Journalisten, Fotografen, Publizisten, Auto-
rinnen, Künstlerinnen, Lehrerinnen und Dozenten versuchen sie, zivi-
le Räume in einer Stadt zu schaffen, die täglich einen höheren Blutzoll
zu zahlen hat. Dafür schließen sie Bündnisse mit Politik und Unterneh-
mern. Doch was woanders zum demokratischen Alltag gehört, hat in
einer Stadt, in der Krieg herrscht und jeder Fehler zu einem Bumerang
wird, die denkbar schlechtesten Ausgangsbedingungen.

So sei die 2010 gestartete Regierungsinitiative »Wir alle sind Juarez«
ihrer Stadt einfach nur übergestülpt worden und könne so wenig wie ein
neuer Fassadenanstrich an einem morschen Haus verhindern, dass alles
zum Einsturz kommt.

Die Initiative eines Pfarrers aus Ciudad Juarez, der gemeinsam mit
den Bewohnern seiner Pfarrei einen Appell an die minderjährigen Jugendlichen seines Viertels richtete, sich zu ihrer eigenen Sicherheit nach
zweiundzwanzig Uhr nicht mehr auf den Straßen aufzuhalten, hätte die
Stadt zwar auf die Idee gebracht, die Initiative zu kopieren und auf alle

Viertel auszuweiten. Nur ginge die Initiative jetzt nicht mehr von den Bewohnern aus, sondern wurde unter dem Motto »Nach 22 Uhr besser zu Hause« der Polizei übertragen, womit ein erfolgreiches Basisprojekt als Polizeieinsatz endete, bei dem pro Nacht bis zu hundert Jugendlicher aufgegriffen und wie gewöhnliche Kriminelle inhaftiert wurden.

Aber unabhängig von der Erfolgsquote der einzelnen Bürgerinitiativen hat sich in Ciudad Juarez eine intellektuelle Dynamik entwickelt, die auch durch Gewaltandrohung nicht mehr zum Stillstand gebracht werden kann. Denn durch sie ist sie ja überhaupt erst entstanden.

Als »Zukunftslabor« wird Ciudad Juarez von Soziologen bezeichnet, als »Experimentierfeld«, auf dem sich Entwicklungen beobachten lassen, die anderswo erst später einsetzen.

Aber der Expertenkreis, der sich in Ciudad Juarez im vergangenen Jahrzehnt herausgebildet hat, steuert der Wissenschaft nicht nur Rohdaten bei, sondern auch die gesellschaftspolitischen Analysen. Dabei ist es der selbstkritische Blick auf die Wirklichkeit, der den spezifischen Beitrag der Stadt in der gesellschaftlichen Debatte Mexikos ausmacht.

So hat mich Leobardo Alvarado in sein altes Viertel mitgenommen, damit ich Einblick in das normale Leben in Juarez erhalte. Denn wenn ich mich nur in den Zirkeln der Bürgerinitiativen, sozialen Organisationen und akademischen Netzwerke aufhielte, würde mein Bild von Ciudad Juarez zu einseitig. Nur ein Bruchteil der Bürgerschaft engagiere sich, auf den Kundgebungen treffe man immer die gleichen Leute, die schweigende Mehrheit der Einwohner erreiche man nicht.

»Wenn dreiundsiebzig Prozent der Juarenser nicht zum Wählen gehen, weil sie nicht daran glauben, dass sich dadurch an ihrer Situation irgendetwas verändern würde, wirst du sie auch nicht auf einer Protestveranstaltung treffen.« Er schneidet gerade mit einem Freund einen Film über die schwache Wahlbeteiligung in Ciudad Juarez. Eine Auftragsarbeit für die Universität.

Gerade eben hat der PAN-Vorsitzende von Ciudad Juarez die Frage nach der hohen Wahlenthaltung der Mexikaner recht weitschweifig mit der besonderen Psychologie der Mexikaner erklärt, die mit ihrer weit zurückliegenden Eroberungsgeschichte zu tun hätte, und der Grund dafür sei, dass sich die Mexikaner nicht entscheiden könnten, wer sie sind und was sie wollen. Aber warum ist die Wahlbeteiligung gerade in Ciudad Jua-

Im Viertel Torres del PRI in Ciudad Juarez wurde ein Altar mit dem Bild des »Niño Fidencio« zum Patronatsfest aufgebaut.

rez so besonders schlecht? Bei dieser Frage verhärtet sich sein Gesicht. Die Augen hinter der Brille werden stechender. Der Mund unter dem Oberlippenbart schmaler, und dann sagt er: »Weil die Juarenses nicht die Arbeit anerkennen, die sich die Politik für sie macht.«

In Torres del PRI haben Anwohner auf der Straße einen Altar mit dem Bild des »Niño Fidencio« aufgebaut und feiern ein Fest zu Ehren dieses einfachen Mannes aus Nuevo Leon im Nordosten Mexikos, der angeblich Todkranke geheilt hat und von seinen Anhängern wie ein Heiliger verehrt wird. In diesem Fall ist es die katholische Kirche, die sich über die Anhänger des Niño Fidencio-Kultes erbost, weil sie nicht die Arbeit anerkennen, die sich die Kirche für sie macht, sondern wie Scharlatane ihre Riten kopieren und sich eigene Heilige erfinden. Nur vereinzelt sind Stimmen wie die von Bischof Raul Vera zu hören, die den Niño-Fidencio-Kult zum Anlass nehmen, sich zu fragen, ob die Kirche die Probleme der Menschen vielleicht nicht ernst genug genommen hat, wenn sich diese von ihr abwenden und von anderer Seite Hilfe erhoffen.

Die Familie, die dem aus dem Nordosten Mexikos nach Ciudad Juarez importierten Heiligen auf einer Straße in Torres del PRI einen Altar errichtet und ein Fest gibt, scheint sich ziemlich viel Gedanken darüber gemacht zu haben, woher sie kommen, wer sie sind und was sie wollen. Und sie scheinen sich entschieden zu haben, dabei auf den Heiligen aus ihrer alten Heimat zu setzen. Möglicherweise fiel die Entscheidung für den Heiligen gegen die Politik aus.

Am Ende der Straße liegt ein Freizeitpark mit einem Fußballplatz, auf dem eine Gruppe zwölf-, dreizehnjähriger Jungen bolzt. Der Fußballplatz ist umzäunt. Der Park selbst ist nochmals umzäunt. Am Spielfeldrand warten schon die Älteren darauf, die Jüngeren abzulösen. Sie besuchen alle die gleiche Klasse einer Oberschule.

Ob sie in der Schule über Gewalt sprechen? – Ja, ständig. Aber nicht mit ihren Lehrern, sondern mit ihren Freunden. – Ob es Schulprojekte gäbe, die sich mit dem befassen, was in der Stadt passiert? – Sie schütteln den Kopf.

Teresa Margolles hat eine ihrer Videoinstallationen in einer Oberschule im Nordwesten der Stadt gedreht. Dreihundertfünfzig Schüler versammelten sich auf dem Schulhof. Die Menge entsprach der Zahl der Morde im Monat Oktober. Von den Jugendlichen auf dem Fußballplatz hat keiner von dem Projekt gehört. So etwas sei kein Thema an ihrer Schule, sagt einer. Vermutlich wüssten sie über Gewalt ohnehin besser Bescheid als ihre Lehrer.

Und dann fangen sie an zu erzählen: Eine Klassenkameradin sei umgebracht worden. Ihre Mutter war mit einem Narco zusammen, und sie wurde von Kugeln durchsiebt, weil sie zufällig zuhause war, als ihre Mutter und deren Freund getötet werden sollten. Ihre kleinen Geschwister hätten Glück gehabt. Sie waren an diesem Tag bei den Großeltern. Ein anderer Freund sei erschossen worden, weil er Streit mit einem Typen wegen einer Freundin hatte. Und wieder ein anderer Freund hätte mit drei Kumpels auf einem Platz im Viertel San Lorenzo Volleyball gespielt. Er sei mitten im Spiel zum Haus seiner Tante hinüber gelaufen, weil er dringend auf die Toilette musste. Die Tante war aber nicht zuhause und er lief weiter zum nahe gelegenen Burger King, weil er es vor Bauchschmerzen kaum noch aushielt. Als er zum Platz zurückkam, hätten seine drei Freunde tot auf dem Boden gelegen.

Die Jungen scheinen durch mein offenkundiges Interesse angespornt zu werden. Jetzt sprudeln die Geschichten nur so aus ihnen heraus, als ob sie sich gegenseitig übertrumpfen wollten.

Seinem Bruder sei das Auto geklaut worden, erzählt einer. Auf dem Parkplatz vor dem Tacotote sei ihm eine Knarre an den Kopf gehalten worden. Er musste aussteigen und blieb mit seinem Flip Flop an der Kupplung hängen. Aber wenn er sich hinabgebeugt hätte, um die eingeklemmte Sandale herauszuziehen, hätten die anderen gedacht, jetzt hole er selber eine Knarre heraus und hätten ihn erschossen. Er blieb ruhig, schlüpfte aus dem Flip Flop heraus und stieg aus dem Auto.

Und dann fällt einem von ihnen noch eine Geschichte ein, die sie zusammen erlebt haben. Sie hatten sich im Supermarkt etwas zu trinken besorgt und unterhielten sich auf der Straße vor dem Haus eines Freundes. Eine Patrouille der Federales fuhr vorbei und wollte ihre Ausweise sehen. Da keiner von ihnen einen Ausweis dabei hatte, sollten sie mit zur Wache. In diesem Moment sei die Mutter des Freundes aus dem Haus gestürzt und hätte geschrien, dass die Jungs nirgends mit hinfahren würden und keinen Ausweis bräuchten, weil sie hier wohnten.

Die Polizisten behaupteten, sie hätten sie dabei erwischt, wie sie in der Öffentlichkeit tranken. Die Mutter nippte an der Plastikflasche und fragte entrüstet, seit wann es verboten sei, Wasser zu trinken. Da hätten die Federales aufgegeben. Als sie weg waren, entdeckten sie zirka fünfzig Meter entfernt auf der Straße zwei Tote. Ihrer Meinung nach war das Ganze ein Ablenkungsmanöver. Die Bundespolizisten hätten die Straße abgesperrt, damit niemand mitkriegt, wie die Leichen dort abgelegt werden. Die Gruppe nickt zustimmend.

Die dreißig Kilometer zwischen dem Industriepark Bermudez im Nordosten der Stadt und dem Fabrikgelände von Elektrolux an der äußersten Peripherie im Südosten liefern einen Abriss über vierzig Jahre Industriegeschichte. Die ersten Fabriken wurden in den gleichen wohlhabenden Vierteln gebaut, in denen ihre Besitzer lebten. Cibeles, der exklusivste Gesellschaftsclub der Stadt, liegt gegenüber dem Industriepark Bermudez. Am Wochenende machten die Bewohner von Ciudad Juarez auf den fabrikeigenen Grünanlagen Picknicks.

Vom elegantesten Viertel der Stadt zwischen Hypodrom und dem Campestre Juarez Club zu dem Fabrikgelände von Elektrolux draußen in der Wüste, an das mitten ins Niemandsland gesetzte pastellfarbene Reißbrettsiedlungen wie an ein Mutterschiff im Weltall andocken, ist es ein weiter Weg, der bis an den Rand der Gesellschaft führt.

»Verwirkliche deine Träume« steht auf den Werbetafeln, die den Bau weiterer Karree-Siedlungen ankündigen, obwohl die bestehenden Wohnkomplexe noch gar nicht fertig sind und im extremen Wüstenklima schon verfallen. Von weitem wie Silhouetten eines Wüsten-Forts flimmernd, entpuppen sich die Wohnviertel mit ihren drei mal drei Meter großen Schuhschachteln, in denen es im Winter eiskalt und im Sommer stickig heiß ist, aus der Nähe als menschenfeindliche Bastionen.

Die Hälfte der Häuser ist gar nicht bewohnt. Türen, Fenster und Zäune fehlen. Vorgärten haben sich wieder in Wüste verwandelt. Armierungsstäbe ragen in den Himmel. Wasserauffangbecken lassen erkennen, dass bei heftigen Regenfällen das Wasser nicht im Boden versickert. Laternenmasten liegen auf dem Boden und die Straßen nachts im Dunkeln.

Zweihunderttausend Menschen leben in Ciudad Juarez in extremer Armut. Im Nordwesten der Stadt gibt es heute noch Viertel ohne Strom und Wasser. Die Reißbrettsiedlungen im Südosten haben zumindest diese Grundversorgung, auch wenn sich die Bewohner von ihren sechshundert Pesos Wochenlohn, die ihnen die legale Wirtschaft zahlt, weder das eine noch das andere leisten können und die Strom- und Wasserleitungen illegal anzapfen.

Unter den Familien, die in besonders gefährdeten Zonen leben, befinden sich viele alleinerziehende Mütter. Während sie arbeiten, sind ihre Kinder unbeaufsichtigt. Aber was machen Kinder und Heranwachsende den ganzen Tag in Vierteln, in denen es weder Spielplätze noch Kindergärten, Sportvereine, Bibliotheken oder Jugendtreffs gibt? Womit sollen sich diese Kinder identifizieren?

Vierzig Prozent dieser Kinder besuchen keine Schule. Es gibt niemanden, der sie dort vermisst. Die Einzigen, die sie mit offenen Armen empfangen, sind die Straßengangs. Zwischen fünfhundert und sechshundert Banden, schätzt der Soziologe Carlos Murillo, gibt es inzwischen in Juarez. Ein Teil von ihnen gehört zu einem der beiden großen verfeindeten Drogenkartelle – dem Kartell von Sinaloa oder dem Kartell von Juarez. Aber ein Teil der Banden ist selbst für die großen Kartelle unkontrollierbar geworden.

Die Sicarios werden immer jünger. Jugendliche sind bereit, für zweihundert Pesos zu morden. Zweihundert Pesos – zwanzig Dollar – sind ein Vermögen für Kinder von Eltern, deren legaler Wochenlohn nicht wesentlich höher ist.

Die Gewalt ist dabei, sich vom Drogensektor zu emanzipieren und zu einem eigenständigen Phänomen zu werden. Denn für eine Generation, die im Krieg der Kartelle um die Kontrolle über Ciudad Juarez aufgewachsen ist, ist Grausamkeit nichts Abschreckendes, sondern gelebte Normalität. Sie wird als durchaus attraktiv wahrgenommen, da sie einen Schlüssel liefert, mit dem man sich trotz gesellschaftlicher Chancenlosigkeit Einlass in die heiligen Hallen des Konsums verschaffen kann. Wertloser als heute war in Ciudad Juarez menschliches Leben nie. Wo die legale Wirtschaft nur Hungerlöhne bereithält, müssen sich die unteren Chargen auch in der illegalen Welt mit Dumpinglöhnen begnügen.

Es scheint gerade die Kriegserklärung der mexikanischen Regierung an die Kultur der Illegalität gewesen zu sein, die bei denen, die ohnehin gefährdet waren, die letzten Hemmschwellen beseitigt hat. Denn im Schatten dieses Drogenkriegs entkoppelte sich das Privileg der Straflosigkeit von bestimmten Personenkreisen, die es aufgrund ihrer wirtschaftlichen und politischen Beziehungen schon immer hatten, und stand plötzlich jedem zur Verfügung.

Wenn nicht einmal die Morde an Polizisten, Journalisten, Rechtsanwälten, Bürgermeistern und an den Führern sozialer Bewegungen aufgedeckt werden, dann kann man sicher davon ausgehen, dass die massenhaften Entführungen, Erpressungen, Einschüchterungen, Morde und Massaker an der gesellschaftlichen Peripherie erst recht nicht ermittelt oder geahndet werden.

Rosas Albtraum begann vor neun Monaten. Sie hatte gerade ihre elfjährige Tochter zur Schule gebracht und ging wieder zu ihrem Auto zurück, als ihr von zwei Jungen der Weg versperrt wurde. Einer der beiden hielt ihr eine Pistole vor die Brust und zwang sie, sich in deren Wagen zu setzen. Der andere nahm ihr die Schlüssel ihres eigenen Autos ab.

Im Wagen saßen zwei weitere Jungen. Keiner von ihnen war älter als zwanzig Jahre. Den jüngsten schätzte Rosa auf fünfzehn. Sie brachten sie in ein Haus in der Nähe der Technischen Universität. Kurz vor dem Ziel wurden ihr die Augen verbunden. Sie wurde in ein Zimmer geführt und musste sich auf ein Bett setzen. Ihr wurden Tamales und Kaffee gebracht. Man zwang sie, zu essen. Dann kam jemand ins Zimmer, dessen Stimme sich wesentlich älter anhörte, als die der Jungen. Dieser Mann wusste viel über sie und ihre Familie. Er wusste, wo ihr Mann arbeitete, wie viele Kinder sie hatten, wo welches Kind zur Schule ging und dass ihre älteste Tochter die Universität besuchte. Er verlangte die Telefonnummer, unter der ihr Mann zu erreichen sei. »Jetzt wird sich herausstellen, ob dein Mann dich wirklich liebt.«

Zwei der jüngeren Entführer blieben bei ihr im Zimmer zurück. Sie setzten ihr die Pistole an den Kopf und fuhren mit ihrem Lauf über ihr Gesicht und ihre Brüste. Sollte ihr Mann nicht zahlen, könne er ihren Körper in der Wüste suchen.

Die Verhandlungen begannen. Die Entführer legten die Summe fest: Eine Million Pesos. Eine Summe, die ihr Mann unmöglich aufbringen konnte. Sie waren nicht reich. Sie wohnten in einem Arbeiterviertel. Auf ihrem Haus lasteten Schulden. Ihr Mann war Buchhalter in einer Fabrik.

Später erfuhr sie von ihm, dass er bei zwanzigtausend Pesos in die Verhandlungen eingestiegen war und man sich auf dreihunderttausend geeinigt hätte. Einen Teil davon bezahlten sie in Form von Wertsachen. Rosas Auto hatten sie schon, das Auto ihres Mannes bekämen sie bei der Übergabe.

Unter den Entführern war auch eine Frau. Ihre Aufgabe bestand darin, während der Telefonate, die mit ihrem Mann geführt wurden, im Hintergrund zu jammern. Es sollte sich für ihren Mann so anhören, als würde sie gefoltert.

Ihr Mann fuhr mit dem Geld in einer schwarzen Plastiktüte zum Übergabeort auf den Parkplatz eines Supermarktes. Er ließ die Türen seines Wagens offen, den Schlüssel im Zündfach, stieg aus und ging weg.

Am Samstagabend wurde sie freigelassen. Bevor sie das Haus verließ, nahm man ihr die Augenbinde ab. Draußen war es schon dunkel. Im Haus brannte kein Licht. Sie durfte keinen Blick zurück werfen. Zwei Begleiter brachten sie zum nächstgelegenen Einkaufszentrum. Dort drückten sie ihr Geld für ein Taxi in die Hand und verschwanden.

Sechs Monate lang wagte sich Rosa nicht aus dem Haus. Sie ging nicht ans Telefon, obwohl sie alle Nummern geändert hatten, und öffnete niemandem die Tür. Sie weiß, wo sie gefangen gehalten worden war. Sie weiß, wie ihre Entführer aussehen, von denen einer im zivilen Leben in der Großbäckerei der Supermarktkette Soriana arbeitete, in der sie ihr Brot kauft. Sie gab trotzdem keine Anzeige auf. Auch dann nicht, als sie von der Polizei benachrichtigt wurden, dass man ihre Autos im Zusammenhang mit einer anderen Entführung sichergestellt hätte. In den Fahrzeugen lagen Kinderspielzeug und Kekse. Die Autos hatten als Familienkutschen gedient.

Größer noch als ihre Angst war das Misstrauen gegenüber den Behörden. Sie befürchtete, die Polizei könnte, nachdem sie ihre Aussage gemacht hat, die Entführer wieder freilassen. Sie waren bis über die Ohren verschuldet. Sie konnten nicht einfach weg. Hier war ihr Arbeitsplatz. Also mussten sie sich mit der Situation arrangieren.

Die städtische Polizei wird generell der Komplizenschaft verdächtigt. Welche Optionen es für einen Polizisten denn gäbe?, kontert ein Polizist auf meine Frage, ob die Vorwürfe berechtigt sind. Die Ausbildung zum Polizisten dauert vier Monate. Man schnuppert ein bisschen Strafrecht, erhalte ein wenig Schießunterricht und bekäme die unterschiedlichen Tötungsdelikte erklärt. Das mag ausreichen, um in einem friedlichen Schweizer Bergdorf zu arbeiten. Um aber im Epizentrum der Gewalt seiner Aufgabe als Gesetzeshüter nachzukommen, fehle einem jegliches professionelles, moralisches und finanzielles Rüstzeug.

Kein Vorgesetzter schütze einen Polizisten, der von einem Verbrecher des Waffenmissbrauchs beschuldigt wird. Und jeder Polizist, der außerhalb seines Dienstes Zeuge eines Verbrechens wird und wie ein Polizist agiert, mache sich des Amtsmissbrauchs schuldig. Wer würde unter solchen Bedingungen für sechstausend Pesos im Monat seinen Kopf hinhalten? Die einzigen Optionen, zwischen denen man wählen könnte, um am Leben zu bleiben, sei es, den Dienst zu simulieren oder ihn zu quittieren. Er habe sich für letzteres entschieden.

Einem Freund von ihm sei offiziell gekündigt worden, weil er zu ehrlich war. Er musste seinen Platz für jemanden räumen, der weniger eigensinnig war. Nach dem Gespräch mit seinem Vorgesetzten, sei er von Kollegen angesprochen worden: Ob er jetzt nicht für sie arbeiten möchte? Mit seinem Insiderwissen könne er jetzt richtig Kohle machen.

Das Gespräch fand an einem Freitag statt. Am darauffolgenden Montag hatte sein Freund das Visum für die Vereinigten Staaten beantragt.

Am Mittwoch war er in El Paso. Einen Tag länger in Juarez und der Optionsschein auf sein Leben wäre abgelaufen. Die Ablehnung des Angebots seiner Kollegen hätte ihn zum Abschuss freigegeben. Wer dem Teufelskreis der Gewalt entkommen will, müsse es irgendwie auf die andere Seite des Flusses schaffen. Noch bevor der Stachel des Hasses im Fleisch sitze. Denn Hass bringe nur noch mehr Hass hervor – und dann würde man davon aufgefressen, bis man selber mit einer Kugel im Kopf ende.

»Sag uns, wer deine Frau entführt hat und wir kümmern uns darum.« Ein junger Arbeitskollege hatte Rosas Mann dieses Angebot gemacht. Jeder in ihrer Umgebung schien plötzlich zwei Gesichter zu besitzen.

Auf dem hintersten Sofa des Aufenthaltsraumes des Zentrums für Migranten sitzt eine blonde Frau im blauen Jogginganzug. Ihr Gesicht ist geschwollen, dunkle Augenringe gehen in blaue Blutergüsse über. Mit übereinandergeschlagenen Beinen und vor der Brust verschränkten Armen sitzt sie reglos da und beobachtet die anderen Leute im Raum aus einer Distanz, als ob sie nicht dazugehöre. In El Paso gibt es für Migranten ohne Dokumente diese Anlaufadresse, und wer es aus Honduras, Guatemala oder El Salvador bis hierher geschafft hat, bekommt nach Wochen ständiger Anspannung endlich wieder Gelegenheit, sich für ein paar Stunden oder Tage zu erholen, ohne Angst vor Entdeckung haben zu müssen.

Der Fernseher läuft ohne Ton. Die anderen Frauen tauschen Erfahrungen aus, die sie mit ihren kleinen Kindern auf ihrer illegalen Reise quer durch Mexiko gemacht haben. Den Männern gelingt es weniger gut, ihr Befinden zu überspielen. Sie fläzen sich auf den Sofas, gehen in den angrenzenden Schlafsaal, legen sich auf ihr Bett, stehen auf und kommen zurück. Einige von ihnen haben erst jetzt erfahren, dass die Grenze, die hinter ihnen liegt, nicht die letzte war, die sie heimlich überwinden mussten. Sondern dass noch eine weitere Grenzkontrolle wartet, hundert Meilen im Landesinneren, bevor sie sich sicher fühlen können. Nachdem sie Tausende von Kilometern hinter sich gebracht haben, droht einigen bei dieser Nachricht die Kraft endgültig zu verlassen. Eine Familie setzte sich erschöpft und ausgebrannt, als wären sie reguläre Fahrgäste, in den Bus und fuhr trotz Warnung ihrer sicheren Abschiebung entgegen.

Eine ehrenamtliche Mitarbeiterin des Zentrums stellt mich vor und erklärt den Leuten, dass, wer will, sich mit mir unterhalten könne.

Es ist still im Raum. Dann durchbricht die harte Stimme der Frau auf dem hintersten Sofa das Schweigen. »Ich möchte mit ihr sprechen.«

Ich frage sie, ob ich mein Aufnahmegerät laufen lassen kann. Sie sagt, das hier sei mein Aufnahmegerät, und tippt sich an den Kopf. Hier sollte ich alles speichern. Mehr bräuchte ich nicht.

Sie gehört nicht zu den Migranten aus Mittelamerika. Ihr Fluchtweg war nur ein paar hundert Meter lang. Von der einen Seite des Rio Bravo auf die andere, wo der gleiche Fluss plötzlich Rio Grande heißt. Sie ist aus Ciudad Juarez.

»Und das dort ist mein Sohn.« Sie nickt in Richtung eines dünnen Mannes, der mir schon vorher aufgefallen ist, weil er zu denen gehört, die die ganze Zeit wie kurz vor dem Explodieren durch die Räume tigern. Er ist besser als die Migranten gekleidet. Er trägt eine Windjacke von Ralph Lauren und hat kurzgeschorenes Haar. Er beobachtet seine Mutter unter trägen Lidern aus den Augenwinkeln heraus. Als er merkt, dass sie über ihn redet, dreht er uns den Rücken zu und starrt die Wand an. Offensichtlich gefällt ihm nicht, dass seine Mutter mit mir spricht.

Man hätte versucht, sie umzubringen. Sie und ihren Sohn. Aber sie sei Anhängerin der Santeria. Sie glaube an Chango und mit dessen Hilfe hätten sie überlebt. Mit regungsloser Miene presst die Frau die Worte hervor. Sie ist mit Schmerztabletten vollgepumpt.

Zwei Kugeln hat sie abbekommen. Eine an der Schulter. Sie dreht mir in Zeitlupe die rechte Schulter zu und schiebt vorsichtig ihr Kapuzenshirt zur Seite, damit ich den Verband sehen kann, als wolle sie mir beweisen, dass sie nicht lügt.

Die andere Kugel hätte sie am Unterkiefer getroffen und sei an einer Zahnprothese abgeprallt. Bei der ersten Kugel hätte sie hinter ihrem Auto Schutz gesucht. Bei der zweiten Kugel sich zu Boden fallen lassen, so, als wäre sie tödlich getroffen. Aber der Killer lief auf sie zu und hielt ihr die Pistole an den Kopf. Als er abdrückte, klemmte der Revolver. Er drehte sich von ihr weg und zielte auf ihren Sohn, der wie gelähmt auf dem Gehweg stand. Aber Chango hätte erneut verhindert, dass sich der Schuss löst. Der Mann haute ab. Die Polizei tauchte auf.

Sie sei die ganze Zeit über bei Bewusstsein geblieben und hätte ihre Hand auf die Stelle am Hals gepresst, aus der das Blut schoss, und dabei noch ihren völlig aufgelösten Sohn beruhigt, der fortwährend schrie, dass sie nicht sterben dürfe. Das hätte sie gar nicht vor, sagte sie. Er solle sich zusammenreißen. Sie würde überleben.

Sie überlebte tatsächlich. Aber nur, um drei Tage später in der Klinik zu erfahren, dass man statt ihrer nun ihren jüngeren Sohn erschossen hatte.

»Seinen Bruder.« Sie nickt wieder in Richtung des jungen Mannes, der immer noch wie erstarrt die Wand anstiert, weil ihm Tränen aus den Augen schießen, wogegen er nichts machen kann, weil er keine Nerven mehr besitzt, wie seine Mutter erklärt. Ihr anderer Sohn sei stärker gewesen. Und schön. Ein Athlet und Bodybuilder, der seine Mutter jeden Tag ins Fitnessstudio begleitet hätte. Erschossen von dem gleichen Mann, der auch sie und ihren älteren Sohn zu töten versucht hatte.

Dieser Mann gehöre zu La Linea, er sei einer von Carillo Fuentes' Leuten. Sie sollte Schutzgeld für die Häuser zahlen, die sie vermietete. Sie weigerte sich. Noch nie war jemand auf die Idee gekommen, ihr zu sagen, was sie zu tun hatte. Wenn jemand Befehle erteilte, dann sie.

Beim zweiten Versuch zu töten war er kein Risiko mehr eingegangen. Er schoss ihrem Sohn gleich in den Kopf. Die Kugel galt ihr.

Als sie von seinem Tod erfuhr, verließ sie die Klinik und fuhr direkt zu dem Bestattungsunternehmen, wo seine Leiche aufgebahrt war, um ihn in aller Heimlichkeit zu beerdigen. Dem Bestattungsunternehmer schärfte sie ein, jedem, der sich nach ihrem Sohn erkundige, zu sagen, dass er noch nicht abgeholt worden sei. Erst dann sei sie nach Hause gefahren.

Sie unterbricht ihren Bericht. Ob ich mich nicht über ihre Härte wundere? Ihr Sohn sei vor einem Monat umgebracht worden und sie würde über ihn sprechen, ohne Gefühle zu zeigen. Das sei doch eigenartig. Sie wundere sich selbst darüber. Anscheinend hat sie die Härte von ihrem Vater geerbt, murmelt sie. Sie sei die außereheliche Tochter eines Mannes, der sie nie offiziell als Tochter anerkannt hat. Eines sehr reichen Mannes.

»Was macht er?« Es ist das einzige Mal, dass ich sie unterbreche.

»Er ist Arbeiter. Er hat sich hochgearbeitet.« Sie sieht mich an, als müsste mir klar sein, dass ich von ihr nicht mehr erfahren werde.

Seine Leibwächter hätten ihr beigebracht, wie Mörder ticken. »Wenn ich morde, fühle ich mich, als ob ich Gott wäre«, hätte ihr einer seiner Leibwächter einmal gebeichtet. »Du bist Gott«, hätte sie zu ihm gesagt. »Du entscheidest darüber, wie lange deine Opfer leiden und wie laut sie schreien.«

Seitdem wüsste sie, dass Opfer, die sichtbar an ihrem Leben hängen, der größte Genuss für einen Sicario sind. Deshalb hätte sie die Nachbarn angelogen, die sich scheinheilig nach ihrem jüngeren Sohn erkundigt hatten. Er sei mit einer Freundin an die Küste nach Mazatlan gefahren, hätte sie gesagt, um ihnen nicht die Genugtuung zu geben, sie als gebrochene Frau zu sehen. Denn der Mörder lebte ebenfalls in ihrer Nachbarschaft.

Nach außen hin gab sie sich weiter gelassen und spielte die Rolle der nichtsahnenden Mutter so gut, dass sie nach ein paar Tagen einen anonymen Anruf erhielt; jemand musste ihr dringend mitteilen, was sie längst wusste. Ihr jüngerer Sohn sei nicht in Mazatlan. Er sei ermordet worden.

Obwohl sie einen hohen Preis für ihre Weigerung bezahlt hatte, sich den Forderungen von La Linea zu beugen, reichte es ihnen noch nicht. Von einem Neffen erfuhr sie, dass sie noch immer ganz oben auf der Liste stand. Noch am gleichen Tag floh sie mit ihrem älteren Sohn aus dem Viertel, in dem sie wohnen und das von La Linea kontrolliert wird, in ein Viertel, das im Einzugsbereich von Joaquin Guzman liegt. Dort versteckten sei sich einige Tage im Hinterzimmer des Ladens eines Bekannten. Aber auf Dauer dort zu bleiben, war zu riskant.

Ihre Familie ließ sie im Stich. Sie wollten nicht in die Sache mit hineingezogen werden. Nur von einem ihrer Halbbrüder erhielt sie etwas Geld für die Flucht über die Grenze.

»Glaubst du nicht, dass ich mir nichts sehnlicher wünsche als Rache?« Sie dreht mir vorsichtig den Kopf zu und blickt mich mit versteinerter Miene an: »Ich träume von Rache. Ich male mir aus, wie ich eine Waffe nehme und demjenigen, der mir das Liebste genommen hat, ebenfalls das Liebste nehme. Er hat eine Tochter. Erst erschieße ich vor seinen Augen seine Tochter, dann schieße ich ihm in die Beine, damit er eine Vorstellung von den Schmerzen bekommt, die er mir zugefügt hat. Und schließlich jage ich mir selbst eine Kugel in den Kopf. Dann ist endlich alles vorbei. Tausendmal habe ich schon daran gedacht, mich auf diese Weise zu rächen. Aber ich habe noch einen Sohn. Wenn ich nicht mehr da bin, dreht er durch und kehrt nach Ciudad Juarez zurück. Das wäre sein Todesurteil. Er ist nicht für dieses Leben gemacht.« Sie winkt ihrem Sohn. Er soll sich zu uns setzen. Er verzieht das Gesicht und geht aus dem Zimmer.

Sie möchte nichts lieber als nach Mexiko zurück, wiederholt sie noch einmal. Allerdings fehle ihr das Geld, das sie bräuchte, um die Behörden zu bestechen. In Mexiko wüsste sie, wie das funktioniert. Aber hier in den Staaten sei alles »ley y derecho.« Alles sei Recht und Gesetz. Damit kenne sie sich nicht aus.

Was ich von der Geschichte halte, fragt mich später die Mitarbeiterin des Zentrums. Sie persönlich hätte einer Geschichte noch nie so misstraut. Da sei so viel Widersprüchliches. Allein der Sohn, der dreiundzwanzig Jahre alt ist und noch nie gearbeitet hat. Dieser Frau könne man nicht glauben.

Ciudad Juarez, sechzehn Uhr, im Bus der Linie Sur-Poniente. Auf der Avenida Tecnologico wird der Bus umgeleitet. Zwei Sicherungspatrouillen der Bundespolizei blockieren die Straße. Der Busfahrer kommentiert die Absperrung: »Jetzt liegen die ersten Toten auf den Straßen, weil die Kamerareporter in ihren Übertragungswagen unterwegs sind. Jetzt ist die Chance groß, dass es die Toten in die Nachrichten schaffen.«

Ein Fahrgast, der vorne beim Fahrer steht, schaltet sich ein: »Vor einigen Tagen kam es zu einer Schießerei auf der Avenida Hermanos Escobar. Ich hatte mein Auto vor dem Einkaufszentrum an der Plaza del Rio geparkt. Von den Federales war weit und breit nichts zu sehen. Erst als ich mit den Einkäufen fertig war und die Tüten im Auto verstaut habe, fuhr eine Wagenkolonne Bundespolizisten an mir vorbei in Richtung Avenida del Charro. Am Abend brachten sie dann die Nachricht im Fernsehen. Angeblich live. Als Eilmeldung. ›Soeben ist es auf der Avenida Hermanos Escobar Ecke del Charro zu einem Schusswechsel gekommen, bei dem zwei Personen tödlich getroffen wurden.‹ Dann zeigten sie Fahrzeuge mit Blaulicht und Sirenen. Das war garantiert nicht die Avenida Hermanos Escobar. Das war irgendeine Aufnahme aus dem Archiv. Und der Reporter: ›Die Bundespolizei ist gerade am Tatort eingetroffen und kann noch keine Angaben zur Identität der Opfer machen. Den Projektilen nach wurden die tödlichen Schüsse aus Handfeuerwaffen des Typs AK 47 abgegeben.‹ Und dann zeigten sie, wie ein paar Federales mit ihren Taschenlampen den Boden absuchen.«

Der Busfahrer lacht laut auf: »Sie sind also wie immer gerade noch rechtzeitig gekommen, um life vor Ort die Patronenhülsen einzusammeln. Ich möchte nicht wissen, wie viele Kisten sich inzwischen in den Asservatenkammern stapeln.«

Der Gewöhnungsprozess an die Allgegenwart von Gewalt beschleunigt sich und erfolgt auf allen Kanälen. Mit Nachrichten über bestialische Leichenfunde, Enthauptungen, Schießereien und Massaker wird täglich das Programm gefüllt. Die Netzzeitung *La Polaca* hat sich darauf spezialisiert, dem Gerücht den Stellenwert einer Information zu geben. Inzwischen wird dem Gerücht tatsächlich mehr Glauben geschenkt als der offiziellen Information. Die Darstellung des Drogenkriegs im Live-Stream beeinflusst das Live-Geschehen vor Ort. Zur Hauptsendezeit werden mehr Leute als zu jeder anderen Tageszeit umgebracht. Der Krieg wird zur Show. Meldungen von Fahndungserfolgen wird ebenso misstraut wie der Präsentation angeblicher Täter auf den Pressekonferenzen von Bundespolizei und Militär.

Inzwischen werden in den Narco-Tribunalen auf Youtube nicht mehr nur Mitglieder feindlicher Banden als Geiseln vorgeführt, die unter Folter zu Geständnissen gezwungen werden, in denen sie die Namen von angeblichen Kollaborateuren bei Polizei und städtischen Behörden verraten, sondern auch Familienmitglieder von Regierungsbeamten, die zugeben, dass ihre Angehörigen in Wirklichkeit für das organisierte Verbrechen arbeiten.

Als vom entführten Bruder der früheren Generalstaatsanwältin von Chihuahua kurz nach Beendigung ihrer Amtszeit im Oktober 2010 im Netz ein solches Scheingeständnis kursierte, in dem er gegen seine Schwester Patricia Gonzalez schwere Anschuldigungen erhob, erlebte der mexikanische Staat, wie vom organisierten Verbrechen öffentlich seine Legitimation in Frage gestellt wurde und sich niemand darüber empörte. Der Bruder behauptete, seine Schwester hätte für La Linea gearbeitet, und niemand widersprach. Als in der anschließenden Debatte auf den Unterschied zwischen einem Scheingeständnis und einem Geständnis verwiesen wurde und darauf, dass Gefangene mit an den Kopf gehaltenen Gewehrmündungen in ihrer Todesangst sagen, was immer ihre Peiniger hören wollen, stießen die Argumente der Politiker bei der Bevölkerung auf wenig Resonanz. Immerhin seien die erpressten Scheingeständnisse die letzten Worte von Totgeweihten und nur Tiere ließen sich eine letzte Gelegenheit zur Absolution entgehen.

Zu sehr ähneln Ton und Fragenkataloge der stakkatohaften Narco-Verhöre auf Youtube den Pressekonferenzen der Bundespolizei und des Militärs, auf denen ebenfalls eine Art Vorverurteilung der Verhafteten

Die Tageszeitung *El Diario* gedenkt zweier ermordeter Kollegen,
des Reporters Jose Armando Rodriguez, genannt Choco, gestorben
im November 2008, und des Fotografen Luis Carlos Santiago, gestorben
im September 2010. Ihre Mörder wurden bis heute nicht identifiziert.

stattfindet, wenn aus ihnen vor laufenden Kameras, noch bevor mit den
eigentlichen Gerichtsverfahren begonnen wird, Geständnisse herausgepresst werden.

Drei Tage nach einem Massaker im Stadtteil Salvarcar, bei dem fünfzehn Schüler ums Leben kamen, wurde – rechtzeitig zum Besuch des Präsidenten in der Stadt – einer der angeblichen Täter präsentiert, der vor
laufenden Kameras gestand, die Sicarios gefahren und sich an dem Massaker beteiligt zu haben. Es stellte sich schnell heraus, dass das Geständnis unter Folter zustande gekommen war. Und dass es Zeugen gab, die ihn
zur Tatzeit in einem Supermarkt in einem anderen Stadtteil gesehen hatten. Trotzdem blieb Israel Azarte Melendez in Haft.

Auch der Fall des 2008 ermordeten Journalisten Armando Rodriguez
ist bis heute nicht geklärt, obwohl Präsident Calderon im September 2010
die Namen zweier Täter präsentiert hat. Allerdings wurde bald bekannt,
dass der eine Monate vorher in seiner Zelle Selbstmord begangen hatte,

der andere Anzeige erstattete, weil er unter Folter zur Aussage gezwungen worden war.

Angehörige werden von der Staatsanwaltschaft nicht über den Stand der Ermittlungen informiert. Die Witwe des ermordeten Journalisten erfuhr erst aus den Zeitungen von den Festnahmen der angeblichen Mörder ihres Mannes.

Luz Maria Davila, die Mutter zweier Jugendlicher, die beim Massaker von Salvarcar ums Leben gekommen sind, stellte Präsident Calderon bei seinem Besuch in Ciudad Juarez zur Rede. Er hatte die jugendlichen Opfer des Massakers öffentlich als Pandilleros bezeichnet, als Mitglieder von Narco-Banden. Worin das Verbrechen ihrer Kinder bestanden hätte, fragte Luz Maria Davila den Präsidenten. Dass sie nicht der Mittelschicht angehörten? Dass sie in den falschen Stadtvierteln zur Welt gekommen waren? Die Bewohner der Arbeiterviertel fühlen sich pauschal kriminalisiert. Es ist ein Krieg der Armen.

Jeden Sonntagabend, wenn der Supermarkt Rio Grande Mall am Paseo Triunfo de la Republica schließt, wird aus dem Parkplatz vor dem Einkaufszentrum ein Drift-Treffpunkt der Tuningszene. Feuerfontänen schießen aus dicken Auspuffrohren, Abgaswolken nebeln Zuschauer ein, getunte Wagen drehen Powerslides, bei denen mit dem Gummiabrieb der Reifen Kreise und Striche auf den Asphalt gezeichnet werden. Anhand durchdrehender Hinterräder werden Motorstärken verglichen. Es riecht nach verbranntem Gummi. Motoren dröhnen wie Hornissenschwärme. Die Zuschauer spornen die Beschleunigungsartisten an. Wenn es dunkel ist, setzt sich der Autokorso in Bewegung und bricht zum Stadtpark auf, in dem die nächtlichen Straßenrennen von Ciudad Juarez stattfinden. Der Platz, auf dem eben noch mehrere hundert Jugendliche standen, leert sich, bis der Schriftzug über dem Rio Grande Mall spärlich einen einsamen Parkplatz beleuchtet. Der Spuk ist vorbei. Die Karawane ist weitergezogen.

Die Tuning-Fans reagieren genervt auf die Frage, ob sie denn keine Angst hätten, dass etwas passiere. Hier sei noch nie etwas passiert. Ihre Eltern machten sich nur ein bisschen Sorgen, dass sie es mit der Geschwindigkeit übertreiben könnten.

»Es sind die Kinder der Mittelschicht, die sich vor dem Rio Grande Mall treffen«, erklärt mir eine Mutter aus Roma Poniente, einem Viertel,

Jeden Sonntagabend, wenn der Supermarkt Rio Grande Mall
am Paseo Triunfo de la Republica schließt, wird aus dem Parkplatz
vor dem Einkaufszentrum ein Drift-Treffpunkt der Tuningszene.

das im Süden von Ciudad Juarez weit hinter dem Flughafen liegt. Von hier
aus braucht man mit dem Bus fast zwei Stunden zum Paseo Triunfo de la
Republica. Das sei es eben. Das Schicksal ihrer Kinder sei schon deshalb
voraussehbar, weil sie in Vierteln lebten, aus denen sie nie herauskämen.
Hier werfen die Narcos ihren Köder aus.

»Die Industrie ist dafür nicht verantwortlich zu machen.« Juana Maria Orozco, eine Spanierin, die seit mehr als vier Jahrzehnten in Ciudad
Juarez lebt, war fünfundzwanzig Jahre lang als Geschäftsführerin in der
Maquiladora-Industrie beschäftigt, bevor sie Leiterin von »Valores« wurde, einem Waisen- und Bildungsprogramm, das im »Strategischen Plan
für Juarez« eingebunden ist, einem sozialen Unternehmernetzwerk.
»Die Korruption ist schuld«, sagt die elegante Frau im Business-Kos-
tüm mit resolutem Tonfall wie jemand, der gewohnt ist, Mitarbeiter zu
duzen, während er selbst gesiezt wird. Das Teuerste bei der Erschließung
einer neuen Fabrikanlage seien die Notarkosten und die Grundstücks-

preise. Verglichen dazu sind die Löhne der Arbeiter niedrig. Aber nur, weil man die Gewerkschaften durch die Gründung von Scheinbetriebsräten, sogenannten »Sindicatos blancos«, ausschalten konnte. Denn Gewerkschaften stünden den anderen in punkto Korruption in nichts nach. So aber hätte jede Fabrik einen Betriebsrat, der nicht aktiv werden darf. Ob bei Flextronics, Electrolux, Foxconn, Siemens, Bosch oder Autokabel – eine organisierte Arbeiterschaft gibt es in Ciudad Juarez in keiner Fabrik.

In den Siebziger- und frühen Achtzigerjahren wurden nur Frauen eingestellt. Junge unerfahrene Migrantinnen, die vom Land kamen. Als die Fabriken dazu übergingen, auch Männer zu beschäftigen, wählten sie diese nach dem gleichen Profil aus. Jung, gewerkschaftlich unerfahren, vom Land.

Ciudad Juarez ist eine Arbeiter- und Migrantenstadt. Mit Fabrikunternehmen als einzigen Arbeitgebern. Ein mexikanischer IT-Spezialist verdient achttausend Pesos im Monat. Ein einfacher Arbeiter bis zu zweitausendvierhundert Pesos – zweihundertvierzig Dollar. Der Mindestlohn in Ciudad Juarez liegt bei knapp sechzig Pesos – rund sechs Dollar am Tag.

Die Arbeitsverhältnisse haben sich in den letzten Jahren verschlechtert. Jetzt werden die Fabrikarbeiter nicht mehr von den Firmen angeworben, sondern von Arbeitsagenturen. Auf diese Weise werden Sozialversicherungsbeiträge und feste Arbeitsverträge umgangen. Laut mexikanischem Arbeitsrecht ist ein Beschäftigter nach drei Monaten nicht mehr so einfach kündbar. Aber die Praxis in Ciudad Juarez sieht anders aus. Alle drei Monate unterzeichnen die Arbeiter einen neuen Arbeitsvertrag. Eine Kopie des unterzeichneten Vertrags erhalten sie nicht. Kein Arbeiter kann sich einen Anwalt leisten, und kein Anwalt in Ciudad Juarez würde gegen die großen Unternehmen prozessieren.

2010 ist es bei Foxconn, einem taiwanesischen Unternehmen, das unter anderem für Intel und Apple produziert, zum Aufstand gekommen. Das Fabrikgelände liegt im äußersten Nordwesten der Stadt an der Grenze zu New Mexico. Die Arbeiter leben jedoch großteils in den Siedlungen im Südosten der Stadt. Die Fahrt in die Arbeit und nach Hause dauert jedes Mal drei Stunden. Als einmal Nachts nach Ende der Spätschicht keine Busse mehr kamen, entlud sich die angestaute Wut der Arbeiter über die sechs Stunden Arbeitsweg, die nicht bezahlt werden, über die prekären Arbeitsverträge, die sie alle drei Monate zittern lassen und über Arbeitsvermittlungsfirmen, die einen Teil des Mindestlohns einbehalten. Schließlich brannte es in der Fabrik.

Der Einfluss des organisierten Verbrechens wächst umgekehrt proportional zu den fehlenden Perspektiven auf dem legalen Arbeitsmarkt.

»Wo ist die moralische Reserve von Ciudad Juarez?«, fragt der Dozent die Teilnehmer der Gesprächsrunde einer Bürgerinitiative, die ihn nach Ciudad Juarez eingeladen hat, damit er über seine Erfahrungen als Bürgerrechtler berichtet. »Warum hört man nichts von ihr? Wo war der Rektor der Universität, als einer seiner Studenten erschossen wurde? Warum führte er nicht den Protestmarsch seiner Studenten an, sondern ging durch die Hörsäle und empfahl, in dieser gefährlichen Zeit besser nicht auf die Straße zu gehen? Wo ist die Stimme des Bischofs von Juarez? Warum war von dieser moralischen Autorität nichts zu hören, als die Bewohner eines evangelischen Rehabilitationszentrums Opfer eines Massakers wurden? Wo ist sein Protest angesichts der Misshandlungen seiner Gemeindemitglieder? Wo ist die moralische Reserve von Ciudad Juarez, deren Aufgabe es wäre, sich in Zeiten der Lähmung, der Angst und des Schweigens vor die Bürgerschaft zu stellen, um sie zu schützen und zu stärken und ihr als Beispiel voranzugehen?

Durch ihr Schweigen gehorchen auch sie dem Diktat der Narco-Kommandanten. Ihr Schweigen trägt zur Atomisierung der zivilen Gesellschaft bei. Warum setzt die Bürgerschaft von Juarez ihre schweigenden Autoritäten nicht unter Druck? Warum stellt sie sich nicht vor ihre Häuser und verlangt von ihnen, dass sie endlich Stellung beziehen?«

Die Gemeindemitglieder von Lomas del Poleo haben den Rat beherzigt. Sie haben sich mit Schildern und Plakaten vor das Hotel gestellt, in dem der Präsident bei seinem Aufenthalt in Ciudad Juarez abstieg. Sie sind dort so lange geblieben, bis Calderon jemanden beauftragte, sich über den Fall Lomas del Poleo zu informieren.

Es war das erste Mal, dass die Politik Notiz von den unglaublichen Vorgängen in dem kleinen Bauerndorf im nordwestlichen Außenbezirk von Ciudad Juarez an der Grenze zu New Mexico nahm, in dem seit acht Jahren ein Landkonflikt ausgetragen wird, der in seiner unnachgiebigen Härte eher mit der archaischen Vergangenheit der Guardias Blancas und Caciques in Verbindung gebracht wird als mit dem Bild eines modernen Unternehmers.

EIN NEUER INDUSTRIEKORRIDOR

In der Wüste entsteht eine neue Universität, die »Stadt des Wissens«, vierzig Kilometer von Juarez' Zentrum entfernt. Als Skeptiker, die Angst vor der Zukunft hätten, hat der Gouverneur von Chihuahua pauschal alle Kritiker abgetan, die wegen der abgelegenen Lage Bedenken an dem Mega-Universitätsprojekt in der Wüste geäußert haben. Aber Juarez hat sich immer in jene Richtung weiter entwickelt, in die sie von den großen Unternehmerfamilien, die aus den Caciques des letzten Jahrhunderts hervorgegangen sind, gelenkt wurde. Und wenn die Richtung noch so absurd erschien und alles, was eine Stadt ausmacht, geopfert werden musste. Sofern die Amputation Profit abwarf, wurde nicht einmal davor zurückgeschreckt, ihr das Herz herauszureißen. Die Altstadt wird abgerissen. In der Wüste entsteht eine neue Universität.

Die Stadt des Wissens wird den Rohstoff des einundzwanzigsten Jahrhunderts liefern: Billige Fachleute für globale Wirtschaftsunternehmen, die sich in neu geplanten Industriekorridoren niederlassen werden.

Am Länderdreieck Texas, New Mexico und Chihuahua soll der binationale Industriekorridor »Santa Teresa-San Jeronimo« entstehen. Initiatoren dieses Mega-Projektes sind der Geschäftsmann Bill Sanders, Inhaber von »Verde Realty«, auf amerikanischer Seite, und Eloy Vallina, Sohn des Gründers von »Bosquez de Chihuahua«, auf mexikanischer Seite.

1998 hat Vallina in San Jeronimo zwanzigtausend Hektar günstiges Grenzland vom Staat aufgekauft – eine Fläche, die der damaligen Größe von Ciudad Juarez entsprach. Er hat für die zwanzigtausend Hektar fünf Millionen Dollar bezahlt. Drei Jahre später baute die Regierung eine Straße von San Jeronimo nach Juarez, die Vallinas Investition erheblich aufwertete. 2004 kaufte die Stadt dem Geschäftsmann einen Bruchteil der erworbenen Fläche, nämlich zweihundertzwölf Hektar, zu der Summe zurück, für die Vallina vom Staat sechs Jahre zuvor fast die gesamten zwanzigtausend Hekar erhalten hat. Vier Millionen, siebenhunderttausend Dollar. Damit hat sich Vallinas Investition auf einen Schlag amortisiert. Als langfristige Zukunftsplanung zum Wohle aller Bürger rechtfertigte der damalige Bürgermeister von Ciudad Juarez den Deal mit dem Geschäftsmann.

Lomas del Poleo grenzt an San Jeronimo und liegt im künftigen Korridor. Die Bewohner des Ortes besitzen notariell beglaubigte Besitztitel über das Land, auf dem ein Teil von ihnen seit 1970 lebt. Damals war das Niemandsland wertlos und unattraktiv.

Als die Pläne des neuen transnationalen Industriekorridors konkrete Konturen annahmen, weckte der einstmals öde Landstrich die Begehrlichkeiten von Pedro Zaragoza, einem Großunternehmer aus Ciudad Juarez, der sich 2003 plötzlich daran erinnerte, dass das Land, auf dem Lomas del Poleo liegt, seiner Familie gehört. Den Nachweis dieser Behauptung ist er bis heute schuldig geblieben. Aber sie diente ihm in den vergangenen Jahren als Legitimation, die Einwohner von Lomas del Poleo mit allen Mitteln zu schikanieren und zu vertreiben. Zweihundertsiebzig Familien zählte das Dorf im Jahr 2003. Heute leben im Ort noch zwölf Familien, die nicht aufgegeben haben und weiter um ihren rechtmäßigen Landbesitz kämpfen.

Carmen zog die Haustür hinter sich zu. Sie nahm ihre Tochter an die Hand und machte sich auf den Weg zur Schule. Ihre beiden kleineren Kinder hatte sie zuhause gelassen. Das Schulgebäude lag keine siebenhundert Meter vom Haus entfernt, in ein paar Minuten wäre sie wieder zurück. Für den Fall, dass die beiden nach ihr suchen werden, hatte sie die Haustür abgesperrt. Nicht aus Angst, dass sie auf die Straße hinausliefen, während sie unterwegs war, sondern weil Zaragozas Männer im Dorf waren.

Sie hatte sich immer noch nicht an die Wachtürme und Wachposten gewöhnt und daran, dass sie von Zaragozas privatem Sicherheitsdienst auf Schritt und Tritt beobachtet wurden. Jetzt zum Beispiel hatten sich zwei Männer auf einem der Wachtürme postiert und verfolgten von dort oben mit dem Fernglas jede ihrer Bewegungen.

Das waren jetzt ihre neuen Nachbarn. Oder besser, ihre Aufpasser. Diejenigen, die darüber entschieden, ob sie am nächsten Tag noch ein Dach über dem Kopf hätten oder wieder von vorne anfangen müssten, weil das Land, auf dem sie seit Jahrzehnten lebten, angeblich den Zaragozas gehörte, einer Unternehmerfamilie aus Ciudad Juarez.

Ihr Dorf lag in der Wüste nordwestlich von Juarez, weit außerhalb der Stadt. Um sie herum war Ödnis, Wind und Leere, soweit das Auge reichte. Und mittendurch verlief die Grenze zu New Mexico.

Als 1970 Besitztitel über die vierhundertfünfunddreißig Hektar beantragt wurden, kamen von Seiten der Familie Zaragoza keine Einwände. Fünf Jahre später wurde das Land von der Agrarreformbehörde zum nationalen Eigentum erklärt, weil sich kein Besitzer gemeldet hatte, der Anspruch darauf erhob. Bis es Pedro Zaragoza, einem der beiden Zaragoza-Brüder, einfiel, dass ihnen der karge, windige Landstrich von ihrem Vater vermacht worden war, vergingen noch einmal fünfundzwanzig Jahre, in denen immer mehr Familien hinaus nach Lomas del Poleo zogen.

Zwar führte durch den abgeschiedenen Landstrich damals nur ein Pfad, der noch aus der Zeit vor dem mexikanisch-amerikanischen Grenzkrieg stammte und von Schleusern und Drogenschmugglern benutzt wurde, aber das Land gehörte dem Staat und damals deutete nichts – wirklich nichts – darauf hin, dass es eines Tages dem Appetit der Landspekulanten zum Opfer fallen könnte. Der Streifen zwischen Mexiko und den Vereinigten Staaten war einfach zu schmal, um große Geschäfte zu machen.

Da Lomas del Poleo außerhalb des städtischen Verwaltungsbezirks lag, mussten sich die Dorfbewohner um alles selber kümmern. Sie bauten Straßen, die den Namen wirklich verdienten, richtige Straßen mit Straßennamen und Hausnummern. Trinkwasser karrten sie in Fässern heran. Den Ausbau des Stromnetzes und die Verlegung der Stromkabel bezahlten sie aus eigener Tasche.

Sie schafften sich Schweine, Kaninchen, Ziegen, Hühner, Schafe und Kühe an und experimentierten mit Kräutern und Gemüsesorten, die in dem extremen Wüstenklima gedeihen sollten. Sie bauten die Kirche, das Gemeindehaus und schließlich die Grundschule, in die sie ihre Tochter gerade brachte. Wenn sie mit ihr morgens die paar Meter zur Schule ging, fiel ihr auf, wie still es im Dorf geworden war, seit die Wachleute alle Hunde vergiftet hatten, weil sie anschlugen, wenn sie im Dorf ihre Runden drehten und die Bewohner schikanierten.

Der Zermürbungskrieg hatte damit begonnen, dass eines Morgens ein meterhoher Zaun um das Dorf errichtet worden war. Damit sollten Tatsachen geschaffen werden. Am Dorfeingang wurde ein mannshohes Schild aufgestellt, auf dem »Privatbesitz« prangte.

Als Strohmann dient Catarino del Rio Camacho, offiziell Pächter des Landes. Aber nach allem, was sie von ihm gehört hatten, war er immer im Dunstkreis von Männern zu finden, die jemanden brauchten, der für sie die Drecksarbeit erledigte. Breitbeinig und bedrohlich bauten sich die

Männer, die er angeheuert hatte, neben dem Schild auf, und verhörten jeden, der an ihnen vorbei ins Dorf wollte. Mehr als einmal kam es dabei zu Übergriffen. Nachbarn wurden drangsaliert, Zäune eingerissen, Vieh gestohlen, Häuser zerstört und niedergebrannt.

Wer sich wehrte, wurde zusammengeschlagen. Wer sein beschädigtes Haus zu reparieren versuchte, beleidigt und bedroht.

Wie Geier, die im Kreisflug nach sterbender Beute spähen, beschatteten die Männer von ihren Türmen aus die Häuser der Dorfbewohner. Sie warteten, bis die Leute zu ihrem Vieh auf die Weiden gingen, dann kamen sie und rüttelten so lange gegen die einfach gebauten Holzwände, bis die Häuser einstürzten. Sie schleppten fort, was sie selber gebrauchen konnten. Den Rest zündeten sie an.

Immer wieder hatten sie die Polizei um Hilfe geholt. Doch die blieb wie angewurzelt vor der versperrten Dorfeinfahrt stehen und schaute weg, wenn sie das Tor zu öffnen versuchten, um die Polizei hindurch zu lassen, und Zaragozas Männer mit Schlagstöcken dazwischen gingen.

Den Polizisten war anzusehen, wie unbehaglich sie sich bei dem Gedanken fühlten, in eine Sache hineingezogen zu werden, bei der sie sich mit der mächtigsten Unternehmerpersönlichkeit aus Ciudad Juarez anlegten. Mit Pedro Zaragoza, einem Philanthropen, der bekannt für seine großzügigen Spenden war. Der mit dem Bischof an seiner Seite in der Zeitung zu sehen war. Fabrikbesitzer. Arbeitgeber. Ohne solche Persönlichkeiten wie ihn hätten sie noch weniger Arbeit in Juarez.

Die Polizisten wiegelten ab. Warum sie die Männer nicht einfach in Ruhe ihre Arbeit machen ließen? Das konnten doch schließlich keine Wilden sein, wenn sie für eine angesehene Familie arbeiteten, die für ihre Wohltätigkeit und Humanität bekannt war und seit fast vierzig Jahren geduldig darauf wartete, ihr Land zurück zu erhalten. Es sei doch verständlich, dass sie hin und wieder von ihrem Recht als Grundstückseigentümer Gebrauch machten. Jedenfalls handle es sich um einen privaten Streit auf einem nicht-öffentlichen Grundstück und deshalb könnten sie leider nichts machen. Damit setzten sie sich wieder in ihre Autos, drehten vor der Dorfeinfahrt um und fuhren davon.

Um Ausreden waren die Polizisten nie verlegen, wenn sie spürten, dass bei einem Einsatz nichts weiter als Schwierigkeiten auf sie warteten. Catarino del Rio Camacho hatte mit Genugtuung die Reaktion der

Polizisten verfolgt. Niemanden würden ihre Bruchbuden interessieren, meinte er.

Warum man sie dann nicht einfach in Ruhe darin leben ließ, fragten sie. Er zog entrüstet die Augenbrauen hoch. Ob sie andeuten wollten, dass sie in ihren Häusern jemals belästigt worden wären? Sie würden doch den Unterschied zwischen einem bewohnten Haus und einem nicht bewohnten Haus begreifen? Bewohnt sei ein Haus, wenn sich jemand darin aufhalte. Nicht bewohnt sei ein Haus, wenn sich niemand darin aufhalte. Die Grundeigentümer erlaubten sich nur, jene Häuser auf ihrem Land abreißen zu lassen, die nicht bewohnt würden, um nicht noch mehr Landbesetzer anzulocken. Irgendwann wollten sie diese Plage ja los sein.

Manchmal stellte Carmen sich vor, Pedro Zaragoza würde plötzlich wieder das Interesse an dem Land verlieren und der ganze Spuk wäre einfach vorüber. Aber dafür war inzwischen auch auf der Hochebene von Lomas del Poleo zu viel Geld im Spiel.

1970 konnte noch niemand ahnen, dass die Grenze zwischen den Vereinigten Staaten und Mexiko für Investoren eines Tages weit durchlässiger werden würde, als es die Dorfgrenze für die Bewohner von Lomas del Poleo heute war.

Warum sie eigentlich unbedingt hier draußen bleiben wollten, wurden sie von Leuten gefragt, die kopfschüttelnd vor den armseligen Häusern standen und nicht verstehen konnten, dass man sich für ein paar Quadratmeter steiniges Land in der Wüste jahrelang terrorisieren ließ. Aber sie waren realistisch genug, zu wissen, dass ein Ort wie Lomas del Poleo vermutlich das Beste war, was sie in ihrem Leben erreichen konnten.

Carmen seufzte. Es war schlimm, dass ihre Kinder wie Gefangene hinter einem Zaun leben mussten. Aber schlimmer noch war, dass sie, völlig egal wohin sie gingen, kein besseres Leben erwartete. Hier draußen in der Wüste fühlte sich alles echt an. Was sie machten, fühlte sich richtig an.

Sie waren keine Hinterwäldler, die alles glaubten, was man ihnen sagte und sich vorschreiben ließen, wie ihre Heimat auszusehen hätte. Sie müsste sich ja vor ihren Kindern schämen, sollten sie später erfahren, dass sie sich so einfach hatte wegscheuchen lassen.

Carmen ging schneller, als sie an ihre Kinder dachte. Wenn sie ein paar Minuten Zeit zum Nachdenken hatte, wurde sie noch unruhiger als sonst. Diesmal schien aber wirklich etwas nicht in Ordnung zu sein. Sie hörte Schreie. Ihr Cousin kam ihr entgegen gelaufen. Sie rannte los.

Noch bevor sie um die Kurve war, sah sie das Feuer. Aus allen Richtungen liefen Nachbarn mit Wassereimern auf ihr Haus zu. Wo waren ihre Kinder? In ihr stieg Panik auf. Niemand schien ihre Kinder aus dem brennenden Haus geholt zu haben. Sie wollte ins Haus und wurde von einem Nachbarn zurückgerissen. Es ginge nicht mehr. Er hätte es versucht. Man konnte nichts mehr machen. Das Feuer wäre plötzlich überall gewesen. Carmen schrie unablässig nach ihren Kindern. Doch ihre Schreie wurden von der Hitze des Feuers verschluckt.

Als die Flammen das Dach erfassten und sich fauchend auf die neue Nahrung stürzten, fiel es krachend in sich zusammen. Außer sich vor Schmerz sank Carmen zu Boden und sah nichts als die Gesichter ihrer beiden Kinder, die verzweifelt nach ihr riefen, weil es ihnen nicht gelang, die Tür zu öffnen.

Für die Feuerwehr, die erst Stunden später in Lomas del Poleo eintraf, war die Brandursache schnell gefunden: Ein Kurzschluss hätte den Brand ausgelöst, was jeden im Dorf verwunderte, war doch vor zwei Jahren der Strom im ganzen Ort abgestellt worden. Trotzdem sah die Polizei keinen Anlass, den Fall näher zu untersuchen. Für sie war es ein tragisches Unglück. Brandstiftung schlossen sie aus, obwohl im gleichen Jahr in Lomas del Poleo bereits vierzig Häuser niedergebrannt waren.

Die Zeit hielt nicht an. Niemand schrie auf vor Empörung. Die Katastrophe, die sich abspielte, war kürzer als ein Augenaufschlag. Bloß eine der unzähligen Geschichten, die kein Gehör fanden und nicht weiter verfolgt wurden, bis man sich an sie nur noch als an einen der vielen Zwischenfälle erinnerte, die den Landkonflikt in Lomas del Poleo seit Jahren begleiteten und das Dorf zu einem Gefangenenlager mit Wachtürmen, meterhohem Zaun und Schlägertruppen verkommen ließen.

Carmen Casango und ihr Mann Magdaleno verließen Lomas del Poleo nach dem Tod ihrer Kinder im Jahr 2005. Sie haben nie erfahren, ob der Brand ein Unfall war oder ein Racheakt. Später machte das Gerücht die Runde, dass versehentlich das falsche Haus angezündet worden sei.

Der jahrelange Zermürbungskrieg hat über zweihundertfünfzig Familien aus dem Dorf vertrieben. Ein Dutzend Hartnäckiger harrt weiter aus. Davon lebt nur noch eine Handvoll, deren Häuser noch stehen, auf dem eingezäunten Areal. Die Übrigen, denen man die Häuser niedergebrannt hat, haben sich auf der anderen Seite des Zauns angesiedelt und wehren sich weiter.

Im Februar 2010 hatte Felipe Calderon von ihrem Kampf erfahren. Im März nahm der von ihm eingesetzte Vermittler seine Arbeit auf. Noch im gleichen Monat setzte er sich mit ihrer Anwältin, dem Anwalt von Pedro Zaragoza und der Agrarbehörde zusammen. Seit Mai 2010 haben sie nichts mehr von ihm gehört. Aber Zaragozas Fraktion lässt die Zeit nicht ungenutzt verstreichen. Sein Anwalt führte mit jedem von ihnen Einzelgespräche. Man bot ihnen Stipendien für die Kinder und kleinere Entschädigungszahlungen für die Grundstücke an.

Inzwischen haben wieder ein paar von ihnen aufgegeben. Einen hatte der lange Kampf zermürbt. Eine andere hat das Geld angenommen. Und während der Gerichtsstreit auf der Stelle tritt, lässt Pedro Zaragoza auf dem Dorfareal eine Schule bauen, die seinen Namen trägt. Als ob er der rechtmäßige Besitzer des Bodens sei.

Aber warum baut Zaragoza eine Schule, wenn hundert Meter weiter bereits ein Gebäude steht, in dem alle Kinder aus Lomas del Poleo zur Schule gegangen sind?

Vielleicht, um einen guten Eindruck zu machen. Er, dem Profitgier unterstellt wird, baut als erstes eine Schule. Die wahren Spekulanten sind, so die öffentliche Wahrnehmung, die ehemaligen Einwohner von Lomas del Poleo, denen es nur darum geht, soviel Geld wie möglich aus ihren Grundstücken herauszuholen.

Die Wachtürme wurden inzwischen wieder entfernt, der Zaun ist geblieben. Er umfriedet ein fast völlig geräumtes Areal. Catalino del Rios Männer haben ganze Arbeit geleistet.

Regelmäßig treffen sich die letzten Übriggebliebenen aus Lomas del Poleo zur Lagebesprechung. Sie kämpfen um den einzigen Besitz, den sie in ihrem Leben hatten. Lucila Castro zum Beispiel besaß in Lomas del Poleo ein kleines Ladenlokal. Es wurde zerstört. Jeglicher Handel innerhalb des umfriedeten Areals wurde verboten. Jetzt bäckt sie in ihrem Häuschen am Grenzzaun Tamales für die ehemaligen Nachbarn, die respektvoll vor dem Haus warten. Keinem von ihnen würde es einfallen, einfach so hineinzuspazieren.

Lucilas windschiefes Häuschen ist Küche, Wohn- und Esszimmer in einem. Im kleinen Raum nebenan wird geschlafen. Die hundertjährige

Frau, die von draußen gerade Holz hereinbringt, ist die Mutter ihres verstorbenen ersten Mannes. Lucila selbst ist dreiundsiebzig Jahre alt. Ihr jetziger Mann – zwanzig Jahre jünger, klein und schmächtig – ist Pizzabäcker. Er knetet den Teig für süße Brötchen, während Lucila die Tamales in Form klopft. Die Brötchen werden im Lehmofen vor dem Haus gebacken, wo auch die Versammlung stattfindet. Um das Häuschen streunen Hunde. Die Hühner, die Lucila besaß, haben die Kälte nicht überlebt.

Aurelios Vieh ist durchgekommen. Es weidet auf der anderen Seite des Zauns. Aurelio kann es nur heimlich füttern. Wenn er mit dem Sack voller Futter auf den Schultern frühmorgens durch den Zaun klettert, fühlt er sich wie ein Schmuggler und hat Angst, von den Federales oder dem Militär gesehen zu werden und tatsächlich für einen Schmuggler gehalten zu werden, der in seinem Jutesack Marihuana transportiert.

Alfredo Piñon und Martin Gabino sind auf diese Weise verhaftet worden. Catalino del Rio ließ, während die beiden auf ihren Feldern waren, Päckchen mit Marihuana in ihren Häusern deponieren und anschließend das Militär rufen. Bei der Razzia wurde der Stoff gefunden. Beide wurden mitgenommen und waren tagelang verschwunden. Dann haben sie die Soldaten weit draußen auf der anderen Seite der Stadt in der Wüste bei Electrolux aus dem Wagen geworfen. Einen ganzen Tag und eine ganze Nacht hindurch wanderten sie nach Lomas del Poleo zurück.

Während Alfredo Piñon in Ciudad Juarez Anzeige gegen die Soldaten erstattete, die ihn entführt hatten, wurde in Lomas del Poleo sein Haus niedergebrannt. Als er zurück kam und fassungslos auf den verkohlten Haufen starrte, wo Stunden zuvor noch sein Haus gestanden hatte, musste er sich anhören, dass er ein Lügner sei. Dass dort nie ein Haus gestanden hätte, nur ein Riesenmüllhaufen, in dem Ratten hausten. Dass jede andere Behauptung ein übler Landbesetzertrick sei, um aus Pedro Zaragoza möglichst viel Geld herauszupressen. »Wieviel wolltest du denn für deinen Müll?«, wurde er höhnisch gefragt. Als er auf die Männer losgehen wollte, wurde ihm eine Pistole an den Kopf gehalten, was seine Wut nur noch mehr anstachelte: »Schieß doch«, sagte er. »Wenn du Eier in der Hose hast, dann schieß. Wenn du keine hast, geb ich dir meine, damit du schießen kannst.«

Alfredo Piñon schafft es bis heute nicht, von den beiden Kindern zu erzählen, die in dem Nachbarshaus verbrannt sind. Er war es nämlich, der sie

232

zu retten versucht hat. Kaum beginnt er über sie zu reden, versagt ihm die Stimme. Nun zieht er gegen Zaragoza vor Gericht und braucht noch zwei Zeugen, die gesehen haben, wie auch sein Haus in Brand gesteckt wurde.

Seit acht Jahren üben sie sich in Geduld. Jetzt werden sie ungeduldig. Sie wollen einen Brief an Calderon schreiben und ihn an sein Versprechen erinnern. Denn der Runde Tisch, der auf seine Initiative hin einberufen wurde, um die Sache endlich zu einem Abschluss zu bringen, dient nun dazu, die Sache in die Länge zu ziehen. Ihnen droht bei diesem Spiel mit der Zeit auf den letzten Metern die Luft auszugehen.

Sobald die ersten Motorengeräusche der Lastwagen, Bulldozer, Radlader und Planierraupen zu hören sein werden und der Bau der neuen Weltmarktfabriken an Fahrt aufnimmt, werden mit den letzten Resten der kleinen Bauernsiedlung auch alle Spuren beseitigt, die noch an die kriminellen Methoden erinnern könnten, mit denen das Terrain für künftige kommerzielle Großprojekte der legalen Wirtschaft in Ciudad Juarez gesäubert worden war.

Im Valle de Juarez, dem sich längs der Grenze erstreckenden Tal östlich von Juarez, endet der Drogenkorridor auf mexikanischer Seite. Als Linie weitergedacht führt er durch das Zentrum der Vereinigten Staaten, was ihn für die Kartelle strategisch so wertvoll macht.

Wegen des Kälteeinbruchs musste ich die Fahrt ins Valle de Juarez ein paar Mal verschieben. Ursprünglich wollte ich einen Journalisten begleiten, der in Praxedis G. Guerrero einen Termin beim Bürgermeister hat. Mit Guadalupe und El Porvenir gehört Praxedis G. Guerrero zu den Orten im Tal von Juarez, in denen die Dimension des Terrors zum Exodus der Bevölkerung geführt hat. Aber dann hat die Kälte die Termine durcheinander gewirbelt. Es ist mein letzter Tag in Juarez und jetzt mache ich es so wie in den vergangenen Wochen: Ich nehme den Bus.

Die Kältefront ist abgezogen. Aber die städtischen Behörden und einige Fabriken haben diesen Tag noch geschlossen. Die Leute nutzen die Gelegenheit und erledigen Einkäufe. Je weiter wir aus den östlichen Stadtbezirken hinausfahren, desto voller wird der Bus. Auf den Platz neben mich setzt sich ein Mann, an dessen Ohrläppchen riesige falsche Brillanten blinken. Er scheint auf sein Äußeres großen Wert zu legen. Die Haare sind an der Seite säuberlich rasiert und in der Mitte zu einem Pony über die Stirn gekämmt. Er hat sich rote Strähnchen in die schwarzen Haare gefärbt. Immer wieder fährt er sich mit der Hand über die Ärmel seines dunkelblauen Sweaters, als streife er Dreck ab.

Auf der Bundesstraße von Juarez nach Porvenir wird unser Bus umgeleitet. Patrouillen der Bundespolizei versperren die Straße. Später wird die Staatsanwaltschaft von Chihuahua den Toten in ihrem Wochenbericht als einen von siebzehn identifizierten Leichen erwähnen: Ein vierundfünfzigjähriger Familienvater, der aus einem Bus gezerrt und mit über sechzig Schuss niedergestreckt wurde.

Zumindest bis nach Guadalupe möchte ich fahren, um einen Eindruck des Valle de Juarez zu erhalten. In Guadalupe werde ich dann allerdings wieder umkehren, um noch vor Einbruch der Dunkelheit wieder im Zentrum von Juarez zurück zu sein.

Der Zwischenfall auf der Bundesstraße bietet den Leuten im Bus Anlass, miteinander ins Gespräch zu kommen. Köpfe recken sich. »Sieht man Tote?« »Ja, hier vorne liegt einer.« »Nein, das ist nur eine Decke.« »Man sieht gar nichts.« »Wie lange bleibt die Straße vermutlich noch gesperrt?«

Die letzte Frage habe ich gestellt. Ich könnte später beim Zurückfahren wegen der Verkehrsumleitung möglicherweise Probleme mit den Busverbindungen haben.

Der junge Typ mit den Klunkern im Ohr sagt, dass die Absperrung bald aufgehoben würde, weil die Straße bereits geräumt sei. Er fragt mich nach der Uhrzeit. Ich halte ihm die Uhr an meinem Handgelenk hin. Er bedankt sich.

Da die Absperrung zu Verspätungen und Ausfällen führte, drängt sich an der nächsten Haltestelle eine Menschentraube zu uns in den Bus. Mein Sitznachbar steht auf und bietet einer Mutter mit Kleinkind seinen Platz an. Ich nehme der Frau eine Tüte ab, damit ihr Kind bequemer auf ihrem Schoß sitzen kann und erkundige mich nach einer Weile bei ihr, ob der Bus nach Guadalupe fährt. Sie schüttelt den Kopf und berät sich mit ihrem Mann, der neben ihr steht, wo ich umsteigen müsste. Der Bus nach Guadalupe hielte in El Sauzal. Er müsse auch in Richtung Guadalupe weiter, schaltet sich der junge Typ ein, der vorhin der Frau Platz gemacht hat. Er würde mir rechtzeitig Bescheid sagen, wann ich aussteigen müsste.

Wir sind wieder auf der Carretera Juarez-Povenir und fahren am Grenzzaun entlang. Im Norden die Grenze. Im Süden Sand. Mexiko scheint woanders zu sein, nicht an diesem wunden Punkt in der Wüste, der am Grenzzaun klebt und wie das Bildnis des Dorian Gray versteckt wird, vielleicht, weil es tatsächlich das Porträt einer globalisierten Welt ist, in das sich die zerstörerischen Spuren unserer eigenen Maßlosigkeit, Abstumpfung und Grausamkeit einschreiben. Bis hin zum völligen Verlust der Identität. Bis hin zur Katastrophe. Die Katastrophe spielt sich hier im Verborgenen ab. Niemand setzt freiwillig einen Fuß ins Valle de Juarez.

Wir sind nicht die Einzigen, die in El Sauzal aussteigen. Der Bus leert sich. Mit ihren vollen Soriana-Tüten verschwinden die Leute schnell in der Siedlung. Nur wir beide bleiben an der Straße zurück. Er hoffe, dass der Bus gleich kommt, sagt er. Die Gegend hier sei gefährlich. Ich drehe ihm den Rücken zu und schaue angestrengt in die Richtung, aus welcher der Bus kommen muss. Es ist ein eigenartiges Gefühl: Während auf dieser Seite des Grenzzauns das Ausmaß der Brutalität und Gewalt jedes Vorstellungsvermögen sprengen, kurven auf der anderen Seite des Zauns die Fahrzeuge der Border Patrol, die darüber wachen, dass keinem, der vor dem Terror flieht, die Flucht über die Grenze gelingt.

Aber die Droge ist ein Botenstoff, der durch den Grenzzaun wie durch eine Attrappe dringt, wie durch eine Theaterkulisse, als seien die Grenze, die Infrarotkameras und Patrouillen nur Teil eines wirkungslosen Rituals, einer Inszenierung, um sich der Ordnung einer Welt zu vergewissern, die längst im Chaos versinkt. Auch weil sich der menschenverachtende Fatalismus, der Mexiko wie eine Seuche überfallen hat, nicht an der Grenze aufhalten lässt. Er breitet sich weiter aus, während er wie ein Chamäleon sein Aussehen ändert. In Mexiko noch verantwortlich für Straflosigkeit und Blutvergießen, zeigt er auf der anderen Seite des Grenzflusses das Antlitz der Doppelmoral. So wurden in den Jahren 2003 bis 2007 dreihundertfünfundsiebzig Milliarden Dollar über mexikanische Wechselstuben auf Konten der Wachovia-Bank transferiert, die seit der Finanzkrise zu Wells Fargo gehört. Die Bank meldete den Behörden nicht die verdächtigen Dollar-Einlagen aus Mexiko, obwohl der Zusammenhang mit dem Drogenhandel offensichtlich war.

Ein Teil der Einnahmen aus dem Drogengeschäft wird in Waffenkäufe investiert. Siebenundachtzig Prozent aller illegalen Waffen, die in Mexiko in den vergangenen Jahren beschlagnahmt wurden, stammen aus den USA.

Von den USA trennt das letzte Haus am Rand der Siedlung nur ein vertrocknetes Baumwollfeld. Der Bewässerungskanal neben der Straße führt kein Wasser.

Plötzlich spüre ich einen Stoß. Jemand packt mich am Hals und zieht mich nach hinten. Ich verliere das Gleichgewicht, rutsche die Böschung hinab und werde zu Boden gedrückt.

Der Typ hat mir Hilfsbereitschaft vorgegaukelt und in Wirklichkeit von Anfang an nur auf seine Chance gewartet. Jetzt steht er über mir und drückt mich mit einem Nackengriff wie einen Hund vor sich auf den Boden. Mit der anderen Hand hält er mir ein Messer an die Rippen.

Ich soll meine Daunenweste ausziehen. Schnell. Jetzt die Tasche. Er reißt an meiner Tasche, die quer über meiner Schulter hängt und drückt mich dann gleich wieder nach unten. Mein Blick fällt auf die weißen Adidas-Sneakers, die er trägt.

In meiner Tasche sind Notizbuch, Brille, Pass und etwas Kleingeld. In meiner Daunenjacke Fotoapparat und Aufnahmegerät. Soll ich dafür die Heldin spielen? Oder andersherum: Will er dafür zum Mörder werden? Ich versuche zu verhandeln. Er kann mit den Speicherchips nichts anfangen. Er wird sie entsorgen. Er drückt meinen Hals fester und droht, mich umzubringen, wenn ich nicht still bin. Ich bemerke ein Zögern, als wüsste er nicht, was er jetzt mit mir machen soll. Plötzlich lässt er mich los und rennt davon. Ich krabble hinter ihm die Böschung hoch. Er verschwindet gerade um die Kurve in der Siedlung.

Ich schreie um Hilfe, aber der Wind trägt meine Stimme davon. Ich versuche zu rennen, aber meine Kraft ist weg. Stattdessen zittern meine Knie. Langsam laufe ich weiter. Vor einem Haus am Anfang der Siedlung stehen Leute. Plötzlich habe ich Angst, aufzufallen. Zum ersten Mal. Ich bleibe stehen und schaue auf die Uhr. Es ist kurz nach eins. Ich stöhne auf. Die Uhr! Die scheint wirklich nichts mehr wert zu sein, wenn er sie mir gelassen hat.

Der nächste Bus, der kommt, ist der in Richtung Juarez. Es ist der gleiche, mit dem ich hergekommen bin. Ich erkenne ihn an den vielen Rosenkreuzen, die am Innenspiegel hängen. Warum bin ich eigentlich ausgestiegen? Nachträglich ergibt nichts an dieser Fahrt einen Sinn. Der Blizzard hat nicht nur mein Netzwerk, sondern auch mein Gespür, wie weit ich gehen kann, außer Kraft gesetzt.

Die Fotos sind weg und einige Interviews. Ich muss an die Frau in El Paso denken, die nicht wollte, dass ich das Gespräch mit ihr aufzeichne: »Dein Kopf ist der Speicher«, hat sie gesagt. »In deinem Kopf ist die Geschichte am besten aufgehoben.«

Ich bin nur bis El Sauzal gekommen. In Guadalupe spielt sich an diesem Tag eine Tragödie ab. Dort werden drei weitere Personen der Familie Reyes entführt. Die Familie Reyes wird, seit sie gegen Menschenrechtsverletzungen im Valle de Juarez protestiert, systematisch verfolgt und umgebracht. Zunächst die Söhne von Josefina Reyes. Der jüngere Sohn wurde im August 2008 festgenommen. Der ältere Sohn ein Jahr später ermordet. Im Januar 2010 wird sie selbst von Unbekannten auf offener Straße erschossen. Sieben Monate später wird einer ihrer Brüder umgebracht. Und nun werden wieder drei Angehörige der Familie Reyes verschleppt. Zwei weitere Geschwister und eine Schwägerin. Die Entführung geschieht am 7. Februar 2011. Zwei Wochen später werden ihre Leichen gefunden. Wie die anderen Geschwister haben auch sie die Öffentlichkeit gesucht, um auf die Vorfälle im Valle de Juarez aufmerksam zu machen. Zuletzt bei einer internationalen Kundgebung in Ciudad Juarez. Neun Tage vor ihrer Entführung.

»Arm zu sein ist in Mexiko eine Tragödie«, hat Luisa Maria Orozco, die elegante Leiterin von Valores, mitfühlend gesagt. »Denn die Mutter der Straflosigkeit ist die Korruption.«

Solche Sätze sind wie ein großer Regenschirm, unter den sich alle gerne stellen und unter dem für alle Platz ist. Sogar für die Täter.

Als mich der Typ am Rande des Baumwollfelds um meine Wertsachen erleichterte, hat er mir ein kleines Interview gegeben. Zumindest hat er mir, bevor er mir drohte, mich umzubringen, wenn ich nicht endlich still wäre, die Frage beantwortet, warum er das macht, eine Frau zu überfallen, die vom Alter her seine Mutter sein könnte. Er sagte: »Das ist die Kriminalität der Armen, Señora.« Als seien da übermächtige Kräfte am Wirken, denen er selbst ebenso hilflos ausgeliefert ist, wie ich seinem Messer und seiner Unberechenbarkeit. Vielleicht aber täuscht mich meine Erinnerung und er war weit weniger höflich und ließ die Anrede »Señora« weg.

So wie sich Luisa Maria Orozco als gute Lobbyistin stark für die Industrie macht, die keine Schuld an der Tragödie der Armen treffe, haben auch die übrigen Protagonisten des mexikanischen Dramas Gründe, eine solche Verantwortung von sich zu weisen.

In Chihuahua erklärte mir ein PRI-Politiker, dass die mexikanischen Arbeitsgesetze die besten der Welt sind. Die Politiker hätten ihre Arbeit getan, die Gesetze seien vorhanden, es läge nun an den Arbeitern, sich gegen illegale Arbeitsmethoden zu wehren.

In dem Interview mit dem Wochenmagazin *Proceso* kommentierte Ismael Zambada, der Chefstratege des Kartells von Sinaloa, die fatale Entwicklung im Land mit den gleichen Phrasen, die überall zu hören sind – dass der Narco in der Gesellschaft inzwischen so fest verwurzelt sei wie die Korruption –, und wehrte sich gegen den Vorwurf, die Schuld an dem Blutvergießen zu tragen, sondern reichte den Ball an die Regierung weiter: Wie das Militär gegen die Bevölkerung vorginge, spiegele sich in dem zunehmend entfesselten Krieg wieder und in der steigenden Zahl der Opfer.

Wo gehobelt wird, fallen Späne, sagt die Regierung dagegen sinngemäß und wirft den Ball zurück ins Spielfeld. Menschenrechtsverletzungen würden von der Militärjustiz untersucht. Aber wer brutalen Drogenkartellen den Krieg erklärt hat, müsse nun einmal mit grausamen Reaktionen rechnen.

Bleibt also nur noch die Bevölkerung übrig.

Den Zustand einer Gesellschaft erkenne man an ihren Kadavern, sagt die Künstlerin Teresa Margolles. Und so hat das letzte Wort Luis Estrada, der mexikanische Filmemacher, der in seiner tiefschwarzen Tragikomödie in die Rolle des Pathologen schlüpft und den Kadaver der mexikanischen Gesellschaft öffnet, um am Beispiel von Benny, seiner Hauptfigur in *El Infierno*, ihr Sterben zu rekonstruieren. Dieser Drogenkrieg hat mehr Tote hinterlassen als die Revolution, wird Benny von seinem Compadre aufgeklärt, als er nach zwanzig Jahren USA in sein Heimatdorf zurückkommt und nichtsahnend in den Drogenkrieg hineinplatzt. Es sei fast wie in einem Bürgerkrieg – alle gegen alle. Später fragt Benny einen Kumpel von früher, der zum Sicario mutiert ist, ob er keine Angst vor der Hölle hätte, so blutig wie er sich die Hände schon gemacht habe. »Angst vor der Hölle?«, erhält er zur Antwort .»Das hier *ist* die Hölle!«

DANK AN

Estela Angeles, Armine Arjona, Maria Eugenia Arriaga, Leobardo Alvarado, Ignacio Alvarado Alvarez, Javier Avila, Catalina Batista, Ismael Bojorquez, Katy Brandes, Betty Campbell, Julian Cardona, Jose Caro Medina, Casa Vides, Lucha Castro, Lucila Castro, Teresa Contreras, Veronica Corchado, Cristina Coronado Flores, Gloria Cuamea, Francisco Cuamea, El Barzon Chihuahua, Elisabeth Flores, FUUNDEC, Martin Gabino, Gabino Gomez, Isai Gomez, Peter Hinde, Julian Lebaron, Norma Ledezma, Teresa Margolles, Juan Carlos Martinez Prado, Blanca Martinez de la Rocha, Alberto Medina, Guadalupe Melendez, Molly Molloy, Anajilda Mondaca Cota, Carlos Murillo, Francisco Ornelas Gomez, Marisela Ortiz, Pedro Pantoja, Abraham Peters, Alfredo Piñon, Posada del Migrante »Belen«, Victor Quintana, Hugo Reyes Nesbith, David de la Rosa, Graziela de la Rosa, Jesus Torres, Javier Valdez, Dante Valdez Jimenez, Armida Valverde, Jesus Vargas, Miguel Angel Vega, Bischof Raul Vera, Nohemi Villalpando Navarrete

Die Reportagereise »Drogenkorridor Mexiko«, auf der das vorliegende Buch basiert, unternahm ich in den Januarwochen 2011 und in der ersten Februarwoche 2011.

Die Interviews in Manitoba, Lebaron und Torreon führte ich bereits während eines früheren Rechercheaufenthalts in Sinaloa, Coahuila und Chihuahua im Oktober und November 2010. Bei diesem Aufenthalt entstanden auch die im Buch publizierten Fotos, die um einige im Mai 2011 aufgenommene Aufnahmen ergänzt wurden. Die Fotos meiner Reportagereise im Januar und Februar 2011 sind Teil der Geschichte geworden.

Abbildungen
Jeanette Erazo Heufelder und Sylvio Heufelder
S. 99 und S. 111: Javier Avila

QUELLEN

Bücher:
Astorga, Luis: La Mitología del »narcotraficante« en México. México. 1995.
Campo Algodonero. Analisis y Propuestas para el Seguimiento de la Sentencia de la Corte Interamericana de Derechos Humanos en contra del Estado Mexicano. Red Mesa de Mujeres de Ciudad Juarez. 2010.
Caro Medina, José de Jesús: Andanzas por Badiraguato. Culiacán. 2006.
Caro Medina, José de Jesús: Badiraguato. Tierra de Promisión. Culiacán. 1999.
El Barzón Chihuahua: Barzonistas – el palpitar de un corazón colectivo. Chihuahua. 2002.
Mondaca Cota, Anajilda: Las mujeres también pueden. Género y Narcocorrido. Culiacán. 2004.
Ornelas Gómez, Francisco: Sueños de Libertad. Chihuahua.
Ortega Urquidi, Javier: Los Güeros del Norte. Mexico. 2010.
Paz, Octavio: Das Labyrinth der Einsamkeit. Frankfurt a.M. 1985.

Aufsätze und Zeitungsartikel:
Astorga, Luis: »Drug Trafficking in Mexico: A First General Assessment«, in: MOST UNESCO Discussion paper No. 36. www.unesco.org/most/astorga.htm
Carrión, Lydiette: »Ser mujer en Chihuahua«, in: Milenio Semanal. 13.3.2011
»Identifican A Sicarios de Masacre en Creel«, in: Bien Informado. 16.4.2010
Lebaron, Julián: »Una petición a los mexicanos de Julián Lebaron«, in: El Economista. 8.1.2010
Martinez Prado, Juan Carlos: »Lomas del Poleo: detrás del despojo, la avaricia«, in: fronterad. 2011
Santiago Quijada, Guadalupe und Javier Chávez, »Expansión física y colonias populares«, in: Edifica, núm. 36, 1996
Sánchez, Sergio und Patricia Ravelo: »Cultura obrera en las maquiladoras de Ciudad Juárez en tiempos catastróficos«, in: El Cotidiano. Núm. 164, México, 2010
Sicheng, Xu: »Los chinos a lo largo de la historia de México«, in: China y México. Implicaciones De Una Nueva Relación, hrsg.v. Enrique Dussel Peters und Yolanda Trápaga. México. 2008
Scherer, Julio: »Si me atrapan o me matan ... nada cambia«, Interview mit Ismael Zambada, in: Proceso. No. 1744, 4.4.2010
U.S.Government Accountability Office: Firearms Trafficking: U.S. Efforts to Combat Arms Trafficking to Mexico Face Planning and Coordination Challenges. GAO-09 -709
Quintana Silveira, Victor: »Conflictos y movimientos agrarios«, in: Oseri. 26.4.2010
Rodriguez Castro, Yuricia: »Los Lebarones, mormones con pasado criminal«, in: SDP-noticias.com. 15.7.2009
Romero Ibarra, Eugenia: Desarrollo Empresarial en el Noroeste de México. 1880-1930. Universidad Nacional Autónoma de México. 2006
Vélez, Miguel: »Los Ferrocarriles en Sinaloa (1880-1911)«, in: Clio. Universidad Autónoma de Sinaloa. 1992

Hörfeatures und Filme:
»Die Identität der mexikanischen Kultur. Gespräch mit dem Schriftsteller Juan Villoro.« Von Peter B. Schumann. Gesprächsreihe im Deutschlandfunk
»Madera 1965«. Regie: Juan Carlos Mendoza Irenea. 2011
»El Infierno«. Regie: Luis Estrada. 2010